HEYNE <

DAS BUCH
Es ist der 11. Januar 1946. Der berühmte Komiker Ernst Hoffmann hat das KZ überlebt und steht kurz vor seinem ersten Auftritt nach dem Krieg. Er ist nervös und wartet vergeblich auf weiblichen Besuch in seiner Garderobe im Amsterdamer Amstel-Theater.
Die Frau, auf die Ernst wartet, ist seine große Liebe Helena, die er 1944 ausgerechnet in dem Viehwaggon kennenlernte, mit dem er in ein Vernichtungslager in Polen deportiert wurde. Inmitten des Elends sang sie bezaubernd schön das Lied der Hoffnung, wodurch er auf Helena aufmerksam wurde. Er nimmt sie als »Engel im grauen Mantel« wahr. Als es unter den Deportierten zu einem Handgemenge kommt und Panik ausbricht, klettert Ernst auf ein paar Koffer und improvisiert eine Vorstellung – mit grellen Witzen beruhigt der Komiker vorübergehend die Menschen. Doch das Gelächter ruft die SS-Männer auf den Plan, die von außen auf den Waggon schießen.
Auch im Lager selbst wird Ernst Hoffmann immer wieder versuchen, sich selbst und seine Mitgefangenen mit Witzen wenigstens für einige Momente aus der Barbarei und dem Terror, denen sie ausgesetzt sind, herauszureißen – mit zweischneidigen Folgen.

DER AUTOR
Pieter Webeling, 1965 geboren, veröffentlichte 2008 in den Niederlanden seinen ersten Roman, »Veertig dagen«. Als Journalist führte Pieter Webeling für angesehene holländische Zeitungen viel beachtete Interviews mit Holocaust-Überlebenden. Nachdem er sich auch mit einem zeitgenössischen Komiker, den in den Niederlanden berühmten Youp van›t Hek, unterhalten, weitere Zeitzeugen interviewt und mehrfach die Gedenkstätte des Stammlagers Auschwitz und Birkenau besucht hatte, schrieb Pieter Webeling »De lach en de dood« (»Das Lachen und der Tod«): ein Roman, der die ambivalente Rolle des Humors in einem totalitären System lebendig macht.

PIETER WEBELING

DAS LACHEN UND DER TOD

ROMAN

Aus dem Niederländischen von
Christiane Burkhardt

WILHELM HEYNE VERLAG
MÜNCHEN

Die Originalausgabe
DE LACH EN DE DOOD
erschien bei Cossee, Amsterdam

Verlagsgruppe Random House FSC® N001967
Das für dieses Buch verwendete
FSC®-zertifizierte Papier *Pamo House*
liefert Arctic Paper Mochenwangen GmbH.

Vollständige deutsche Taschenbuchausgabe 03/2015
Copyright © 2010 der Originalausgabe by Pieter Webeling
Copyright © 2013 der deutschsprachigen Ausgabe
by Karl Blessing Verlag, München,
in der Verlagsgruppe Random House GmbH
Copyright © 2015 dieser Ausgabe
by Wilhelm Heyne Verlag, München,
in der Verlagsgruppe Random House GmbH
Printed in Germany 2015
Umschlaggestaltung:
Hauptmann & Kompanie Werbeagentur, Zürich
Umschlagfoto: © Willem de Roon nach einer Idee
von Pieter Webeling
Satz: Leingärtner, Nabburg
Druck und Bindung: GGP Media GmbH, Pößneck
ISBN: 978-3-453-41811-0

www.heyne.de

*»Die verborgene Quelle des Humors
ist nicht Freude, sondern Trauer.
Im Himmel gibt es keinen Humor.«*

Mark Twain

1

Es war mir oft aufgefallen, wie hässlich Menschen werden, wenn sie lauthals lachen. Ich sah die verzerrten Grimassen, den weit aufgerissenen Mund, das vibrierende Gaumenzäpfchen. Ich hörte die harten Kehllaute, die salvenartig hervorgestoßen wurden, als würden sie erbrochen. Wahrscheinlich, weil sie die Kontrolle verlieren, und dann werden Menschen schnell hässlich.

Ich stand auf der Bühne und sah über ein samtrotes Meer hinweg – alle Plätze waren noch frei. Ich mochte diese jungfräuliche und zugleich schwangere Stille. Schon bald würde der Saal bis in den zweiten Rang hinauf gefüllt sein. Monatelang hatte ich mich auf diesen Abend gefreut, auf den Abend des 11. Januar 1946. Auch wenn ich nicht wusste, was das Publikum von mir erwarten durfte.

Sie waren mein zweites Zuhause: diese heiligen Hallen mit der Gewölbedecke und den prunkvollen Kronleuchtern, wo Engel wohlwollend auf die Menschen hintersahen. Hier hatte ich meinen ersten großen Auftritt gehabt, an einem kühlen Februartag 1933, wenige Tage nach der Ernennung Hitlers zum Reichskanzler. *Ernst Hoffmann* – mein Name stand in großen Lettern an der Fassade. Es war ein unvergesslicher Abend. Ich hatte ein paar Kracher auf Lager, die die Bude zum Kochen brachten. Damals genoss ich das. Es muss lauthals gelacht werden. Dann kurz warten, bis die Lachsalve ihren Höhepunkt erreicht, und *peng!* den nächsten Witz hinterherschicken.

Ich presste den roten, kratzigen Theatervorhang an mein Gesicht und sog seinen Duft ein. Er roch muffig. Salzig. Ganz so, als hätte der Stoff den Angstschweiß der Künstler Jahr für Jahr in sich aufgesogen. Aus irgendeinem Grund beruhigte mich das. Ich ging nach vorn und hörte das Knarren der Dielen. Ich holte tief Luft und sang leise:

Ich hab es bei Tag den Blumen erzählt
Ich liebe dich ...
Ich hab es bei Nacht den Sternen erzählt
Ich liebe dich ...
Ich singe es hinaus in die Welt
Dass eine mir nur noch gefällt
Das bist du, das bist du
Nur du ...

Da stand ich nun mit ausgebreiteten Armen und Händen. Hinter mir hörte ich ein leises Klatschen.

»Bravo, bravo!«

Ich lächelte und ließ meine Arme sinken. Diese tiefe, raue Stimme erkannte ich sofort: Es war Henri Toussaint, der Bühnenmeister. Er stand am Rand, in der Kulisse. Aber wie lange schon? Hinkend betrat er die Bühne. Er hatte sich kein bisschen verändert, war immer noch derselbe kleine, resolute Napoleon. Wir umarmten uns so unbeholfen, wie Männer das nun mal tun. Ich roch seine Pomade. Er musterte mich ernst und schluckte.

»Willkommen daheim.«

Danach schwiegen wir, standen stumm nebeneinander. Von irgendwoher hörte ich ein Türenknallen. Henri war das Theater, gewissermaßen seine Seele – mehr noch als die Künstler. Die kamen und gingen. Kurz nach meinem Debüt hier war ich ihm zum ersten Mal begegnet. Er hatte mir kühl die Hand gegeben und war schweigend vor mir in den leeren Saal gegangen. Er zeigte auf feuchte Flecken an manchen Plätzen: Einige Zuschauer hatten sich vor Lachen in die Hosen gemacht. »Dafür sind Sie verantwortlich«, sagte er schroff. »Also wundern Sie sich nicht, wenn die Theaterleitung gerichtlich klären lässt, ob man Sie mit den Reinigungskosten belasten kann.«

Dabei hatte Henri keine Miene verzogen. War das sein Ernst oder nur eine Zugabe zu meiner eigenen Vorstellung? »Ich halte es für keine gute Idee, vor Gericht zu gehen«, sagte ich. »Solche Sitzungen erhöhen den Druck nur.« Reglos hatte er mich angesehen. Langsam wanderten seine Mundwinkel nach oben. Sein Lachen hallte durch den Saal. Seit jenem Wortwechsel verband uns eine Beziehung, die man fast schon als Freundschaft bezeichnen konnte.

Jetzt ließ Henri ein Husten hören. »Ich habe mich mit ein paar Leuten über Ihr Comeback unterhalten«, sagte er behutsam. »Alle sind begeistert, dass Sie wieder da sind. Aber jetzt auftreten ... das dürfte nicht einfach werden.«

»Ich weiß nicht«, sagte ich. »Ein Lacher ist und bleibt ein Lacher. Im Lager musste ich die Menschen auch zum Lachen bringen.«

»Tatsächlich? Nun, wir haben es hier ebenfalls nicht leicht gehabt, wissen Sie. In Amsterdam herrschten Hunger und Kälte. Und es gab Tote! Aber gut, die Deutschen und die Lager ... Man hört da so einiges. Für Sie wird der Krieg bestimmt kein Zuckerschlecken gewesen sein.«

Ich lächelte.

Mir wurde die Sternengarderobe zugewiesen. Vor der Tür war ein vierzackiger Stern ins Parkett eingelassen, eine Art Kompass wie auf alten Seekarten. Ich hatte ihn schon immer für ein höchst vornehmes Symbol gehalten. Das Zimmer war nicht groß: vier mal drei Meter. Darin befanden sich eine dunkelrote Chaiselongue, ein goldener Sessel und ein Schminktisch mit einem mannshohen Spiegel, der von Lämpchen eingerahmt wurde. Es war noch früh, gerade mal sechs.

Auf dem Tisch lag ein Foto von meinem Vater. Henri hatte es für mich aufgehoben, in einer Schublade seines Büros. Er kannte mein Ritual: Vor jeder Vorstellung stellte ich das Foto in die rechte Ecke des Schminkspiegels. Mein Vater hatte im Ersten Weltkrieg als Freiwilliger für die Deutschen gekämpft. Fricourt 1916 – die schwungvollen handgeschriebenen Buchstaben auf der Rückseite waren beinahe verwischt.

Ich liebte dieses Foto. Liebte diesen mürrischen Mann mit seinem dünnen Filmstarschnurrbart und seinem glänzenden, glatt nach hinten gekämmten Haar. Sein unbeirrter Blick hypnotisierte mich, weil er damit so überlebensgroß, sorglos und unerschrocken wirkte. In Wirklichkeit war er verwundbar und in sich gekehrt. Noch so ein Wunder, dass Vater und Sohn Hoffmann je einen Weltkrieg überlebt hatten.

Aus dem Spiegel blickte mir mein faltenzerfurchtes Gesicht entgegen. Ich sah älter aus, als ich tatsächlich war. Für mich war das Lager erst einen Tag her und gleichzeitig eine Ewigkeit. Insgeheim bezeichnete ich es als Auszeit: als eine Zeit, die weder mit dem Davor noch mit dem Danach verbunden war.

Es klopfte an der Tür. Henri kam mit einer Karaffe Wasser und zwei Gläsern herein. Er stellte alles auf den Tisch, zog sein linkes Hosenbein hoch und schnallte den Riemen seiner Beinprothese enger. Das Bein. Vor Jahren war Henri Dompteur im fahrenden Zirkus seines Vaters gewesen. Ungeduldig und unbeherrscht, wie er war, hatte er einen zahmen Bären so wild gemacht, dass das Tier ihn angriff und ihm den Unterschenkel abbiss. Danach hatte er sich als Clown versucht. Der Einzige, der Tränen über ihn lachte, war der echte Clown. Allerdings nur, um nicht weinen zu müssen, so wie immer.

Der Bühnenmeister zog und zerrte an seinem Bein, um zu kontrollieren, ob auch alles gut saß.

»Habe ich Besuch?«, fragte ich. »Ich meine, besonderen Besuch?«

Toussaint dachte kurz nach und schüttelte den Kopf. »Wen erwarten Sie?«

Ich winkte ab.

Er richtete sich auf. »Sollen wir eine Runde drehen?«

Wir liefen durch den langen Gang – rechts gingen die Türen zu den Garderoben ab, links standen ein paar verirrte Requisiten: eine römische Büste, zwei ionische Säulen, ein Bärenfell und ein Kleiderständer mit Decken und Togen. Henri schritt forsch voran, und zwar auffällig schnell. Plötzlich blieb er stehen.

»Wissen Sie, dass die Deutschen hier eine Razzia veranstaltet haben? Bei *Romeo und Julia,* mitten im zweiten Akt. Ebenso gut hätten sie in einen Gottesdienst hereinplatzen können. Die Scheißkerle standen vor allen Ausgängen, mit Hunden. Jeder musste seine Papiere vorzeigen. Fünf Personen aus dem Publikum wurden abgeführt. ›Lauf, Junge, verschwinde!‹, rief ein jüdischer Herr. Sein Sohn, ein etwa vierzehnjähriger Bursche, rannte über die Bühne nach hinten. Ich sehe ihn noch lossausen, schnell wie der Wind. Hier bei der Brandschutztreppe wurde er von zwei Wehrmachtssoldaten überwältigt, geschlagen und durch den Künstlereingang abgeführt. Ich habe protestiert, allerdings vergeblich. Die Vorstellung wurde abgebrochen.«

Ich hörte ungerührt zu.

»Wir hatten ein Theater im Lager«, sagte ich.

Henri sah mich erstaunt an. »Wirklich?«

»Dort bewahrten sie in einem Nebenraum das Gas auf, Zyklon B. Stapelweise militärgrüne Dosen. *Gift!* stand darauf, darunter war ein Totenkopfsymbol abgebildet. Das Gas wurde mit einem Krankenwagen zu den Gaskammern transportiert, besser gesagt in einem Wagen vom Roten Kreuz.«

Der Bühnenmeister schwieg.

Unsere Schritte hallten durch das Theater. Wir erreichten den Korridor, der rund um den Saal führte. Vor dem Fenster sah ich die Amstel glitzern. Ein Schleppkahn glitt vorbei mit straff gespannten Segeln. Henri Toussaint musterte mich schräg von der Seite.

»Erinnern Sie sich noch an den Abend, als der Strom ausfiel?«

»Ja. Zum Glück saßen die Leute bereits im Saal. Mir ist bis heute nicht klar, woher du so schnell fünf Haushaltskerzen aufgetrieben hast.«

»Die Atmosphäre war einfach himmlisch. Fast so, als würde Jesus auf der Bühne stehen.«

Wir lachten. Endlich.

Ein Mann trat auf uns zu. Joop, der Feuerwehrmann. An ihm hatte ich früher immer vor der Vorstellung neue Witze ausprobiert. Wenn Joop nicht lachte, taugte der Witz nichts, so einfach war das. Er eilte mit offenen Armen auf mich zu.

»Meneer Hoffmann, Meneer Hoffmann!« Er nahm meine Hände und schüttelte sie energisch.

»Wie geht es Ihnen? Sie waren in so einem Lager für die Juden, stimmt's? Wie ... wie war es da?«

»Was soll ich sagen, Joop. Atemberaubend.«

»Das würde ich Ihnen nur zu gern glauben. Erst heute habe ich zu Sjaan, meiner Frau, gesagt, es ist wirklich ein Wunder, dass Sie wieder da sind. Und ... ich habe Sie schon gehört. Sie haben sich eingesungen. Ein Liebeslied. Aber warum ausgerechnet auf Deutsch?«

»Das war Pflicht im Lager. Befehl von den Deutschen.«

Er seufzte. »Aber Sie haben so richtig von Herzen gesungen, als würden Sie es jemand ganz Bestimmtem widmen. Das ist immer das Schönste, nicht wahr? Wenn alles einem wirklichen Menschen aus Fleisch und Blut gilt.«

»Vielleicht war dem ja so.«

Er sah mich ungläubig an. »Nein ... Ach, haben Sie eine Frau? Das muss ich Sjaan erzählen. Kenne ich sie?«

Ich schüttelte kurz den Kopf.

Joops Miene verdüsterte sich. »Das heißt, sie kommt auch aus dem Lager, Meneer Hoffmann?«

2

Als ich sie zum ersten Mal sah, war ich kurz zuvor benommen und blutend in einen Viehwaggon gestoßen worden. Drei Männer hatten mich auf dem Bahnsteig mit Knüppeln und Gewehrkolben verprügelt. Ich landete ziemlich unsanft auf dem Boden, der mit einer Mischung aus Chlorkalk und Wasser bedeckt war. Ein beißender Geruch stieg mir in die

Nase. Ich beanspruchte das letzte bisschen Platz, die anderen wurden schon an die Wände gequetscht. Ich war von grauen, schweigenden Gestalten umzingelt. Eine von ihnen kniete neben mir. Ich versuchte nach oben zu schauen, aber mein Kopf war zu schwer. Sie lächelte. Ich schloss die Augen, und mit einem Mal waren das Geschrei, das Gezeter, das Gebell und Gejammer, ja sämtliche Geräusche um mich herum, verstummt.

Es war der dritte Sonntag im Februar 1944, um kurz nach vier, und es war eiskalt. Nachdem die Waggontür verriegelt worden war, fiel nur noch ein Streifen Licht durch den Lüftungsschlitz. Ich schleppte mich an den Rand und zog die Knie an. Im Dämmerlicht suchte ich nach der Frau. Sie saß jetzt dicht neben mir, trug einen dicken Wollschal um den Hals und einen grauen Mantel. Sie war schön mit ihrem dichten, langen dunklen Haar.

Mir dröhnte der Kopf. Vorsichtig richtete ich mich auf. Wie viele Menschen waren in diesen kleinen Raum gezwängt worden? Bestimmt siebzig, achtzig. Die meisten hatten Taschen und Koffer dabei, auf denen sie sitzen konnten. Ein Baby schlummerte in den Armen seiner Mutter – nur sein zerknittertes Gesichtchen schaute unter einer Wolldecke hervor. Es sah sich gelassen um, scheinbar unberührt von seinem Schicksal oder dem der anderen.

In der Nähe standen zwei Holzfässer mit eisernen Beschlägen. Eines davon war mit Trinkwasser gefüllt, darin befand sich eine Schöpfkelle. Das andere war leer und vermutlich für Kot und Urin gedacht.

Ein älterer Mann mit grauem Backenbart stützte sich mit beiden Händen auf seinen Elfenbeinstock. Selbst in dem Gedränge fiel auf, wie viel Platz er einnahm. Er trug keinen Mantel. Mit seinem schwarzen Maßanzug und seiner Krawatte sah er so würdevoll aus, dass seiner Anwesenheit ein Missverständnis zugrunde zu liegen schien. Er zitterte – entweder wegen der Kälte oder wegen dieser Zumutung. Der Ärmel seines Sakkos war eingerissen, sein Ellbogen blutete, aber er achtete nicht darauf.

Ein kurzer, schriller Pfiff. Dann noch einer, diesmal ein lang gezogener. Als sich der Zug mit einem Ruck in Bewegung setzte, wäre ich mit dem Hinterkopf beinahe gegen die Wand geknallt. Der vornehme Herr im schwarzen Anzug verlor kurz das Gleichgewicht. Die Menschen wurden noch dichter zusammengedrängt, doch niemand konnte umfallen. Wir befanden uns im fünften oder sechsten Waggon, wenn ich mich recht erinnerte, aber selbst von hier aus war das Zischen, Schnaufen und Stampfen der Lokomotive gut zu hören. Mir schien es sinnlos, sich über unser Reiseziel Gedanken zu machen, denn alle Weichen waren falsch gestellt.

»Hoffentlich fahren wir nach Polen«, sagte ein Junge in meiner Nähe fröhlich. Ich stieß die anderen zwischen uns sacht zur Seite, um ihn genauer betrachten zu können. Er trug eine graue Schiebermütze und war etwa sieben, acht Jahre alt.

»Warum willst du nach Polen?«, fragte ich.

»Weil mein Vater schon dort ist.« Er klopfte auf ein ledernes braunes Album, das er fest an seine Brust gepresst hielt. »Ich sammle Briefmarken. Und aus Polen hab ich noch keine. Keine einzige! Ich darf alle Briefmarken haben, stimmt's Mami?«

»Ich kann dir nichts versprechen, Otto«, sagte eine Frau mit runden Brillengläsern. »Aber hoffentlich sehen wir Papa wieder. Schließlich fahren wir nach Osten.« Sie lächelte die Umstehenden schüchtern an, fast entschuldigend.

»Dich erwartet also noch eine spannende Reise«, sagte ein gesetzter Herr mit einer Bassstimme. »Spannend dürfte es für uns alle werden!« Er wandte sich an mich. »Die Deutschen haben Massel, dass meine Sekretärin noch einen freien Termin finden konnte. Für solche Ausflüge habe ich überhaupt keine Zeit.«

»Wer hat die schon«, sagte ich.

Er lachte und hustete. »Max de Ronde.«

»Ernst Hoffmann.«

Er hatte einen Händedruck wie ein Schraubstock.

»*Der* Ernst Hoffmann?«

Ich nickte.

»Nie gehört.«

Wieder ein lautes, prustendes Lachen. Alles war eine Spur zu groß und zu laut an ihm, als stünde er auf der Bühne und wollte noch in den hintersten Reihen verstanden werden.

Das mit der Sekretärin sei übrigens kein Witz, sagte er plötzlich todernst. Er sei Diamantenhändler. Einer der besten von Amsterdam, wenn er so unbescheiden sein dürfe. Obwohl er Hände wie Kohlenschaufeln habe, sei mit seiner Feinmotorik alles in bester Ordnung. Er wisse genau, wie man einen Stein *anfassen* müsse, damit er perfekt funkelte. »Ein Diamant«, sagte er bedeutungsschwer, »ist eine Träne Gottes.«

Ich merkte, wie die Frau im grauen Mantel aufsah. Schaute sie zu mir herüber? Ich spürte einen Stich.

Der Waggon wackelte und klapperte. Die Leute waren resigniert.

In der Ecke saß eine feine Dame im Nerzmantel mit einem blassen, angewiderten Gesicht. Sie war mir schon auf dem Bahnsteig aufgefallen, weil sie gegen die Waggons protestiert hatte. Es sei doch eine Zumutung, so reisen zu müssen, und dann noch mit dem gemeinen Volk? Sie sagte es zwar nicht mit diesen Worten, aber genau so war es gemeint.

Die Frau im grauen Mantel strich einem älteren Mann über den Rücken, der nur den Kopf schüttelte, als bilde er sich das alles bloß ein. Ich konnte den Blick nicht von ihr abwenden. Wie ein Engel wirkte sie auf mich. Sie schien von innen heraus zu strahlen, sodass ich den Eindruck hatte, sie könnte jederzeit durch die Wände des Waggons verschwinden und wieder zurückkehren.

»Ich möchte mir das mal kurz ansehen.«

Der alte Mann mit dem Elfenbeinstock drängte sich vor, setzte eine Nickelbrille auf und drehte meinen Kopf, ohne eine Antwort abzuwarten, zu sich her. Ich betastete meine linke Schläfe und fühlte etwas Klebriges. Er musterte die Wunde, nahm meinen Puls und sah in meine Pupillen.

»Glück gehabt!«, sagte er. »Trotzdem wollte ich auf Nummer sicher gehen. Ich heiße Levi. Machen Sie sich keine Sorgen, ich war dreißig Jahre lang Hausarzt.« Er holte ein weißes Taschentuch hervor. »Drücken Sie das darauf. Etwas anderes habe ich leider nicht bei mir.«

»Sie bluten auch!«, sagte ich. »Ihr Arm.«

»Eine Schürfwunde, das hat nichts zu bedeuten.«

»Warum tragen Sie keinen Mantel? Es ist doch eiskalt!«

»Den haben ihm die Scheißdeutschen abgenommen«, sagte der Diamantenhändler. »Vorhin auf dem Bahnsteig.«

Doktor Levi sah verbittert drein. »Ja, ja, da war eine Familie mit vier Kindern. Der Waggon war voll, viel zu voll, der Vater passte nicht mehr hinein. Als er sich wehrte, ließen die ... ließen sie die Hunde auf ihn los. Zwei dieser Bestien verbissen sich in seine Beine. Der Mann schrie, die Kinder schrien: *Papa! Papa!* Auf dem Bahnsteig standen zwei SS-Offiziere. Sie griffen nicht ein. Da bin ich auf sie zugegangen, um ihnen zu sagen, dass sie für diese Wahnsinnstat in der Hölle schmoren werden. Sie haben mich ausgelacht. ›In der Hölle ist es nicht heiß, Alter‹, sagte der eine. ›Nein! In der Hölle ist es bitterkalt!‹ Sie zwangen mich, meinen Mantel auszuziehen. Meine Weste durfte ich nach einigem Gezerre anbehalten. Anschließend wurde ich in den Waggon gestoßen. *Grüß den Teufel von uns,* haben sie noch gerufen, diese Mistkerle.«

Ich zog meinen Mantel aus und legte ihn um seine Schultern. Er sah mich fragend an, wehrte sich jedoch nicht dagegen. Ich setzte mich wieder und döste zum Rhythmus der ratternden Räder ein.

Als der Zug bremste, weckte mich die Donnerstimme von Max, dem Diamantenhändler. Wir hielten an. »Meine lieben Mitreisenden! Ich schlage vor, dass wir den vorhandenen Proviant und die Getränke gerecht untereinander aufteilen. Sind Sie damit einverstanden?«

Zustimmendes Gemurmel.

»Jeder bekommt einen Schluck, ich wiederhole, einen Schluck. Kinder und Senioren bekommen zwei.«

Max schöpfte Wasser aus dem Fass. In dem Gedränge war das gar nicht so einfach, aber die kalte, metallene Kelle wanderte von Hand zu Hand, von Mund zu Mund. Fünf Schluck aus einer Kelle. Soweit ich das beurteilen konnte, hielt sich jeder an sein Versprechen, mit Ausnahme eines großen, unverschämten Kerls. Der nahm nicht einen Schluck, sondern mindestens drei. Max riss ihm den Löffel aus der Hand und warf ihm einen vernichtenden Blick zu. »Sie sollten sich zu Tode schämen!« Der Grobian fletschte die Zähne und biss nach ihm wie ein hinterhältiger Köter.

Plötzlich ertönte ein in den Ohren schmerzendes Quietschen. Der Riegel eines Waggons hinter uns wurde aufgeschoben und die Tür geöffnet. Der Diamantenhändler legte die Kelle zurück in die Wassertonne und bedeutete mir, durch den mit Gaze bedeckten Lüftungsschlitz zu spähen. Ich trat in seine zur Räuberleiter verschränkten Hände und zog mich hoch.

»Ich sehe zig Männer in Schlafanzügen«, sagte ich. »Ein paar von ihnen haben Decken umgehängt. Sie klettern in den Waggon. Es sind …, es ist zu dunkel, ich erkenne nicht viel.«

Ich ließ mich hinuntergleiten, denn ich hatte genug gesehen. Die Schlafanzugmänner hatten bestimmt Stunden in der beißenden Kälte gewartet. Wir hörten, wie sie panisch gegen die Wände trommelten und traten, sie tobten.

Und dann begann die Frau ganz leise vor sich hin zu singen. Ich erkannte die Melodie der *Hatikva,* der Hoffnung.

Kol ode balevav
P'nima –
Nefesh Yehudi homiya
Ulfa'atey mizrach kadima
Ayien l'tzion tzofiya.

Dieses Lied. Diese Stimme, trotz all des Geschreis.

3

Gegen Abend sanken die Temperaturen noch weiter unter null. Die Senioren und die Kinder standen in der Waggonmitte, wo es geschützter und wärmer war. Mütter und Väter versuchten, die schlafenden Kinder unter ihren Mänteln warm zu halten. Das Gejammer der Schlafanzugmänner war nach wie vor bis in unseren Waggon zu hören. Zu meiner Erleichterung fuhr der Zug wieder an, und durch das laute Rattern der Räder hörte ich sie nicht mehr.

»Ernst?«

Eine Frauenstimme. Neben mir.

»Darf ich dich Ernst nennen?«

Es war der Engel im grauen Mantel. Ich schluckte. Aber was war bloß mit mir los? Unzählige Male hatte ich auf einer Bühne vor vollen Sälen gestanden. Doch in ihrer Gegenwart fühlte ich mich schüchtern wie ein Schuljunge. Ich holte tief Luft.

»Natürlich.«

»Ist dir jetzt nicht kalt, so ganz ohne Mantel«, flüsterte sie mir ins Ohr. »Das war eine nette Geste.«

Ich zuckte mit den Schultern und fragte, ob sie allein hier sei.

»Ja.«

»Ich auch.«

Kurzes Schweigen.

»Wo sie uns wohl hinbringen?«, fragte sie.

»Angeblich in ein Arbeitslager.«

Sie nickte. »Meine Eltern und meine Schwester mit ihren beiden Kindern wurden im Sommer deportiert. Ich denke schon die ganze Zeit an sie.«

»Bist du verheiratet? Hast du Kinder?«

Ich erschrak über meine Direktheit.

Sie zögerte. »Nicht verheiratet. Nicht mehr.« Ein hilfloses Lächeln. »Ich hatte eine kleine Tochter. Sie ist gestorben, kurz vor dem Krieg. An Tuberkulose.«

Wieder hörte man nur den Lärm aus dem Waggon.

»Wie ... wie hieß sie?«

»Henriette.«

Ich wollte nicht aufdringlich sein, doch mich interessierte alles an ihr.

»Wie alt ist sie geworden?«

Sie hielt vier Finger hoch und beugte sich wieder zu meinem Ohr vor: »Wenigstens ist ihr diese Reise erspart geblieben. Das ist schon mal ein Trost.«

»Hast du ein Foto?«

»Ja.«

»Zeig mal. Ich finde schon irgendwo Licht.«

Das Foto steckte in ihrem Geldbeutel. Max, der Diamantenhändler, besaß ein Ronson-Feuerzeug. Als die Flamme auflöderte, entwich Benzindampf. Vorsichtig hielt ich das Foto in die Nähe der Flamme und sah ein Mädchen mit zwei Zöpfen und einem klaren, ernsten Blick. Ich gab das Foto zurück. Max ließ sein Feuerzeug wieder verschwinden.

»Sie ist schön«, sagte ich.

Sie schwieg.

Die Lokomotive wurde langsamer, bis wir an einem hell erleuchteten Bahnsteig hielten. Eine kleine alte Frau von mindestens siebzig drängte sich vor. Sie hatte Warzen im Gesicht, einen faltigen, zahnlosen Mund und stechende, blaugraue Augen »Ich muss auf die Toilette«, sagte sie. Wir bildeten, so gut es eben ging, einen kleinen Halbkreis und wandten uns ab – so viel Anstand besaßen wir noch. Verstohlen schaute ich, ob sie Hilfe brauchte. Sie zog forsch Rock, Unterrock und Unterhose herunter und setzte sich auf die hölzerne Tonne. Die wackelte, blieb aber stehen. Ich fand sie tapfer.

»Kein Papier!«, rief sie.

Max fasste in seine Innentasche und griff nach einem Blatt Papier. Er reichte es nach hinten, ohne sich umzudrehen.

»Danke!«

»Das war mein Protokoll«, murmelte er.

»Eine wichtige Besprechung?«, fragte ich.

Die alte Frau zog ihre Kleider hoch. »Ihr könnt euch wieder umdrehen«, rief sie fröhlich. Als ich mich zurück auf meinen Platz setzte, sah ich, dass die vornehme Dame heimlich Parfum versprühte.

Kurz darauf fuhr der Zug wieder an. Die meisten dösten an ihre Koffer gelehnt oder versuchten es zumindest. Endlich fuhren wir weiter, und ich konnte nur hoffen, dass uns die Dunkelheit ausreichend Schutz gegen die Angriffe englischer Jagdbomber bot.

Mit jedem Meter wurde ich tiefer in den Krieg hineingezogen. Zumindest fühlte es sich so an. Angefangen hatte alles mit Klara. Sie wohnte und arbeitete direkt gegenüber in einer Dachwohnung in der Johannes Verhulststraat. Klara ... Aus irgendeinem Grund waren wir nie zusammen ins Bett gegangen, was mir nur recht war. Eine Affäre wäre für mich, den Untergetauchten, auch viel zu gefährlich gewesen: Eine enttäuschte Frau ist zu allem imstande. Dann wären sämtliche Bemühungen wichtiger Leute aus der Kulturpolitik, die mich, den »Halbjuden«, zu beschützen versuchten, vergebens gewesen.

Klara war Bildhauerin. Sie hatte eine hohe Stirn, einen schmalen Körper und einen etwas krummen Rücken – als besäße sie wie ihre Skulpturen ein Gerüst aus doppelt gedrehtem Kupferdraht. Sie war schlagfertig und zynisch. Mit boshaftem Vergnügen machte sie mit allem kurzen Prozess, was pompös und prätentiös war: Einer korpulenten Gestalt mit Zigarre und Spazierstock, die an einen Bankier erinnerte, setzte sie einen Schweinskopf auf. In den fünf Monaten, die ich sie kannte, hatte ich besonders ihren unabhängigen Geist schätzen gelernt. Ich hatte den Eindruck, dass sie alles als Kunst betrachtete. Hätte sie Lebensmittelmarken gegen schwarze Unterwäsche tauschen können – sie würde es getan haben.

Auch ich nahm Zuflucht zur Fantasie, sammelte weiterhin Material und dachte mir Witze aus, um mich geistig fit zu halten. Meine Güte, wie ich meine Auftritte vermisste! Die ungeteilte Aufmerksamkeit, die Spannung, das Lachen. Manchmal war Jannetje, die Putzfrau, mein Publikum. Ich hatte ihr ein Porträt des Führers gezeigt, das ich vor dem Krieg in einer Vorstellung verwendet hatte.

»Jannetje, was machen wir bloß mit dem?«

»Sie meinen, mit Hitler, Meneer Hoffmann?«

»Ja. Hängen wir ihn auf oder stellen wir ihn an die Wand?«

Ich wollte nicht irgendwo in der Provinz untertauchen, sondern in Amsterdam bleiben. Auf dem Dachboden hatte ich das perfekte Versteck: einen kleinen Raum hinter einer Trennwand, die durch einen verbeulten Überseekoffer, eine alte Matratze und eine Wand aus verstaubten Büchern verborgen wurde. Normalerweise hätte mich hier niemand gefunden. Bei einer Razzia würden Jannetje oder Klara aussagen, ich sei vor mehreren Tagen ausgezogen.

Ich war Klara dankbar. Unsere langen Gespräche über Gott, die Kunst, den Tod und solche Dinge boten mir eine willkommene Abwechslung. Gestern Abend hatte sie einen Topf Kohlsuppe mitgebracht. Hinter verdunkelten Fenstern und im Schein einer Öllampe diskutierten wir darüber, ob Gott Humor habe. Klara vermutete das Gegenteil, was mich nicht sonderlich erstaunte: Seit sie sich von ihrer strengen evangelisch-reformierten Familie gelöst hatte, spuckte sie generell auf Gläubige, ganz besonders jedoch auf Evangelisch-Reformierte aus Ede.

Klara fand es einfach menschlich, allem etwas Komisches abgewinnen zu können. Das sei unser Trumpf, so Klara, Humor sei gleichbedeutend mit Denkfreiheit. Unser ach so heiliger Gott regiere, indem er Angst und Schrecken verbreite. Gelächter störe die Gottesfurcht und sei somit nicht erwünscht.

»Hast du ab und zu in der Bibel gelesen?«

»Ja, manchmal.«

»Und? Macht Gott Witze?«, fragte sie.

»*Es ist besser, im Winkel auf dem Dach zu sitzen, denn bei einem zänkischen Weibe in einem Haus beisammen.* Das ist aus den Sprüchen, glaube ich.«

Sie sah mich böse an.

»Das ist doch witzig«, entgegnete ich vorsichtig.

»Ich finde das gar nicht witzig.«

Ich musste zugeben, dass einem nach der Lektüre von Gottes Wort nicht gleich zum Lachen zumute sei. Aber in der Bibel steht auch, dass der Mensch nach dem Bilde Gottes geschaffen wurde. Der Mensch hat Humor, folglich hat Gott ebenfalls Humor.

Sie wurde bissig: Ob ich es witzig fände, dass Er sein eigenes Volk von den Deutschen deportieren lässt? Dass Er das einfach so duldete. Ob ich darauf eine Antwort hätte?

Ein heikler Punkt.

»Tut mir leid«, sagte sie. »Entschuldige.«

Hätte ich einwenden sollen, dass der Mensch schließlich einen freien Willen besitze? Und dass Gott erklärtermaßen nicht interveniere, weil er sonst gar nicht mehr damit fertig würde?

Es war schon weit nach Mitternacht, als Klara müde und verärgert nach Hause ging. Ich hätte sie bitten können, bei mir auf dem Sofa zu übernachten. Das tat sie öfter. Aber ich glaube, wir hatten einander doch etwas verletzt.

Ich lag noch lange wach, nicht zuletzt wegen dieses verdammten Dackels. Monty hieß das Vieh, nach dem englischen General Montgomery. Sogar das vornehme Oud-Zuid-Viertel hatte also seine heimlichen Rebellen, die wussten, wie man die deutsche Obrigkeit listig herumging. Warum musste das Vieh ausgerechnet an jenem Abend Junge bekommen? Und warum musste der Nachbar sie noch am selben Abend in einen Jutesack werfen, um sie in der Herengracht zu ertränken? Das Gejaule der Mutter war dermaßen erbärmlich, dass ich hoffte, der Nachbar würde die Mutter mit ihrem Nachwuchs vereinen. Das wäre für alle das Beste gewesen.

Am Tag darauf war ich so müde, dass ich mich mittags hinlegen musste. Laster, die halten. Laut geöffnete Ladeklappen. Soldaten, die mit klappernden Stiefeln durch die Straßen marschieren – bei einer Razzia konnte ich mir alles Mögliche vorstellen, doch der Lärm drang nicht bis zu mir durch. Hätten sie nur gegen die Türen gehämmert! Dann hätte ich noch eine Chance gehabt. Bewusst oder unbewusst war ich darauf immer gefasst gewesen, aber nein, sie drückten auf die Klingel. Die war ziemlich laut eingestellt wegen Jannetjes Schwerhörigkeit. Ich fuhr hoch. Noch im Halbschlaf stolperte ich zur Tür. Durch den Briefschlitz hörte ich das Flüstern meiner alten, lieben, hilfsbereiten Nachbarin mit dem Dackel.

»Meneer Hoffmann! Eine Razzia!«

Ich konnte hören, wie sie zur Seite geschubst wurde. Die Briefschlitzklappe fiel zu und ging sofort wieder auf.

Mitkommen!

4

Ich spürte eine warme Frauenhand auf meiner Wange. Es war der Engel im grauen Mantel, und mir fiel auf, dass sie mir ihren Namen nicht genannt hatte. Selbst wenn sie schlief, besaß sie eine Anmut, die dieser Reise beinahe etwas Surreales verlieh. Ich lehnte an ihrer Schulter. Erst jetzt merkte ich, dass sie ihren Mantel zur Hälfte um mich gelegt hatte. Ich schmiegte mich noch etwas mehr an sie, vermeintlich im Schlaf. Sie atmete schwer. Auf ihrer rechten Wange prangte unweit ihres Mundes ein Muttermal.

Sie zog ihren Arm zurück und drehte sich um. Sie schien durchzuschlafen. Vorsichtig legte ich ihr den Mantel wieder über ihre Schulter.

Das erste Morgenlicht drang durch den Lüftungsschlitz und die Ritzen zwischen den Wandbrettern. Ich versuchte, mich auszustrecken, was in dem schaukelnden Waggon allerdings nicht möglich war, ohne andere anzurempeln. Schließlich stand ich auf, um zu pinkeln. Schlurfend bahnte ich mir mühsam und umständlich einen Weg durch die schlafende Menschenmenge. Vor der Tonne öffnete ich meinen Hosenschlitz und sah zu, wie mein Urinstrahl den Schmutz auseinandertrieb.

Otto saß dicht daneben. Er lachte und klopfte auf sein Album: Ob ich seine Briefmarken sehen wolle? Ich setzte mich neben ihn. Behutsam schlug der Junge das Buch auf und strich über das Büttenpapier, als wäre es eine kostbare Bibel. Ich musste mich anstrengen, um sie erkennen zu können, denn die Marken lagen Seite an Seite unter Seidenpapier, bunt und aus allen Ecken der Welt. Mit jeder Seite, die er umblätterte, schien seine Begeisterung zu wachsen. Er zeigte auf einen seltenen Fehldruck aus Niederländisch-Indien. Der sei viel wert, flüsterte er stolz. Wie sonderbar, dass selbst Makel wertsteigernd wirken konnten.

Deutsche Briefmarken besaß er ebenfalls. *Deutsches Reich* mit dem Porträt Hitlers. Sie hatte er ganz hinten im Buch versteckt. Seine Mutter wollte nicht, dass er die Marken sammelte, aber er musste und würde seine Sammlung vervollständigen. Mein Blick ruhte kurz auf Hitler. Ich hatte ihn noch nie lachen sehen. Höchstens im Kino, wenn er fremde Kinder auf den Arm nahm und den geliebten Führer spielte, aber das zählte nicht. Das war Arbeit. Ob er Humor zu schätzen wusste? Hatte er sich jemals richtig kaputtgelacht?

Es war und blieb merkwürdig, dass ich halb deutsch war. Ich konnte die Sprache, mehr allerdings nicht. Deutschland war zwar das Land meines Vaters, aber nicht mein Vaterland.

Otto klappte sein Album zu.

»Wo genau ist dein Papa?«, fragte ich.

»Bei der Arbeit in Polen. Er stellt Kugeln und Bomben für den Krieg her. Meine Mama und ich, wir haben uns auf einem Bauernhof versteckt. Aber sie haben uns trotzdem gefunden.« Er gähnte. »Bald sehe ich meinen Vater wieder. Ich will in derselben Fabrik arbeiten wie er. In der Postabteilung.« Er sah mich verunsichert von der Seite an. »So was haben die doch dort? Eine Postabteilung?«

»Bestimmt, mein Kleiner.«

Knirschendes Metall, zischender Dampf, zwei kurze Pfiffe – die Lokomotive wurde langsamer. Hörte ich da jemanden Berlin-Spandau rufen? Ich sah zu Max, dem Diamantenhändler, hinüber. Der stand schon mit verschränkten Händen bereit. Ich zog mich nach oben. Der Zug hielt am Rand einer großen Freifläche. Auf einem Nebengleis entdeckte ich eine lange Reihe ausgebrannter Waggons. Über einem Bombenkrater baumelten ein paar kaputte Gleise, manche Gleisschwellen waren gerade, andere krumm. Eine Schiene war länger und ragte in den Himmel. Offensichtlich war dieser Bahnhof vor Kurzem von einem Luftangriff getroffen worden

Der Bahnsteig, an dem wir hielten, war hoch angelegt, eigens für Viehtransporte. Kühe können nicht Treppensteigen. Ich sah, wie ein paar deutsche Soldaten nach vorn rannten. Wir waren noch nicht richtig zum Stehen gekommen, als die Türen der ersten Waggons unter Lärm und Geschrei aufgerissen wurden. Ich kletterte wieder hinunter. War dies bereits die Endstation? Auch unsere Tür öffnete sich, und zwei SS-Männer kletterten herein. Der eine war ein Bauerntölpel mit einem Kopf wie ein Blumenkohl, der andere war schlaksig und warf scheinbar beiläufig einen spöttischen Blick in den Waggon.

»Uhren!«, brüllte der Tölpel. »Schnell, schnell!«

Mit seinem Gewehrkolben prügelte er auf die durchgefrorenen Leiber ein. Ein Mann wagte zu protestieren und wurde sofort mit einem Schlag auf den Kopf zum Schweigen gebracht. Blut floss aus seinem Ohr. Uhren, Füller, Zigarettenetuis, Portemonnaies, Max' Ronson-Feuerzeug – alles warfen sie in einen Jutesack, den der magere Kerl aufhielt. Ich löste unbemerkt meine Uhr vom Handgelenk und legte sie hinter mich.

Der Tölpel hatte es auf ein silbernes Medaillon abgesehen, das um den Hals einer älteren Dame hing. Er zerrte an der Kette, die jedoch nicht nachgab. Die Frau wurde zu Boden gerissen. Er stellte seinen Stiefel auf ihre Wange und zerrte ein zweites Mal. Jetzt riss die Kette. Die Frau hatte eine Schnittwunde am Hals, achtete allerdings nicht weiter darauf. Flehend bat sie um das kleine Foto, das in dem Medaillon steckte, um das Bild ihres verstorbenen Mannes. Vergebens.

Keine fünf Minuten später waren die Männer wieder verschwunden. In der Ferne waren ein letzter Schrei und ein Lachen zu vernehmen. Dann wurde es merkwürdig still. Ich roch das Harz und den Teer in den Brettern, sah zu, wie ein Ohrenkriecher hervorkrabbelte und hinter einem Querbalken verschwand. Mein Blick fiel auf die beiden Tonnen. Das Trinkwasser war beinahe verbraucht. Jeder hatte einen kleinen Schluck bekommen. Die Tonne mit den Exkrementen hingegen war randvoll. Ich bemühte mich, den widerlichen Kot- und Uringestank zu ignorieren, so gut es ging.

»Haben sie dir auch was abgenommen?«, fragte der Engel im grauen Mantel.

»Nein«, sagte ich.

»Ich musste einen Silberring abgeben. Aber das ist nicht das Schlimmste.«

»Wie meinst du das?«

»Ich fürchte, ich kann meinen Toilettenbesuch nicht länger hinauszögern.«

Der *Cordon sanitaire* war mittlerweile schon Routine. Max, ein paar andere und ich bildeten, soweit der Platz es zuließ, einen Ring um sie, wobei wir ihr den Rücken zukehrten. Sie gab keinen Mucks von sich. Ich hörte den Urinstrahl, und sie hörte ihn auch.

»Das werde ich diesen Scheißdeutschen niemals verzeihen.«

Sie war unfreiwillig komisch, aber ich wagte es nicht zu lachen. Max gähnte. Ich fragte ihn, warum er sich mit seinen Diamanten nicht die Freiheit erkauft habe.

»Genau das war mein Plan«, sagte er verdrossen.

»Aber?«

»Nun, alles war schon organisiert. Es kostete ein Vermögen, damit sie meine Familie in Ruhe lassen würden. Zumindest dachte ich das. Bis alles aufflog. Die bestochenen SS-Männer wurden verhaftet und an die Ostfront geschickt. Meine Frau und meine Kinder, zwölfjährige Zwillinge, wurden festgenommen und deportiert. Ich hatte Massel, denn ich war zu diesem Zeitpunkt nicht zu Hause. Nur was heißt schon Massel? Sie haben mich trotzdem gekriegt. Jetzt kann ich bloß hoffen, dass ich ins selbe Lager komme wie meine Familie. Und dass sich dort was machen lässt. Ich muss ganz allein auf die menschliche Gier und die Gesetze der Geschäftemacherei bauen.«

»Und wie willst du das anstellen?«

Er grinste breit.

Ich hakte nicht weiter nach.

Wir hielten erneut länger an. Das Warten machte mich ganz nervös.

Verschiedene Leute hatten etwas zu essen hervorgeholt: Pasteten, Dauerwurst, Pfefferkuchen und Butterbrote mit Käse oder Speck. Ich selbst hatte nur einen Apfel und eine kleine Fleischpastete gegessen. Der Vorrat ging schnell zur Neige. Ein paar Kinder begannen bereits zu quengeln.

Auf dem Schoß eines Mädchens, das an die Wand gelehnt eingeschlafen war, lag ein Stück Brot. Der Mistkerl, der sich absichtlich breitmachte und unverschämt viel Platz einnahm, setzte sich neben sie und nahm das Brot. Seelenruhig aß er davon. Ich dachte, ich träumte! Der Vater des Mädchens, ein hochgewachsener, distinguiert aussehender Mann mit akkurat frisiertem welligem Haar hatte den Diebstahl ebenfalls bemerkt. Er packte den Mistkerl am Arm, aber das Brot war bereits weg. Hochmütig starrte er erst auf die Hand des Vaters und dann in sein Gesicht. »Nur die Stärksten werden überleben.« So lauteten seine Worte. Ich war mir sicher, dass ich ihn richtig verstanden hatte.

Der Vater ließ los. Seine Lippen bebten. Er bückte sich, doch ich konnte nicht erkennen, was er tat. Kurz darauf hielt er die eiserne Schöpfkelle in der Hand. Er wollte seiner Tochter einen letzten Schluck Wasser geben, so als könnte er damit das gestohlene Brot wettmachen. Zumindest dachte ich das zunächst. Aber er hielt den Löffel über den Kopf des Mistkerls und goss eine braungelbe Mischung aus Kot und Urin über ihm aus.

»Du stinkst«, sagte er.

Der Widerling spuckte und brüllte. Wässriger Kot klebte an seinen Wangen und in seinem Haar. Er stand auf und schlug wie verrückt nach seinem Angreifer, doch das Zeug saß auch in seinen Augen. Die Leute wichen zurück. Dem Vater gelang es, den Schlägen auszuweichen, er kroch auf allen vieren davon.

Unmut machte sich breit.

»Verdammt, jetzt ist die Kelle schmutzig, und es stinkt noch mehr«, murrte jemand. »Der Scheißkerl hat's verdient«, schrie ein anderer. Das Mädchen, dessetwegen alles begonnen hatte, fing an zu weinen. Ich sah zu der Frau im grauen Mantel hinüber.

»Das geht nicht gut«, sagte sie.

Ich nickte.

»Kannst du sie nicht ablenken?«

Auf einmal begannen die Leute, sich zu schubsen. Ein Mann versetzte einem anderen einen Kinnhaken, wie ein angezählter Boxer umklammerte dieser die Taille seines Angreifers. Panik breitete sich im Waggon aus, Kinder weinten, Mütter begannen zu kreischen.

»Max!«, rief ich, »Zwei Koffer! Stabile, große Koffer!«

»Koffer?«, wiederholte er.

»Schnell!«

Gepäckstücke wurden zwischen Beinen hindurchgeschoben, und schließlich lagen zwei braune Koffer aufeinandergestapelt vor mir. Ich kletterte hinauf.

»Meine Damen und Herren! Meine Damen und Herren! Sehen Sie mich? Hören Sie mich?«

Der Tumult verstummte kurz.

»Ich bin als Letzter gekommen, wofür ich mich in aller Form entschuldigen möchte. Ich weiß nicht, ob Sie extra auf mich warten mussten. Einige von Ihnen haben mein ungeschicktes Entree vielleicht mitbekommen. Um ehrlich zu sein: Keine Ahnung, was da mit mir los war. Das muss ein Missverständnis sein.«

Ich sah mich im Waggon um. Nichts als müde, verwirrte und erstaunte Gesichter.

»Auf dem Bahnsteig traf ich einen Herrn mit Helm und grauer Uniform. Er gehörte zur Reiseleitung. ›Gibt es vielleicht auch einen Erster-Klasse-Viehwaggon?‹, habe ich gefragt. ›Oder ist dies die erste Klasse?‹«

Ich erntete meinen ersten, vorsichtigen Lacher.

»Wissen Sie, was er gerufen hat? ›*Schwein!*‹ ›Nett, dass Sie sich kurz vorstellen‹, habe ich gesagt. ›Ich heiße Hoffmann, Ernst Hoffmann.‹«

Wie bei meinen allerersten Kneipenauftritten musste ich improvisieren. Jeder Lacher gab mir Gelegenheit, mir eine neue Pointe auszudenken.

»Ich lag also ganz benommen im Waggon und sah, wie Sie hier so zusammengepfercht dastehen. Wissen Sie, was daraufhin mein erster Gedanke war? So verlockend das Reiseziel auch sein mag – bei den Reservierungen ist bestimmt was schiefgelaufen.«

Geraune. Dieser Witz war zu gewagt gewesen. Sofort weitermachen!

»Wir sitzen in einem Viehwaggon. Ist das ein Grund zum Lachen? Nein, im Gegenteil. Aber es erinnert mich an ein Foto, auf dem Hitler neben einer Kuh steht. Wissen Sie, was mir sofort aufgefallen ist? Der intelligente Blick der Kuh.«

Ein Lacher. Ein guter Lacher. Aus dem Waggon hinter uns wurden heisere Schreie laut. Die Schlafanzugmänner konnten mich unmöglich verstehen, doch zumindest tat sich was.

»Sie haben vielleicht schon gehört, dass in dem Waggon hinter uns ein paar arme Schlucker mitfahren. Wussten Sie, dass Hitler neulich eine Irrenanstalt besucht hat? ›Wissen Sie, wer ich bin?‹, hat er da gefragt. ›Der Führer. Ich habe die Macht. Ich bin so allmächtig wie Gott!‹ Woraufhin ein Patient sagte: ›Nun, den sehen wir hier bestimmt noch öfter!‹«

Die Deutschen draußen schlugen mit ihren Gewehren gegen die Waggons.

»Ruhe! Aufhören!«

»Hören Sie das?«, rief ich über den Lärm hinweg. »Die Scheißdeutschen wollen, dass ich den Mund halte.«

Wieder Gejohle. Pfiffe auf zwei Fingern. Ein Mann vor mir hielt sich die Hände trichterförmig vor den Mund und rief: »Buuh!« Ich habe das schon immer seltsam gefunden. »Hören Sie das?«, rief ich. »Dieser Herr sitzt in einem Viehwaggon und lässt daran keinerlei Zweifel!«

Gelächter. Jetzt hatte ich ihre volle Aufmerksamkeit.

»Eines noch: Diejenigen, die für diese Reise verantwortlich sind, sind nicht die Ersten. Und das wissen Sie genauso gut wie ich: Über die Jahrhunderte hinweg haben sie uns leiden gelehrt. Aber wir haben gelernt, darüber zu lachen! Oder etwa nicht?«

Klatschen, Schreien, Stampfen, wildes Getrommel gegen die Wände. Ein älterer Herr grinste und ballte die Faust. Ich genoss es. Draußen tobten die Deutschen, aber ihre Befehle waren wirkungslos. Ich warf einen Blick zur Seite, hinüber zum Engel im grauen Mantel. Sie lächelte und klatschte langsam in die Hände. Wir sahen uns an, sekundenlang.

Auf einmal hörte ich es knallen, drei-, viermal. In der Wand erschienen Löcher, durch die das Licht fiel. Es dauerte eine Weile, bis ich begriff. Kurz darauf herrschte Stille im Waggon, nur die Irren hinter uns tobten weiter. Eine Frau begann zu schreien. Max stand schräg vor mir. Er stand da wie gelähmt, sein Blick war glasig, erstaunt. Dann sackte er in sich zusammen wie eine Strohpuppe.

5

Das konnte nur ein Versehen gewesen sein. Sie hatten uns Angst einjagen wollen. Sie schossen doch nicht gezielt? Schockiert wichen die Menschen in dem Waggon vor dem Gestürzten zurück. Doktor Levi, der immer noch meinen Mantel trug, kniete neben dem Diamantenhändler und berührte seinen Hals. Er sah mich an und schüttelte bloß resigniert den Kopf.

Die Geräusche drangen hohl und verzögert an mein Ohr.

Ich sah, wie der Arzt Max' Mantel öffnete. Ein dunkelrotes, feuchtes Loch in Herzhöhe wurde sichtbar. Er drehte Max auf die Seite. Die Kugel stecke noch in seinem Körper, sagte er. Es war keine Austrittswunde zu sehen. Eine alte Frau mit einem blutenden Oberarm saß an die Wand gelehnt da und stöhnte. Auch sie war von einer Kugel getroffen worden, außer ihr und Max allerdings niemand. Es war fast ein Wunder.

Die Schlafanzugmänner genossen nach wie vor lauthals die ausgelassene Stimmung. Sie lachten gezwungen, viel zu laut und völlig grundlos. Warum hatte ich unbedingt auftreten müssen? Ich wusste genau, warum. Nicht, um den Aufruhr durch ein paar Lacher zu beschwichtigen. Ich hatte es ihretwegen getan, wegen der Frau im grauen Mantel. Das war reines Balzverhalten gewesen, wie das eines Pfaus, der ein Rad schlägt, um einem Weibchen zu imponieren.

Jetzt weinte die Frau mit der Schusswunde. Doktor Levi zog ein rotes Taschentuch aus seiner Hosentasche und verband ihr damit die blutende Schulter. Mich treffe keine Schuld, flüsterte der Engel im grauen Mantel mir zu. Aber wenn ich nicht gewesen wäre, würde Max noch leben. Alle im Waggon wussten das. Sie waren mitschuldig. Sie hatten gelacht! Und jetzt wagten sie es nicht, mich anzusehen, diese Feiglinge!

Der Zug setzte sich wieder in Bewegung. Frische Luft, ich brauchte dringend frische Luft! Max konnte seine Hände nicht mehr ineinander verschränken, also kletterte ich auf ein paar Koffer. Wenn ich mich nicht täuschte, fuhren wir nach wie vor in Richtung Osten. Ich sah eine abfallende, trostlose Landschaft mit vereinzelten kahlen Bäumen, Birkenwäldchen oder ärmlichen kleinen Häusern. Überall standen lindgrüne Strommasten, rostige Eisenpfähle in V- oder X-Form, die durch Überlandleitungen miteinander verbunden waren. Wir passierten verfallene schmutzig weiße Bahnhöfe, an deren Gebäuden der Putz abbröckelte.

Ich ließ mich wieder in die Menschenmenge und den Gestank zurückfallen. Ich hatte Hunger. Bei Einbruch der Dunkelheit hatten wir unser Ziel – wo immer es auch liegen mochte – nach wie vor nicht erreicht.

»Wie kann ein Komiker nur so trübselig sein«, sagte der Engel im grauen Mantel. Wäre ich in Form gewesen, hätte ich zehn Antworten parat gehabt, aber jetzt war mein Kopf leer. Sie lehnte ihren Kopf an meine Schulter. Ich war nicht allein, zumindest fühlte sich das so an. Meine Kehle war wie zugeschnürt. Jetzt bloß nicht weinen!

In der zweiten Nacht sanken die Temperaturen noch tiefer unter null. Die schmutzige Brühe im Fass war von einer hauchdünnen Eisschicht bedeckt. Der Arzt hatte mir meinen Mantel zurückgeben wollen, doch ich hatte abgelehnt. Ich musterte Max, seinen schweren Lodenmantel: Den brauchte ich. Der Leichnam lag an der Wand, den Kopf zur Seite gedreht, und schaukelte im Rhythmus des Waggons. Ich zog und zerrte ihn aus dem Mantel. Es war, als wehrte er sich.

Eine alte Dame öffnete kurz die Augen und schlief gleich darauf wieder ein. Ich warf mir den Mantel über und setzte mich wieder.

Das Einschussloch im Stoff war selbst für meinen kleinen Finger zu klein. An der Innenseite des Futters spürte ich etwas Klebriges. Was steckte in seinen Taschen? Durfte ich nachsehen? Ich schämte mich, konnte aber nicht anders. Ich fand einen Geldbeutel mit Münzen, Scheinen, einem Knopf, einem Rasiermesser, einem gefalteten Personalausweis und mit einem kleinen Foto mit gewelltem Rand.

Sie war eingeschlafen. Ihr dunkles Haar roch nach Zitrone. Ich kannte ihren Namen nach wie vor nicht, aber vielleicht war das auch besser so. Männer und Frauen würden bestimmt bald voneinander getrennt. Eine Namenlose würde ich schneller vergessen können. Ich strich den Mantel unter meinem Hintern glatt, um mich vor der Kälte zu schützen, die von den Bodendielen aufstieg.

Wir fuhren zügig weiter. Darüber war ich froh, wenn auch ohne zu wissen, warum. Ich saß auf etwas Hartem. Ich betastete den hinteren Saum. Durch das dicke Futter fühlte ich etwas. Ich holte die Rasierklinge aus dem Geldbeutel und begann, die Naht aufzutrennen. Ich schnitt mich in den Zeigefinger, achtete jedoch nicht weiter darauf. Etwas Glänzendes kam zum Vorschein. Eine Murmel?

Ich leckte Blut aus meiner Schnittwunde. Max hatte einen Stein mitgenommen. Um seine Familie damit freizukaufen. *Ich baue allein auf die menschliche Gier und die Gesetze der Geschäftemacherei.* Ich untersuchte seinen Mantel zweimal minutiös. Es gab nur diesen einen Diamanten.

Wie spät war es? Ich vermisste meine Uhr, die hatte ich nach meinem Auftritt verloren.

Der Zug bremste und kam pfeifend und knirschend zum Stehen. Mussten wir nun wieder warten? Schreie, Hundegebell, schrille Pfiffe. Der erste Waggon wurde wieder zuerst geöffnet. Das Geräusch von aufgeschobenen Türen kam bedrohlich näher. Wohin mit dem Diamanten? Ohne nachzudenken, schob ich ihn in eine Öffnung, bei der ich davon ausgehen konnte, dass selbst die Deutschen sie nicht kontrollieren würden.

Kurz darauf flog unsere Wagentür auf.

»Raus! Alle Mann raus!«

Kahlköpfige Männer in gestreiften Schlafanzügen kletterten herein und begannen, an den Menschen zu zerren, sie zu schubsen. Während sich der Waggon leerte, zog mich der Engel im grauen Mantel in eine Ecke. Sie nahm mein Gesicht in beide Hände und drückte mir einen Kuss auf den Mund. Ihre Lippen waren warm. Es war eine verzweifelte Umarmung, aber ich hätte für immer in diesem Waggon stehen können. »Bleib am Leben!«, sagte sie. »Bleib am Leben, versprich es mir.« Ich nickte, dann fragte ich sie nach ihrem Namen.

Wir verließen den Waggon als Letzte. Der Bahnsteig war ein tobendes Menschenmeer, in dem diejenigen, die zusammengehörten, verzweifelt versuchten, zusammenzubleiben. Überall sah ich braunlederne Koffer, auf denen mit weißer Kreide der Name und das Geburtsdatum standen. Alle Koffer mussten zurückgelassen werden. Wer sich trotzdem an sein Gepäck klammerte, wurde von den SS-Männern mit Knüppeln auf die Finger geschlagen. »Links bleiben!«, flüsterte einer der Männer in einem gestreiften Schlafanzug. »Sag nicht, dass du krank bist!« Ich verstand nicht. In dem Menschengewühl entdeckte ich auch Otto, den kleinen

Briefmarkensammler, an der Hand seiner Mutter. Die Schiebermütze tief über die Augen gezogen, presste er das Album unter seinem Pulli an sich.

Die Männer in grauen Schlafanzügen wurden von den Männern in gestreiften Schlafanzügen aus den Waggons gezerrt. Einige schrien vor Angst und hatten sich besudelt: Sie verbreiteten einen Gestank von Urin, Kot und Erbrochenem. Unter lautem Toben wurden sie auf einen Lastwagen getrieben. In Rosshaardecken gewickelte Leiber wurden ohne jede Rücksicht auf die Ladefläche geworfen. Ich fragte mich, ob die Kerle noch lebten oder ob sie geschwächt auf die Reise gegangen und erfroren waren. Auch Max' Leiche wurde mit den Verrückten abtransportiert. Der Lastwagen fuhr davon.

Der kotbeschmierte Widerling ging auf einen SS-Mann zu.

»Wasser bitte, Wasser!«

»Verdammter Scheißjude! Anstellen! Los! Los!«

Da reihte er sich hastig wieder in die Schlange ein.

Wir mussten marschieren, in einer langen Kolonne. Wegen meiner Kopfwunde hatte ich ständig Schmerzen. Ich spürte den Diamanten bei jeder Bewegung. Der Engel im grauen Mantel lief neben mir. Sie hatte meinen Arm gepackt und ließ mich nicht mehr los. Mir wurde ganz schlecht bei dem Gedanken, sie bald gehen lassen zu müssen.

Helena. So hieß sie. Helena Weiss.

»Nicht vergessen!«, sagte sie.

Ich lauschte auf unsere Schritte und die der anderen. Ich wollte etwas Schönes oder Geistreiches sagen oder wenigstens etwas Originelles, aber mir fiel nichts ein.

»Ich werde dich nicht vergessen.«

Vor uns lag eine kahle Ebene, eine zerfressene weiße Landschaft, von der Dampf aufstieg. Hinter einem doppelten

Stacheldrahtzaun, der an Betonpfosten befestigt war, sah ich dunkelbraune, mit Suchscheinwerfern ausgestattete Wachttürme, Fabriken mit rauchenden Schloten und schier endlose Reihen von Holzbaracken. Hierher fuhren also alle diese Transporte. Hier hatte man eine Stadt für uns gebaut.

Nach einem zwanzigminütigen Marsch erreichten wir ein eisernes Tor mit einem Schlagbaum. Vor dem Stacheldrahtzaun befand sich ein weißes Metallschild mit einem roten Blitz und der Aufschrift VORSICHT. Darunter stand in schwarzen Buchstaben: Hochspannung Lebensgefahr. Wir liefen weiter durch Pappelalleen, die von lang gestreckten Kasernen aus rotbraunen Ziegeln gesäumt wurden. Auf der Rückseite des Lagers erreichten wir ein Gebäude mit hohen Fenstern. Darin befand sich eine große Halle. Wir passierten einen Offizier in einem langen Mantel. Kerzengerade stand er da, die Mütze auf dem bleichen, hageren Kopf. Er zog weiße Handschuhe an und lächelte. Der Raum war bis auf ein paar Bänke am Rand leer. Vorn standen eine Holztafel und dahinter ein SS-Mann, ein Verwalter mit schmalen Lippen und Brille.

Die Schwachsinnigen in den grauen Schlafanzügen waren schon hineingegangen. Verschüchtert und zitternd standen sie nebeneinander. Einer von ihnen hatte Schaum vor dem Mund, ein anderer wiegte sich wie in Trance mit dem Oberkörper vor und zurück, vor und zurück, vor und zurück. Wir mussten uns in langen Reihen nebeneinander anstellen. Zwei SS-Männer postierten sich vor dem Eingang, und wir warteten. Ein Schrei. Ein Kind begann zu weinen. Beschwichtigungen, Koseworte. Dann wieder Stille.

Ein SS-Mann kam herein und übergab dem Verwalter irgendwelche Papiere. Wieder mussten wir warten. Endlich trat der Verwalter vor, einen Block mit Formularen unter den Arm geklemmt.

»Willkommen«, sagte er wichtigtuerisch. »Wir haben gehört, dass Ihre Reise nicht allzu komfortabel war. Es sind so einige Dinge schiefgelaufen, für die wir nichts können. Bald bekommen Sie ein Stück Brot. Die Kinder erhalten Spielzeug. Aber ich kann mir vorstellen, dass Sie sich zunächst etwas frisch machen möchten. Sie dürfen gleich duschen, mit warmem Wasser. Damit das Ganze geordnet abläuft, lassen wir Senioren und Müttern mit Kindern bis fünfzehn Jahren den Vortritt.«

Er warf einen Blick auf seinen Block. »Als Erstes werden wir überprüfen, ob die Namen dieses Transports stimmen, ja? Ich rufe sie nacheinander auf. Ariel, Ben.«

»Ja.«

»Ja!«, wiederholte ein anderer kurz vor mir. Er sah sich breit grinsend um. Andere Verrückte ahmten ihn sofort nach.

»Ja!«

»Ja!«

»Ja!«

»Ja!«

»Ruhe. Ruhe!«

Sie sahen mit ebenso ängstlichen wie lachenden Gesichtern zu dem Verwalter hinüber. Mit verhaltener Wut erklärte er, dass nur der Angesprochene Ja sagen dürfe. »Ja? Asscher, Jacob!«

»Ja!«

»Ja!«

»Ja!«

»Ja!«

Ein paar zogen verrückte Grimassen und kugelten sich vor Lachen. Ich sah zu Helena hinüber, die neben mir stand. Sie lachte lautlos. Ich genoss die Ironie. Sie konnten die Irren zwar herumstoßen, schlagen und erniedrigen, aber in Sachen

Verrücktheit mussten die Deutschen anerkennen, dass sie ihnen unterlegen waren.

»Verdammt!«, schrie der Verwalter. »Ruhe! Asscher, Jacob!«

»Ja!«
»Ja!«
»Ja!«
»Ja!«

Die Jas hallten mittlerweile durch den ganzen Raum. Sie kamen von links, von rechts, von vorn und von hinten. Der Verwalter lief blauviolett an. Er begann, auf einen Mann einzuprügeln, der sich auf die Schenkel geklopft hatte vor lauter Vergnügen. Kreischend wehrte der Unglückliche die Schläge ab. Danach zupfte der Verwalter seine Uniform zurecht und hob das Kinn. »Noch einmal!«, warnte er. »Noch einmal! Asscher, Jacob!«

»Ja!«
»Ja!«
»Ja!«
»Ja!«
»Ja!«
»Ja!«

Der Verwalter zog wahllos den Erstbesten aus der Reihe heraus und warf ihn zu Boden. Wie ein Wahnsinniger prügelte er auf ihn ein. Der Mann schrie und fuchtelte wild mit den Armen. Anschließend zückte der Verwalter eine Pistole. Kurz dachte ich, er würde schießen, aber er nahm die Luger am Lauf und ließ den Kolben auf den Kopf seines Opfers niedersausen. Ich sah, wie der Mann vor lauter Todesangst seinen Urin nicht mehr halten konnte. Er sickerte aus seiner Schlafanzughose und verschwand zwischen den Ritzen der Betonplatten.

»Schultz!«

Der Offizier mit den weißen Handschuhen kam herein. Er wirkte verärgert. Die SS-Männer standen stramm. Auch der Verwalter machte einen kerzengeraden Rücken.

»Schultz«, wiederholte er eisig. »Was soll das?«

»Sabotage, Herr Obersturmbannführer!«

»Sabotage? Immer mit der Ruhe. Ich glaube, inzwischen dürfte jeder die Botschaft verstanden haben.« Er stellte sich mit auf dem Rücken verschränkten Händen neben den Verwalter und lächelte. »Sie werden verstehen, dass es in diesem Lager Regeln gibt. Strenge Regeln. Saboteure werden nicht geduldet. Wenn ich also erleben muss, dass beim Verlesen der Namen noch jemand fälschlicherweise Ja sagt ... Ich habe Sie gewarnt! Schultz?«

»Herr Obersturmbannführer!«

»Die Namen.«

»Jawohl, Herr Obersturmbannführer. Asscher, Jacob!«

»Ja!«

Es blieb still. Zu meiner Erleichterung hatten sogar die Irren begriffen, dass es jetzt ernst war.

»Barend, Sara!«

»Ja!«, piepste ein Mädchen schräg hinter mir. Es war höchstens zehn, elf Jahre, alt und meldete sich. Auch mein Name wurde verlesen und der von Helena.

Nach der Zählung mussten wir ein steinernes Rundbogentor passieren. Mir fiel auf, dass die SS-Männer freundlicher waren. Sie wollten kein Drama. Die Menschen wurden von einem Mann im weißen Kittel voneinander getrennt: Links oder rechts. *Links bleiben,* jetzt begriff ich! Aber warum? Der Widerling stand vorne in der rechten Reihe. Der wollte duschen, und zwar schnell.

Ich sah die Mutter mit dem durch nichts zu erschütternden Baby, die in unserem Waggon gewesen war. Sie stand von uns abgewandt am Rand und gab ihrem Kind die Brust. Ein SS-Mann ging auf sie zu. Ich war nahe genug, um zu hören, was er sagte. Er fragte, ob sie Familie habe, einen Opa, eine Oma oder Tante. Die dürften ihr das Baby abnehmen, später würde sie mit ihrem Kind wiedervereint. Sie solle sich links anstellen, es gebe eine spezielle Säuglingsbetreuung, alles würde gut.

»Nein!«, schrie sie. »Du nimmst mir mein Baby nicht weg!« Die ganze Zeit über hatte sie einen schüchternen Eindruck gemacht, aber jetzt trat sie ihrem Aufpasser wie eine Löwin entgegen. Der erschrak und wich einen Schritt zurück. Er hob die Hände.

»Gut, ist ja gut!«, sagte er kühl. »Kein Problem. Pfff.« Ein paar männliche Kollegen lachten ihn aus.

Auf einmal fiel mir der Schlachthof ein: Vor Jahren war ich mit unserer damaligen Haushälterin Geertje und ihrem Mann Hendrik, der dort arbeitete, auf dem Schlachthof gewesen. Verängstigte, kreischende Ferkel wehrten sich mit aller Macht. Aber das Schlimmste daran war die Gleichgültigkeit und Fühllosigkeit der Schlachter. Vollkommen ungerührt setzen sie dem Tier das Messer an den Hals. Es war ihnen völlig egal, ob das Vieh lebte oder tot war. Ich erinnerte mich noch gut, wie sich mir damals das Herz zusammengezogen hatte. Dieselbe Beklemmung empfand ich auch jetzt, zumal wir in Viehwaggons transportiert worden waren.

Ein Kind schrie. Es war Otto: Man hatte seine Briefmarkensammlung entdeckt. Ein SS-Mann riss sie ihm aus der Hand. »Nichts mitnehmen!«, herrschte er den Jungen an.

Otto brach in Tränen aus und versuchte, sein Album zurückzubekommen, aber der SS-Mann hielt es so hoch, dass er es nicht zu fassen bekam.

Der Offizier eilte herbei und fragte verärgert nach dem Grund des Aufruhrs.

»Herr Obersturmbannführer! Dieser Jude hat Gepäck dabei«, rief der SS-Mann, starr geradeaus schauend.

»Gepäck? Das ist ein Album. Ein Briefmarkenalbum. Gehört es diesem Jungen? Unterscharführer, haben Sie denn kein Herz?«

Der Offizier entriss seinem Untergebenen das Buch und begann umständlich, darin zu blättern. »Sehen Sie nur«, sagte er »Hier haben wir unseren geliebten Führer! Damit wäre doch alles in Ordnung? Von mir aus darf er das Album gern behalten.«

»Ganz wie Sie wünschen, Herr Obersturmbannführer!«

Der Offizier reichte dem kleinen Otto gnädig das Album. Der Junge beruhigte sich, wurde jedoch immer noch von Schluchzern geschüttelt. Seine Mutter griff nach der Hand des SS-Offiziers und drückte sie an ihre Wange. »Danke, Herr Offizier«, sagte sie gerührt. »Danke. Sie sind ein guter Mensch.«

Der Offizier nickte freundlich.

Mutter und Sohn passierten das Tor. Sie legte ihre Hand auf die Schirmmütze des Jungen. Der presste sein Album mit beiden Händen gegen seinen Bauch. Sie flüsterte ihm etwas ins Ohr, und er lachte. Ich sah zu, wie sie in der rechten Reihe verschwanden.

6

Wie ich bereits befürchtet hatte, wurde die linke Reihe nach Männern und Frauen getrennt. Die Männer mussten auf die Ladefläche eines Lasters steigen – es war derselbe, mit dem vorher die Verrückten abtransportiert worden waren. Helena umklammerte meine Taille. »Los!«, rief ein Aufseher. »Los!« Ich befreite mich aus ihrer Umklammerung und kletterte auf die Ladefläche. Während wir davonfuhren, sah sie mir nach. Sie sagte nichts, tat nichts, sondern schaute mir nur nach.

Es hatte angefangen zu schneien. Der Wind trieb Flocken durch die Alleen, und die Lastwagenplane flatterte laut in der Böe. Wir blieben auf dem Lagergelände. Die Männer hier trugen dieselben gestreiften Schlafanzüge wie diejenigen, die die Waggons ausgeladen hatten. Sie sahen uns nicht an. Nach einer kurzen Fahrt hielten wir vor einer der steinernen Baracken. Die Ladeklappe wurde geöffnet. »Raus, raus!« Jedes Mal dieses Geschrei. Doch schon bald sollte ich feststellen, dass freundliches Verhalten vonseiten der Deutschen noch viel gefährlicher war.

»Ausziehen!«, befahl ein SS-Mann.

Ich verstand nicht. Besser gesagt, ich wollte nicht verstehen. Blickte ihn fragend an. Er kam auf mich zu und begann gefährlich zu lachen. »Was soll das? Du wagst es, mir in die Augen zu sehen?« Er hob die Hand und wollte mir mit einem gezielten Hieb die Nase brechen. Ich senkte den Kopf – und er traf meine Stirn.

»Was sagte ich soeben, du Saujude? Ausziehen!«

Hastig zog ich meine Kleider aus und lobte mich insgeheim für den Diamanten in meinem Anus. Zwei Minuten später standen wir zu etwa hundert Mann in Reihen nebeneinander. Die Schneeflocken schmolzen auf meiner Haut. Meine Ohrenspitzen prickelten bereits, anschließend meine Füße und Finger. Nach und nach drang mir die Kälte durch Mark und Bein und tat richtig weh. Ich versuchte, mich so unauffällig wie möglich zu bewegen, um warm zu bleiben. Zwei SS-Männer rauchten eine Zigarette und warteten geschützt in einem hölzernen Wachhäuschen.

Mindestens eine halbe Stunde verging. Es stank, ein Geruch, den ich nicht einordnen konnte. Endlich durften wir die Kaserne betreten. Einige Männer waren so steif gefroren, dass sie kaum noch laufen konnten. Die SS-Männer ließen die Hunde auf sie los. Zwei von ihnen stolperten weinend und mit blutigen Waden hinein. Wir wurden zu den Toiletten getrieben. Ich musste schon lange aufs Klo, aber der dumme Edelstein war im Weg und saß fest wie ein Korken in der Flasche. Ein Schiss, und der Diamant würde auf den Fliesenboden kullern. Wegen der krampfhaft angehaltenen Darmgase fühlte ich mich ziemlich aufgepumpt.

In einem kahlen Betonraum standen links und rechts je acht Toiletten. Dazwischen verlief auf Brusthöhe eine Mauer, an deren Stirnseite ein Wasserhahn angebracht war. Acht stinkende, verdreckte Porzellanschüsseln ohne Deckel, darüber ein kleiner verrosteter Spülkasten. Jeder Gefangene hatte zehn Sekunden Zeit. Ich zog meine Hose herunter und setzte mich vorsichtig. Viel Massel hatte ich nicht: In der Türöffnung stand ein SS-Mann. Angestrengt spannte ich meinen Schließmuskel an. Ich spürte, wie mir das Blut zu Kopf stieg. Auf der Toilette fiel ein roter Kopf nicht weiter auf. Das bedeutete, dass man presste, nicht, dass man etwas anhielt. Aber wie lange würde das noch gutgehen?

Zu meinem Glück drehte sich der Deutsche um. Schnell hielt ich die Hand unter meinen Hintern und entspannte mich. Ich konnte die Hand mit dem Stein gerade noch wegziehen, bevor ein langer schmutziger Strahl hervorschoss.

Der Deutsche hatte sich wieder umgedreht und sah mich argwöhnisch an »Ist was?«

»Nein.« Ich senkte den Blick.

»Hände herzeigen!«

Ich sah ihn begriffsstutzig an.

»Verdammt, du blöder Hund! Bist du taub? Hände herzeigen!«

Ich hob die Hände. Den Diamanten klemmte ich für den Aufseher unsichtbar zwischen meine Finger – die Folge endlos langweiliger Zaubertrickübungen. Ich konnte das auch mit Münzen.

Er nickte.

Durch den Betonflur ging es weiter in einen Raum, über dessen Tür *Waschen* stand. An den Längswänden gab es vier lange Waschbecken aus einem senfgelben, marmorartigen Stein. Pro Reihe vier Hähne, Seifenablagen und grüne Seifenstücke. Ich steckte mir den unglückseligen Stein in den Mund. Ein etwas überstürzter Entschluss. Am Waschbecken wusch ich mich mit einer fettigen Seife, die nicht schäumte, doch alles, was ich roch und schmeckte, war Kot.

Nebenan, im *Haarschneideraum*, warteten bereits vier Gefangene mit Rasiermessern. Nervös und hastig entfernte mir ein »Barbier« mit seinem stumpfen Werkzeug sämtliche Körperbehaarung: erst die im Gesicht, dann die von Achseln, Brust und Schamgegend. Ich hatte überall Schnittwunden.

»Langsam«, zischte ich.

»Das geht nicht«, flüsterte er. »Muss schnell sein.«

Anschließend wurde ich mit einer Haarschneidemaschine, die sich schmerzhaft durch meine Kopfhaut pflügte, kahl geschoren.

In einem namenlosen Raum saßen Männer hinter Tischen und warteten darauf, die Tätowierungen vornehmen zu können. Mit einer spitzen »Feder« wurden aus mehreren Punkten bestehende Ziffern in die Haut meines Unterarms gestochen und anschließend mit Tinte eingerieben. Ich biss mir auf die Lippen vor Schmerz. Der Mischung aus Blut und Tinte konnte ich mit Mühe meine Registriernummer entnehmen: 173545. Nur der waagrechte Strich der Fünf war nicht sehr gelungen. Zur gründlichen Desinfektion der Schnittwunden wurde mein Körper mit einem rauen, lysolgetränkten Jutesack eingerieben. Das scheuerte und brannte höllisch.

Wir wurden nach oben getrieben. Dort lagen meterhohe Stapel gestreifter Lagerkleidung. Ich suchte schnell nach Mütze, Hemd, Jacke, Hose, Unterhose und einem Paar Holzpantinen. Socken fand ich keine. Das Hemd spannte unter den Armen, die Hose war viel zu groß. Die Kleider rochen stark nach Chlor und anderen Desinfektionsmitteln, sie waren ausgebleicht und hier und da verschlissen. Aus zweiter Hand. Oder aus dritter, vierter, fünfter. Wir bekamen Nadel und Faden, um unsere Nummer auf die Jacke zu sticken.

Würden sie uns durchsuchen? Unbemerkt schob ich den Diamanten mit etwas Speichel an seinen altbekannten Ort und spuckte ein paarmal auf den Boden.

Wir mussten uns erneut auf dem Appellplatz versammeln. Die Haut um meine Tätowierung war rot angeschwollen und schmerzte. Ich sah mich vorsichtig um. Überall dieselben kahlen, stramm stehenden Männer in gestreiften Schlafanzügen. In weniger als einer Stunde waren diese Antiquitätenhändler, Anwälte, Lumpensammler, Buchhalter, Apotheker, Vertreter, Setzer, Ärzte, Textilverkäufer und Künstler nummeriert und gleichgeschaltet worden. So standen wir gute zwanzig Minuten da.

»Ich kann nicht mehr ...«, stöhnte ein magerer Junge neben mir. Er zitterte.

»Halt durch!«, flüsterte ich.

Er schwankte. Ich stellte mich hinter ihn und versuchte ihn unter den Achseln zu packen, doch ihn hatten sämtliche Kräfte verlassen. Plötzlich versetzte mir jemand einen Schlag auf den Hinterkopf. Ein Aufseher zerrte mich aus der Reihe. »Verdammte Scheißjuden!«, rief er. »Fünf am Arsch!« Er zeigte auf meinen erschöpften Leidensgenossen. »Abführen!«

Von zwei baumhohen SS-Männern wurde ich zurück in das Gebäude gebracht. Am Eingang zum Keller bekam ich einen Schubs. Ich fiel mit dem Kopf voran die Treppe hinunter, konnte mich aber gerade noch rechtzeitig am Eisengeländer festhalten, um meinen Fall zu dämpfen. In einem modrigen Raum entdeckte ich ein Gestell, das eine Art halbiertes liegendes Fass trug. Über den gewölbten Brettern wurde ich grob fallen gelassen. Am unteren Ende befand sich eine Holzverschalung mit zwei Löchern, in denen meine Füße arretiert wurden. Einer der SS-Männer stellte sich vor mich und zog an meinen Armen, die er an meinen Ellbogen gepackt hielt. Ich konnte nirgendwohin ausweichen. Sein schnaubender Stierkopf befand sich nur wenige Zentimeter über meinem Gesicht. Ich sah die hervortretenden Adern und die gespannten Sehnen an seinem Hals. Sein Atem stank nach verfaultem Fleisch.

»So, du dummer Jude, ungehorsam gewesen?«, sagte er grinsend. »Bei jedem Schlag mitzählen!« Er nickte seinem Kollegen kurz zu. Der schlug mir mit einem langen, dünnen Stock unbarmherzig auf den Po. Ich stöhnte und zischte etwas zwischen zusammengebissenen Zähnen hervor.

»Ich höre nichts! Laut mitzählen!«

Wieder ein brutaler Schlag.

»Eins ...«

Offensichtlich war mein Peiniger mit der Wirkung nicht zufrieden. Er zog meine Schlafanzughose herunter. Ich konnte nur beten, dass er den Diamanten nicht sah. Der Stock sauste erneut auf meine unterkühlte, straff gespannte Haut nieder. Ich brüllte.

»Zwei!«

Die Schläge hörten gar nicht mehr auf. Laut aufschreiend vor Schmerz und Wut zählte ich laut mit: Drei! Vier! Fünf! Ich spürte, wie alles anschwoll. Das Fleisch schien sich von meinen Knochen zu lösen. Dann ließen sie mich vom Gestell gleiten. Ich konnte nicht mehr stehen. Sie schleiften mich an beiden Armen in eine Ecke und ließen mich dort liegen.

Ich drehte mich auf die Seite, hustete und würgte trotz meines leeren Magens. Mir war glühend heiß und gleichzeitig erstaunlich klar im Kopf. Nachgeben. Bloß keine Dummheiten machen. In der Masse untertauchen. Wird man von Wölfen und Hyänen umzingelt, ist man in der Mitte der Herde am sichersten.

In dieser Nacht schliefen wir auf dem kalten Betonboden, Seite an Seite, auf strohgefüllten Jutesäcken und ohne Decken. Ich lag eingezwängt zwischen zwei Männern, die Polnisch oder Russisch sprachen. Sie schnarchten laut. Mein Magen zog sich vor lauter Hunger zusammen, meine Zunge fühlte sich an wie ein raues Stück Leder, und meine Pobacken waren blauschwarz. Sobald ich die Augen schloss, tauchte der schnaubende Stierkopf wieder vor mir auf. Ich dachte an Helena. Mit ihrer Hilfe schaffte ich es, den Albtraum in einen Traum zu verwandeln.

7

Am nächsten Tag brachen wir zum Außenlager auf, wo lange Reihen von Holzbaracken standen. Ich wurde der Baracke 32 zugeteilt, die genau wie die anderen ein dunkelbrauner, etwa vierzig Meter langer Schuppen war. An beiden Enden gab es zwei unverglaste Dachfenster. Eine vornehme Behausung – für Pferde.

Darin befanden sich lange Reihen mehr schlecht als recht zusammen gezimmerter Schlafkojen, und zwar je drei übereinander. Bei Einbruch der Dämmerung herrschte dort reger Betrieb. Ich sah Hunderte Männer in Zebrakleidung. Sie standen grüppchenweise zusammen und unterhielten sich, lagen mit dem Kopf zum Gang auf den Pritschen, wickelten sich Baumwolllappen um die Füße und klopften sich Sand aus den Kleidern. Ein Häftling nahm einen langen Zug von einer Zigarette, die er anschließend weiterreichte.

Neben der Tür befand sich das abgeschlossene Zimmer des Blockältesten, des Barackenleiters. Wie ich erfuhr, hieß er Schlomo und war Pole. Ich musste mich bei ihm melden, keine Ahnung, warum.

Ich klopfte an.

Schlomo saß hinter einem kleinen Tisch, vor sich einen der Länge nach aufgeplatzten Rohrstock. Wie die anderen trug auch er gestreifte Gefangenenkleidung, dazu eine rote Armbinde mit weißen Buchstaben: *Blockältester*. In seinem Zimmer standen ein aus Holzresten zusammengeschusterter Schrank, ein Tisch, ein Stuhl und ein Bett aus Holzplanken mit einem Jutestrohsack. Auch das war sicher keine Königssuite im Waldorf Astoria, aber immerhin bot es ein wenig Privatsphäre.

»Ich bin Ernst Hoffmann aus Holland und gestern angekommen.«

Er sah mich schweigend an, mit einem melancholisch-versonnenen Blick.

Der Blockälteste war ein sehniger, langsam kahl werdender Mann mit kurz rasiertem grauem Haar. Ich schätzte ihn auf ungefähr Ende vierzig.

»Ein Holländer also«, sagte er mit einer trägen, tiefen Stimme. »Du hast die Deutschen bereits kennengelernt, nicht wahr? Ist dir im Lager was aufgefallen?«

»Ich finde die Menschen äußerst unhöflich.«

Ein kurzes Schweigen, dann lachte er heiser. »Humor! Das ist gut, Holländer, sehr gut. Bewahr ihn dir, solange du kannst. Ich wollte dich sehen. Du warst doch derjenige, der einem Kameraden auf dem Appellplatz geholfen hat?«

»Ja.«

»Nobel.« Seine Miene verdüsterte sich. »Und dumm. Sehr dumm! Als barmherziger Samariter kommst du hier nicht weit. Es ist ein Wunder, dass du überhaupt vor mir stehst.«

Schlomo sah mich forschend an.

»Weißt du, was schade ist?«

Ich schüttelte den Kopf. Er bog sich verschwörerisch vor. »Sie haben die Beschwerdestelle geschlossen. Kurz bevor du ankamst!«

Wieder dieses heisere Lachen, gefolgt von einem Hustenanfall. »Nobel, Holländer, und gefährlich. Humor: sehr gut! Setz dich, setz dich!«

Ich zeigte auf meinen Hintern. »Kaputt.«

Er nickte, schob mir ein altes Stück Brot hin und zeigte darauf.

»Iss, iss!«

Ich nahm ein paar Bissen. Das Brot schmeckte nach Lehm. Schlomo betrachtete mich wohlwollend.

»Halte dich an die Regeln, Holländer. Jeden Tag zum Appell, morgens und abends. Viel arbeiten. Nimm dich vor der SS in Acht. Und vor den Kapos: Das sind durchgeknallte deutsche Kriminelle, die sehr grausam sein können.«

»Was wissen Sie über die andere Reihe?«, fragte ich kauend. »Ich meine: Wo sind die Leute? In welcher Baracke?«

»Die Leute von … die von der Ankunft?« Ein Schatten glitt über sein Gesicht. Er stand langsam auf und bedeutete mir, ihm zu folgen. Wir gingen nach draußen. Er zeigte auf einen großen Schornstein in der Ferne. In der Dunkelheit waren die herausschlagenden Flammen gut zu erkennen.

»Da.«

Ich verstand nicht.

»Sie sind tot, Holländer. Durch den Kamin. Die Menschen aus der rechten Reihe sind Asche im Fluss.« Er fächelte sich Luft zu. »Riechst du das nicht?«

»Es stinkt nach Lager. Aber …«

»Es gibt drei solche Schornsteine. Den von Krematorium I, den von Krematorium II und den von Krematorium III.«

Wieder machte sich Stille breit. Ich lachte. »Humor«, sagte ich. »Humor, sehr gut!« Damit wollte ich das Entsetzen auf seinem Gesicht vertreiben. »Nein, Holländer. Das ist ein Vernichtungslager.«

Wir gingen zurück in sein Zimmer. Schlomo setzte sich. Ich legte meine Hände auf die Rückenlehne des Stuhls und beugte mich weit vor. Ich war mehr als fassungslos. Ich hatte mit dem Schlimmsten gerechnet, aber nicht mit dem Undenkbaren.

»*Anus Mundi,* Holländer. Das ist der Arsch der Welt. Ich habe noch mehr schlechte Neuigkeiten: Laut der SS beträgt deine Lebenserwartung hundert Tage, und du kannst hier auf unterschiedlichste Weise zu Tode kommen: durch Gas, durch eine Kugel, durch Prügel, durch einen elektrischen Schlag oder am Galgen. Du kannst auch an Erschöpfung, Krankheiten, Hunger oder Kälte sterben. Oder ertrinken, wenn du in eine Scheißgrube fällst. Ein Tag ist ein Tag. Hast du das verstanden, Holländer?«

Ich bekam kaum mit, was er sagte.

»Und die Frauen?«, fragte ich. »Junge Frauen?«

»Die sind in einem anderen Lager.«

»Gott sei Dank.« Ich sagte es mehr zu mir als zu Schlomo.

»An Gott glaube ich nicht mehr«, sagte der Pole. »Ich habe einfach bloß Glück gehabt. Im Juni 1942 bin ich hierhergekommen. Wenige Monate später wurde ich krank. Ich stand in der Gaskammer und wartete auf die Dusche. Wir alle warteten, darunter viele Polen. Aber es kam kein Wasser aus der Dusche. Und auch kein Gas! Kein Wasser, kein Gas!« Er lachte sich ins Fäustchen. »Das Gas war alle! Und ich habe bis jetzt überlebt! Deshalb bin ich Blockältester.«

Ich musste an die Familie von Max, dem Diamantenhändler, denken.

»Und die Kinder?«

»Jüdische Kinder?«

»Ja.«

Er schüttelte langsam den Kopf. »Polnische Kinder: ja. Jüdische Kinder: nein. Hast du Familie hier?«

»Nein. Aber hier sollen Zwillinge sein, zwei jüdische etwa zwölfjährige Jungen. Der Vater ist im Viehwaggon umgekommen und ...«

»Zwillinge werden gebraucht. Auch jüdische.«

Ich hörte, wie die Außentür aufging. Schlomo stand auf, nahm einen Napf aus dem Schrank und drückte ihn mir in die Hand. »Hier, für die Suppe, Holländer. Lass nie eine Ration aus, niemals!« Er schubste mich aus dem Zimmer.

Zwei Gefangene standen hinter einem großen Eisenbottich. Die Schlange war schon ziemlich lang. Kam ich zu spät? Ich stellte mich an. Einige Männer vor mir wurden wütend und gestikulierten wild: »Vorne anstellen!« Verblüfft ging ich nach vorn. Kurz darauf bekam ich ein Stück Brot und eine Kelle Suppe in meinen Napf, wässrige, lauwarme Kohlsuppe. Ich kostete davon und beschloss, nichts auszuspucken.

In der Baracke standen vorn und hinten je ein steinerner, etwa ein Meter hoher Kachelofen, der mit Holzscheiten beheizt wurde. Die beiden Öfen waren durch eine dreißig Meter lange und einen halben Meter hohe »Betonbank« miteinander verbunden. Die Bank fühlte sich angenehm warm an und enthielt folglich ein Heizrohr. Viele Häftlinge legten ihre Kleider zum Trocknen auf den »Heizkörper«. Dampf stieg auf, der nach nassem Hund roch.

Eine langer Lulatsch trat neben mich und stellte sich als Peter aus Prag vor.

»Neu hier, oder?«, fragte er.

Ich nickte.

»Ich bin schon seit acht Monaten da«, sagte er. »Im Tausch gegen dein Stück Brot verrate ich dir, warum du dich vorne anstellen musst.«

Ich zögerte, willigte aber schließlich ein. Er schlang das Brot sofort hinunter. »Die Ersten«, sagte er kauend, während er mit dem Zeigefinger ein Stück Brot von der Wangeninnenseite kratzte, »die Ersten bekommen Wassersuppe. Schau, was du in deinem Napf hast. Nichts! Das ganze nährstoffreiche Gemüse befindet sich unten im Topf. Das bekommen die in der Mitte der Schlange. Die Allerletzten bekommen meist gar nichts mehr.«

Später am Abend wies Schlomo mir eine Schlafkoje zu. Ich übernahm den Platz eines verstorbenen Gefangenen. Der Mann lag in der Nähe der Tür, mit geschlossenen Augen und all seiner Kleider und Habseligkeiten beraubt. Seine gelbliche Haut spannte sich wie gegerbtes Leder über seine Knochen. Was mich jedoch am meisten bestürzte, war sein Gesichtsausdruck: Er lächelte, ganz so, als wäre er als Toter besser dran.

»Den nimmt gleich der Leichenträger mit«, sagte Schlomo. »Abends werden die Toten abgeholt.« Er hob mahnend den Zeigefinger und sah mich streng an. »Pass auf, Holländer! Sorg dafür, dass du das Bett morgens ordentlich hinterlässt! Die Decke zusammenfalten. Dein Strohsack muss parallel zu den anderen Strohsäcken liegen. Wenn was mit dem Bettenbau nicht stimmt, gibt es Stockschläge. Heute schläfst du mit zwei anderen. Genieß den Luxus! Morgen oder übermorgen kommen bestimmt wieder Transporte. Dann teilst du dir diese Pritsche mit drei oder vier Personen.«

Während Schlomo in sein Privatgemach schlurfte, warf ich einen Blick auf meine Nachbarn. Sie kehrten mir den Rücken zu, einer schnarchte laut. Als ich mich auf den Strohsack setzte, wurde ich von Läusen besprungen. Mit dem Daumennagel gelang es mir, bestimmt zwanzig zu zerquetschen, aber ich hätte ewig so weitermachen können. Draußen schneite es, ich sah die Flocken vor den Dachfenstern. Ich rollte den Diamanten zwischen meinen Fingern hin und her. Wohin mit dem Stein? Die Bretter meiner Pritsche waren lose, nur das nutzte mir nicht viel. In meinen Strohsack? Das war mir zu riskant. In einem Querbalken entdeckte sich ein Astloch. Dort schob ich den Stein hinein. Er passte genau in die Lücke. Unbemerkt fegte ich etwas Sand auf dem Betonboden zusammen und füllte das Loch damit auf.

So etwas wie Stille gab es in der Baracke nachts nicht: Hunderte von Häftlingen schnarchten, murmelten im Schlaf, bliesen die Backen auf, seufzten und husteten. Ich lag auf der Seite, um meinen wunden Hintern so gut es ging zu entlasten. Irgendwas bewegte sich bei der Leiche. Eine Ratte. Ich sah, wie sie an einer Nackenfalte schnupperte und begann, den Kopf anzuknabbern. Doch der Mann hörte einfach nicht auf zu lächeln.

8

Ein Schrei weckte mich. In der Dunkelheit konnte ich nicht erkennen, von wem und woher er kam. Mein Hintern tat weh, aber dafür waren meine Kopfschmerzen nicht mehr so stechend. Ich zitterte vor Kälte. Das Feuer im Ofen war längst erloschen, die Heizung gab keine Wärme mehr ab. Überall ein beißendes Jucken.

An Schlaf war nicht länger zu denken.

Mir fiel auf, wie viele Männer sich jammernd auf den Pritschen hin und her wälzten. Meine Gedanken kehrten zu den Menschen zurück, die aussortiert worden waren. Eigentlich hatte ich Glück gehabt. Ich war allein. Und Helena lebte hoffentlich auch noch.

Ich dachte an meinen Vater. Es war keine dreißig Jahre her, dass er im Ersten Weltkrieg gekämpft hatte. Wen hatte es schlimmer getroffen, ihn oder mich? Ich war Tag für Tag in Lebensgefahr, wenngleich nicht durch Giftgas. Tag für Tag konnte das Schicksal erbarmungslos zuschlagen: Warum traf es den anderen, während man selbst verschont schlief in einer zugigen Holzbaracke, er in einen modrigen Laufgraben. Ich musste mich erniedrigen, um zu überleben, er hingegen hatte töten müssen.

Ein einziges Mal hatte er mir von seiner Zeit an der Front erzählt, in seinem Arbeitszimmer lange nach seiner Rückkehr. Es sollte auch das letzte Mal bleiben. Damit er überhaupt dazu in der Lage war, hatte er sich mit Schnaps betäubt.

»Ich wollte eigentlich gar nicht aktiv kämpfen«, sagte er. »Es war mir gelungen, einen Posten als Kriegsberichterstatter zu ergattern. Ich wollte über alles berichten, aber das mit dem Hinter-den-Seitenlinien-Bleiben konnte ich bald vergessen. Bei der Schlacht an der Somme befand ich mich an der vordersten Front, unser Maschinengewehrschütze war durch einen Granatsplitter ums Leben gekommen. Ich nahm seinen Platz ein und schoss im Nebel auf alles, was sich bewegte, in kurzen Salven, denn sonst wäre der Gewehrlauf geschmolzen. Die Engländer fielen zu Hunderttausenden. Ein Mann schrie nach seiner Mutter. Da tauchte ganz in der Nähe meiner Stellung wie aus dem Nichts ein Tommy auf. Ich riss mein Maschinengewehr herum und schoss ihm von unten ins Gesicht. Zwei, drei Sekunden lang. Zig Kugeln trafen seine Wangen, seine Nase, seine Zähne und seine Augen. Von seinem Kopf blieb nur noch ein blutiger Klumpen Fleisch übrig.«

Mein Vater erzählte gefasst weiter. »Im Laufgraben hatte ich ein Gewehr bereitstehen. Mit Bajonett. Wir nannten es das Schlachtermesser. Nach den ersten Angriffswellen stand ich plötzlich Auge in Auge einem englischen Soldaten gegenüber, der sein Regiment verloren haben musste. Er war noch ein Kind, keine sechzehn Jahre alt. Der Junge erstarrte. *Please,* sagte er. *Please, Sir.* Ich zögerte kurz, stieß dann trotzdem zu. Keine Ahnung, was da in mich gefahren ist.«

Warum hatte mein Vater beschlossen, in den Krieg zu ziehen? Aus Pflichtgefühl? Aus Liebe zum Kaiserreich? Wohl kaum. Wollte er sich vor seiner Familie rechtfertigen? Er hatte es gerade erst geschafft, sich aus dieser bedrückenden Umklammerung zu befreien. Nach der Heirat mit meiner Mutter, einer holländischen Schauspielerin, die noch dazu Jüdin war, hatten seine Eltern jeden Kontakt zu ihm abgebrochen. Suchte er das Abenteuer? Oder wollte er sich als Mann beweisen und nicht länger im Schatten eines gefeierten Stars stehen?

Er betete meine Mutter an. Sie hatten sich im Theater Diligentia auf der Langen Voorhout in Den Haag kennengelernt, bei der Premiere eines Stücks, in dem sie die Hauptrolle spielte. Bei dieser Gelegenheit schüttete sie ihm Rotwein übers Hemd. Dass das mit Absicht geschah, bestritt sie stets, aber niemand glaubte ihr.

Anderthalb Jahre später kam ich zur Welt. Ich war ein Unfall, das darf als sicher gelten: Nie wäre ihr eingefallen, jemanden in die Welt zu setzen, der wichtiger sein könnte als sie. Auch nach meiner Geburt lebte sie vor allem für die Bühne, wo sie hingebungsvoll nicht existierende Menschen mit nicht existierenden Problemen darstellte. »Nur auf der Bühne bin ich ganz bei mir«, sagte sie einmal pathetisch. Leider war ich damals noch zu klein, um sie zu fragen, wie man ganz bei sich sein kann, indem man anderen etwas vormacht.

Wenn meine Mutter zu Hause war, musste sie meist schnell wieder weg. Ihr blumiges Parfum jedoch hing immer noch eine Weile in der Luft. Als kleiner Junge sah ich einmal ein Plakat von ihr, das an der Fassade der Stadsschouwburg hing.

Mimi Rosenberg. Sie hatte ihren Mädchennamen beibehalten. Ich blieb lange davor stehen. Endlich hatte ich Zeit, sie mir mal richtig anzusehen.

Einmal war ich tatsächlich mit meiner Mutter allein. Im Zoo. Diesen Ausflug hatte sie mir irgendwann nach langem Billen und Quengeln versprochen und bestimmt gehofft, ich würde ihr Angebot schnell wieder vergessen. Aber den Gefallen tat ich ihr nicht. Dazu freute ich mich viel zu sehr vor allem auf die Haie, die Panther und die Löwen. In der Schule hatte ich eine Giraffe gezeichnet, nach einem Bilderbuch. Am vereinbarten Mittwoch kam sie viel zu spät nach Hause, wegen zusätzlicher Proben. *Mea culpa, mea culpa,* rief sie mit dramatischer Stimme, *mea maxima culpa.* Anderthalb Stunden, bevor er geschlossen wurde, standen wir endlich vor dem Amsterdamer Zoo.

Sie kaufte mir einen Lutscher und ein Foto mit einem Löwen und einer Löwin drauf.

Bei den Affen ahmte ich einen Gorilla nach, der sich wild auf die Brust trommelte. Sie lachte laut auf, wenn auch eine Spur zu lang, doch ich fand es fantastisch, sie zum Lachen zu bringen. Nach einer Viertelstunde kamen wir zum Spielplatz. Ich hatte keine Lust auf Schaukeln und Rutschbahnen, aber am Sandkasten traf meine Mutter einen befreundeten Schauspieler, der mit seinen zwei Töchtern da war. Es dauerte nicht lange, und sie saß neben ihm auf der Bank. Gleich darauf ließ sie sich darüber aus, welche Schande es doch sei, dass nicht sie die Hauptrolle in einem Stück bekommen habe, dessen Titel ich bald wieder vergaß. Ich hockte auf der Bank gegenüber, aber sie würdigte mich keines Blickes. Auch die Tiere, die Fische und Vögel waren völlig nebensächlich geworden. Die einzigen Raubtiere, die ich an jenem Nachmittag sah, waren die Löwen auf dem Foto.

Und mein Vater? Der schrieb Artikel, Berichte, Interviews. Währenddessen träumte er davon, ein Schriftsteller oder Dichter zu sein. Er verschanzte sich oft in seinem Arbeitszimmer, hinter seinem Mahagonischreibtisch mit grüner Ledereinlage. Ich kannte diesen Schreibtisch in- und auswendig. Darauf standen eine Messinglampe mit grünem Glasschirm, Fässer mit roter und schwarzer Tinte sowie ein Pfeifenständer mit fünf Pfeifen. Aber das Prunkstück war seine schwarz glänzende deutsche Erika-Schreibmaschine mit dem Spritzgussgehäuse.

Wenn es Abend wurde, zündete mein Vater sich eine Pfeife an und spannte ein Blatt Papier in die Maschine. Meist wollte er allein sein, aber hin und wieder duldete er mich in seinem Reich. Beim angenehmen Duft von Pfeifentabak, Nähmaschinenöl und Tinte fühlte ich mich ihm näher denn je. Manchmal durfte ich auf seinem Schoß sitzen und selbst auf die Tasten hauen. Das tat ich gern und mit voller Wucht. Ich lachte über die Glocke und war fasziniert von den vorspringenden Metallhebeln und dem tanzenden schwarzen Band. Am besten gefielen mir allerdings die Buchstaben, Wörter und Sätze.

»Was schreibst du, Papa?«, fragte ich dann.

»Das ist ein Geheimnis, mein Junge.«

Wenn er arbeitete, spielte ich vor seinem Schreibtisch mit Holzbauklötzen oder einem Blechauto, ohne ihn dabei aus den Augen zu lassen. Ich hatte das Pech, dass meine Eltern lieber in einer Fantasiewelt lebten, aber dafür ging ich schon früh eigene Wege. Ich war oft im Souterrain in der Küche beim Personal, wo meine Karriere als Komiker begann. Ich trat auf vor Geertje, unserer Haushälterin aus dem Stadtteil Jordaan, ihrem Mann Hendrik, dem Faktotum, und vor Neeltje, der schwermütigen Köchin, die berühmt war für ihren Rindereintopf mit Zwiebeln und Speck. Während meiner Vorstellung saßen sie brav auf einem Stuhl und genossen meine Lieder und Geschichten. Wenn ich *mevrouw* nachahmte, lachte sich Geertje halb tot. Ich konnte meine Mutter und ihren stürmischen Stechschritt perfekt imitieren. Zur Sicherheit pflegte Hendrik die Fenster zu schließen und die Küchentür abzusperren, damit sie nicht ihre Anstellung riskierten.

Am Weihnachtsabend 1913 hatten meine Eltern Besuch, unter anderem vom Direktor und vom Regisseur des Theaterensembles meiner Mutter. Geertje erzählte mir später, dass sie lang und breit über die politischen Spannungen in Europa und die Verleihung des Nobelpreises an einen indischen Dichter schwadroniert hätten. Ich war sechs Jahre alt und verkündete stolz, Clown werden zu wollen. Doch dafür fanden sie mich viel zu brav. Einer der Gäste wollte besonders originell sein und riet mir zur Priesterlaufbahn. Darüber wurde höflich gelacht. Ich tauchte die Klobürste in die Toilettenschüssel und segnete die Gäste im Namen des Vaters, des Sohnes und des Heiligen Geistes. Das gebratene Perlhuhn war soeben serviert worden. Meine Mutter tobte. Mein Vater schwieg, zwinkerte mir aber heimlich zu. Das habe ich genau gesehen.

Und dann kam der Krieg. Ich saß eines Abends oben an der Treppe und konnte hören, wie meine Mutter weinte.

»Du hast mich, und du hast Ernst. Warum gehst du?«

»Ich muss, Mimi. Ich muss. Ich bin Deutscher.«

Dabei blieb er. Zum ersten und einzigen Mal ergriff ich vollständig Partei für meine Mutter. Ich hoffte, sie würde ein Riesentheater deswegen veranstalten, genau wie auf der Bühne, ihn auf Knien anflehen zu bleiben. Ich hätte ihr die ständige Abwesenheit sofort verziehen, Hauptsache, sie schaffte es, meinen Vater zum Bleiben zu überreden.

Kein Tag verging, an dem ich ihn nicht vermisste. Manchmal setzte ich mich an seinen Schreibtisch, aber das machte die Sehnsucht nur noch schlimmer. Ich fand Trost bei Geertje und Hendrik, die mich behandelten wie einen Sohn. In der Schule wirkte ich bei einem Theaterstück über die Vor- und Frühgeschichte mit und spielte einen Höhlenmenschen. Für diese Rolle hatte unsere Haushälterin extra Hühnerknochen ausgekocht und mir eine Kette daraus gebastelt. Bei der Aufführung saß Geertje in der ersten Reihe. Meine Mutter war auch da … nach der Pause.

Mein Vater kehrte heim, mehr aber auch nicht. Er schloss sich häufig in seinem Arbeitszimmer ein. Ich horchte an der Tür. Ab und zu hörte ich zögerlich die Schreibmaschine klappern. Einmal hatte Geertje beim Saubermachen ein zusammengeknülltes Blatt Papier aus dem Papierkorb gefischt. Es sei der Anfang eines Gedichts, sagte sie. Über einen Laufgraben, der aussehe wie ein lang gestrecktes, offenes Grab. Sie erlaubte nicht, dass ich es las.

Mein Vater vereinsamte. Genau wie meine Mutter. Erst gab es Streit, bei dem vor allem sie laut wurde. Danach ignorierte sie ihn, was alles nur noch schlimmer machte. Sie blieb eine Nacht weg. Zwei Nächte. Drei Nächte. Mein Vater unternahm nichts dagegen. Zu Beginn des Frühjahrs 1919 standen eines Tages zwei Polizisten vor der Tür. Ich war gerade im Flur, als mein Vater aufmachte. Ob er Meneer Hoffmann sei und sie kurz hereinkommen dürften. Meine Mutter war in einem Hotelzimmer aufgefunden worden, jemand hatte sie mit einem Seidenschal erdrosselt. Man ging von einem Verbrechen aus Leidenschaft aus.

Ich habe meine Mutter nie mehr gesehen. Das Begräbnis war nüchtern, ganz ohne Blumen. Es kamen verschiedene Leute aus der Welt des Theaters. Ein letztes Mal zog sie alle

Aufmerksamkeit auf sich. Mein Vater stand vor ihrem Sarg und schwieg. Er stand einfach nur da.

Wir saßen sieben Tage lang Schiwa: Die Familie saß auf dem Boden oder auf niedrigen Hockern beieinander. Die Männer rasierten sich nicht, die Frauen machten sich nicht zurecht. Meine Oma, die Mutter meiner Mutter, wollte unbedingt an den althergebrachten jüdischen Trauerriten festhalten, und mein Vater war einverstanden. Meine Mutter war Jüdin gewesen, aber keine gläubige. An der Wand hing ein handgeschnitzter Davidsstern, und auf der Ankleidekommode stand der Chanukka-Kerzenleuchter.

Eines Tages sagte mein Vater: »Ich weiß gar nicht mehr, wie man lacht.« Mit Humor wollte ich ihn wieder ins Leben zurückholen. Ich nahm gegenüber von ihm Platz, stützte das Kinn in die Hand und sah mindestens so traurig und trübsinnig drein wie er.

»Pap, woran erkennt man einen Deutschen mit Humor?«
»Woran mein Junge?«
»Tja, wenn ich das wüsste!«

Jeden Tag ein Lacher wurde für mich zu einer regelrechten Obsession. Kein einziges Mal klappte es. Ich spielte den Clown, vor einem einzigen Zuschauer. Zirkus Ernst. Nie erfuhr ich, ob ich meine Mission erfüllt hatte. Später dachte ich manchmal: Wäre ich doch nur ein besserer Clown gewesen! Am Morgen nach meinem einundzwanzigsten Geburtstag, am 23. November 1928, schoss sich mein Vater eine Kugel in den Kopf.

Es klingelte. Ein Stock glitt mit lautem Geratter über die Holzpfosten der Schlafkojen. Draußen war es noch dunkel, drinnen brannte Licht. Aufstehen! *Wstawac, wstawac!* Die Häftlinge sprangen aus dem Bett, schüttelten fieberhaft ihre Decken aus, falteten sie zusammen und zupften den Strohsack zurecht. Einige husteten und räusperten sich wegen des Staubs. Ich war noch zu schlaftrunken für so viel militärische Disziplin. Mein Körper war kalt und steif. Ich erhob mich mühsam und tat in etwa, was die anderen taten.

In der Tür stand ein SS-Mann und musterte die Szene mit unergründlichem Ernst. Schlomo lief schreiend an den Pritschen vorüber. *Tempo! Tempo!* Gefangene, die er für zu langsam hielt, verprügelte er mit seinem Bambusstock. Er hatte einen sympathischen Eindruck gemacht, doch plötzlich widerte er mich an.

Stolpernd folgte ich den anderen zur nächsten Baracke, wo wir uns waschen konnten. Ich stand mit Hunderten in einer Reihe, brauchte aber nicht lange zu warten. Vor dem Waschbecken schaffte ich es gerade noch, mir etwas eiskaltes Wasser ins Gesicht zu spritzen, als ich auch schon weitermusste. In der Toilette gab es keine Porzellanschüsseln wie in den Gebäuden aus Stein, sondern nur Betonbänke in drei langen Reihen, die runde Löcher aufwiesen. Zig Gefangene pissten und kackten gleichzeitig. Es stank furchtbar. Ein Gefangener blieb zu lang sitzen. Mit seinen groben Händen packte ein Kapo den Mann am Schlafittchen und schleuderte ihn gegen einen Holzpfosten. Ohne zu zögern, nahm ich den freien Platz ein. Dünnschiss, kein Klopapier.

Keine zehn Minuten nach dem Aufwachen stellte ich mich fürs Frühstück an. Das Brot war trocken und hart, der »Kaffee« dünn und trüb. Ich aß und trank genauso hastig wie die anderen – das Herdenverhalten erschien mir am sichersten. Die Leiche meines Vorgängers, die neben der Tür gelegen hatte, war abgeholt worden. Als wir draußen standen, fiel mir auf, dass sich viele Häftlinge mit besonderer Sorgfalt ihrem Schuhwerk widmeten. Mein Nachbar, ein strammer Franzose, umwickelte seine geschwollenen Füße mit schmutzigen Lappen und Papier. Er befestigte sie mit Eisendraht, den er um sein Handgelenk gewickelt hatte, und schlüpfte mit schmerzverzerrtem Gesicht in seine Holzpantinen.

Morgenappell. Zurück ins Glied. Achtung! Augen rechts. Mützen auf. Rührt euch – Ruhe. Schlomo lief durch die Reihen und zählte. Zählen, immer nur zählen, wo doch ein Menschenleben nichts zählte! Der Blockälteste nickte einem Mann zu, der der Rapportführer sein musste: Die Anzahl stimmte.

Von einem großen Stapel durften wir uns eine Jacke nehmen. Ich entdeckte eine etwas zu weite graue Winterjacke, die ich schnell über meine gestreifte Kluft zog. Danach marschierten wir in Fünferrotten zum steinernen Kasernengebäude auf dem Lagergelände. Ich hörte Musik. Marschmusik. *Alte Kameraden.* Am schmiedeeisernen Tor sah ich ein Orchester mit zehn, zwölf Musikern. Sie spielten Querflöte, Geige, Trompete, Pauken und Posaune. Falsche, müde, gezwungen fröhliche Melodien.

Wir verließen das Lagergelände. Über der flachen weißen Landschaft lagen Nebelschleier. Ich sah meinen Atem, und unter meinen Füßen knirschte der Schnee, das Geräusch war weithin zu hören. Jetzt verstand ich, warum so viele

Gefangene auf ihr Schuhwerk achteten. Mit meinen nackten Füßen in den Holzpantinen war ich so gut wie gar nicht gegen die Kälte geschützt. Ich spürte, wie der Holzrand an meinem Fußrücken scheuerte. Bei jedem Schritt blieb Schnee unter meinen Sohlen kleben, der dicke Klumpen bildete. Ich musste aufpassen, dass ich keine Pantine verlor und mir nicht die Knöchel stieß. Wenn das festgebackene Eis abfiel, hatte ich das Gefühl, ein Bein sei plötzlich kürzer.

Nach einem mindestens dreiviertelstündigen Marsch erreichten wir eine große Baustelle, auf der andere Gefangene bereits Steine schleppten und Mauern hochzogen. Weiter hinten auf einem Nebengleis standen ein paar Güterwaggons. Wieder mussten wir strammstehen und wurden einem anderen Kapo übergeben. Der baute sich breitbeinig vor uns auf. »Ich heiße Heinz«, rief er. »Ab sofort untersteht ihr meinem Kommando!« Er hob seinen Knüppel. »Das ist mein Dolmetscher. Diese Sprache versteht jeder. Denn dieser Knüppel spricht alle Sprachen!«

Kapo Heinz fand sichtlich Gefallen an seinem Witz, den er zweifellos schon viele Male erzählt hatte. Er war erschreckend hässlich: spitze Ohrläppchen, eine graue Igelfrisur, tief liegende Augen. Insgeheim nannte ich ihn *Schweinz*.

»Das ist ein Baukommando!«, fuhr er fort. »Eure Aufgabe besteht darin, die Zementsäcke vom Waggon zur Baustelle zu bringen. Und zwar schnell, verstanden?«

Schweinz zeigte auf fünf Männer, unter anderem auf den Franzosen, der neben mir geschlafen hatte. In einem braunen Waggon durften sie Zementsäcke zur Tür schleifen. Sie hatten Massel. Ich und dreißig andere mussten den Zement tragen, grauweiße Papiersäcke mit dem violetten Aufdruck *PortlandZement, 50 kg*. Ich geriet ins Wanken, sobald ich das Gewicht des ersten Sacks auf meinen Schultern spürte. Aber noch war ich ausgeruht. Angefeuert vom fluchenden Kapo lief ich die hundert Meter in wenigen Minuten. Ich warf den Sack auf einen Stapel bei der weiter hinten gelegenen Baustelle, wo einzelne Gefangene Zement mischten. Die Eimer mit Mörtel gossen sie über rostige Drahtmatten.

Ein älterer Häftling stolperte mit seiner Last über einen Stein. Er stieß einen Schmerzensschrei aus, wahrscheinlich hatte er sich den Fuß verstaucht. Der Kapo schien nur auf einen solchen Fehltritt gewartet zu haben: Wie ein Besessener begann er, auf ihn einzuprügeln. Der Gestürzte versuchte, den Knüppel mit bloßen Händen abzuwehren. Es ist ein Naturgesetz, dass Tiere aufhören, sobald sich das andere Tier geschlagen gibt. Aber Schweinz gehörte zu einer ganz besonderen Tierart, die nur entfernt mit der menschlichen Rasse verwandt ist. Der Mann rappelte sich auf, nahm den Sack Zement und hinkte zur Baustelle, während der Kapo nicht von ihm abließ. Ich stand neben dem Waggon. So unauffällig wie möglich beobachtete ich die Szene. Neben mir stand ein etwa achtzehnjähriger Junge. »Das ist mein Vater«, sagte er grimmig und wischte sich mit dem Ärmel eine Träne aus den Augen.

Keine halbe Stunde später war ich müde. In meinem Eifer, Schlägen zu entgehen, hatte ich meine Kräfte nicht gut eingeteilt. Ich konnte kaum noch laufen. Manchmal hatten die Säcke Risse, und der graue Zementstaub vermischte sich mit dem Schweiß in meinen Halsfalten. Das scheuerte und brannte. Am Vormittag begann es erneut leicht zu schneien. Das Eiswasser ließ den Zementstaub noch mehr an meiner Haut kleben, wodurch ich eine Art Betonkragen bekam. Mit geschmolzenem Schnee versuchte ich, mir den Hals abzuwischen, aber die Haut war bereits so gereizt, dass sie blutete.

Immer mehr Träger rutschten aus. Sie rappelten sich so schnell wie möglich wieder auf. Schweinz hatte seinen Knüppel gegen eine Reitgerte eingetauscht, sie steckte in einem Lederfutteral an seinem Gürtel. Ein großer, langsam dahinschlurfender Mann trug einen Sack Zement, der durch die Feuchtigkeit riss. Er wurde unter dem Staub begraben. Ich sah eine graue, bewegungsunfähige, gespenstische Erscheinung.

»Sabotage!«, rief Schweinz. »Du Sauhund!«

Er fing an, mit seiner Reitgerte auf ihn einzudreschen. Der Gefangene konnte wegen des Zementstaubs in seinen Augen nichts sehen, und seine Hände versuchten verzweifelt, die Schläge abzuwehren. Nach ein paar Schlägen auf die Ohren stürzte er. Der Kapo nahm seinen Stock und prügelte weiter auf ihn ein, bis die graue Gestalt reglos liegen blieb. Ich stand in der Reihe vor dem Waggon, um einen neuen Sack entgegenzunehmen. Brüllend kam Schweinz auf mich zu, packte mich am Oberarm und schubste mich in Richtung des Opfers.

»Abtransportieren!«

Zögernd ging ich auf den Mann zu. Sein Schädel war zertrümmert. Ich sah Knochenstücke, die wie Tonscherben aussahen, und eine ekelerregende Mischung aus Blut, Haaren, klebrigem Zementstaub und Hirnmasse. Er lag in der Embryonalhaltung da, mit gebrochenen Augen. Ich packte seine Knöchel und schleifte ihn langsam zum Waggon. Sein Kopf polterte über den Boden. Ich drehte mich nach vorn, um die Spur, die er hinterließ, nicht sehen zu müssen.

Ich legte den Mann neben einen Waggon und kauerte mich hinter eines der Eisenräder, um kurz zu verschnaufen. Schnell entleerte ich meinen Darm und wischte mir mit einem großen Kiesel den Hintern ab. Meine Füße taten höllisch weh. Das lag an den Holzschuhen: Weil der Rand so scheuerte, hatte ich Blasen bekommen, die aufgeplatzt waren. Meine Zehen schmerzten vor Kälte. Ich warf einen Blick auf den Toten. Lange musste ich nicht überlegen. Ich zog ihm die Pantinen aus. Wegen seiner geschwollenen Gliedmaßen war das gar nicht so einfach. Ich legte seine Fußlappen auf meinen Fußrücken und meine Zehen. Danach zog ich an seinen Hosenbeinen und nahm ihm die Hose ab. Sie war nass und starrte nur so vor Schlamm und Schnee, außerdem war sie mir mindestens eine Nummer zu groß. Ich schämte mich ein wenig deswegen, aber die Aussicht auf Wärme gab letztlich den Ausschlag. Die Jacke ließ ich ihm. Zu viel roter Zement.

Schweinz hustete und war schon ganz heiser vom vielen Schreien. Trotzdem war er unermüdlich und hielt das Tempo aufrecht. Am Ende des Vormittags lagen bereits drei Tote neben dem Waggon. So langsam verzweifelte ich. Sollte keiner von uns diesen Tag überleben?

Um zwölf Uhr ertönte eine Sirene. Pause. Ein Lastwagen mit eisernen Kesseln fuhr vor. Wir bekamen Suppe und *chleb*, Brot, mit einem kleinen Stückchen Wurst. In der trüben Brühe entdeckte ich Kohlstücke und eine halbe verfaulte Kartoffel. Mein Mund war staubtrocken, mein Hals war geschwollen und schmerzte, aber die Unterbrechung tat gut.

Zwei SS-Männer hielten auf der Baustelle Einzug. Der eine war ein Arier, wie er im Buche steht, blond mit hellblauen Augen. Der andere hatte eine deutlich sichtbare Narbe an der Wange und den arroganten Blick eines Dreisternegenerals. Sie schienen mit der Arbeit dieses Vormittags nicht zufrieden zu sein. Schweinz wand sich wie eine Schlange vor seinen Vorgesetzten.

Aus der Entfernung sah ich, wie der jüdische Sohn seinem geschwächten Vater Mut zusprach. Rein äußerlich ähnelten sie sich wie ein Ei dem anderen: ein birnenförmiger Kopf mit kleinen abstehenden Ohren. Dem Akzent des Jungen nach zu urteilen, waren es Österreicher. Ich fragte mich, wer noch zu ihnen gehörte. Mit wem waren sie gekommen? Wo war die Mutter? Gab es noch Brüder und Schwestern?

Aber wozu wollte ich all das wissen?

Plötzlich fasste sich der Vater an den Bauch. Er brach stöhnend zusammen und rollte in eine Grube. *Krak!* Wegen seines Gewichts brach er durch die Eisdecke und blieb liegen.

»Vati!«, rief der Junge. Er eilte den Hang aus Lehm und Erde hinab und packte seinen Vater am Arm, der versuchte, sich wieder aufzurappeln. Die beiden SS-Männer liefen zur Grube. Sie berieten sich, ohne dass ich hören konnte, worüber. Der Blonde lachte und sah auf die beiden umschlungenen Männer hinab.

»Vater und Sohn, nicht wahr?«

»Ja«, sagte der Junge gefügig. »Ich helfe meinem Vater. Das war ein Unfall. Entschuldigen Sie bitte. Wir kommen gleich.«

»Stehen bleiben!« Der blonde SS-Mann zog seine Pistole und lud sie durch. »Du hast die Wahl: Entweder du bereitest dem Leiden deines kranken Vaters ein Ende oder ich mache kurzen Prozess mit euch beiden.« Er runzelte die Stirn. »Na, was ist?«

Der Junge erstarrte und sah seinen Vater an. Der richtete sich auf und fixierte den SS-Mann. »Zu Boden schauen!«, befahl der Deutsche, aber der alte Mann wandte den Blick nicht ab. Er war gar nicht mal hasserfüllt, sondern eher forschend. Dann kehrte er den SS-Männern den Rücken zu und packte seinen Sohn mit beiden Händen an den Schultern. Der sah eingeschüchtert zu Boden, die Mütze in den Händen.

»Das ist schon in Ordnung, mein Junge«, sagte der Mann. »Mir bleibt ohnehin nicht mehr viel Zeit. Du musst leben. Tu es!«

Er weinte. »Nein, Vati. Nein, nein.«

Der Vater kniete sich in die Pfütze. Das Eiswasser reichte ihm bis zur Taille. »Du bist der Beste, mein Junge. Es ist in Ordnung.«

»Ich kann das nicht«, flüsterte er.

Meine Kehle war wie zugeschnürt. Es herrschte Totenstille. Der Sohn starrte entsetzt auf die Peiniger am Rand der Grube. Er blieb einfach mit seinen Holzpantinen im eiskalten Wasser stehen, als hoffte er wider besseres Wissen, dass dieser Moment an ihm vorüberginge. Der SS-Mann zielte und schoss. Die Kugel schlug in der Grubenwand ein. Der Junge zuckte zusammen.

»Tu es!«, befahl sein Vater.

Ich schloss die Augen, und alles wurde schwarz. Doch nun drangen die Geräusche nur umso brutaler an mein Ohr: Ich hörte den Todeskampf im Wasser, den lang anhaltenden, lauten Schrei, der mir durch Mark und Bein ging. Als ich die Augen wieder öffnete, sah ich, wie der blonde SS-Mann nervös grinste. Ich sah ihm an, dass er ebenfalls erschrocken war.

»Na so was!«, stammelte er. »Er hat es getan, Fritz. Er hat es getan!«

Sein Kumpel fuhr sich mit den Fingerspitzen über seine Narbe. Mit sichtlichem Widerwillen holte er seinen Geldbeutel aus der Innentasche und reichte seinem Kollegen einen rosa Schein, zehn Reichsmark. »Es erstaunt mich jedes Mal wieder, wie kaltschnäuzig und gewissenlos diese Scheißjuden sind«, sagte er gereizt. »Heinz! Mach ihn fertig.« Während der Kapo mit seinem Knüppel hinabstieg, lief ich mit zugehaltenen Ohren davon.

Gegen Ende des Tages war ich sogar zu müde, um mich darüber zu freuen, dass ich es fürs Erste überstanden hatte. Ich zitterte vor Anstrengung, Kälte, Hunger und Entsetzen. Insgesamt hatte es sechs Tote gegeben. Wir nahmen sie mit ins Lager und wechselten uns beim Tragen der Leichen ab. Bei einigen Toten schleifte ein Fuß oder Arm über den verschneiten Boden. Verletzte oder geschwächte Schicksalsgenossen versuchten wir soweit wie möglich zu stützen.

Das Lagerorchester spielte wieder dieselbe Marschmusik. Aus verschiedenen Himmelsrichtungen sah ich endlose Kolonnen von Außenkommandos zurückkehren. Am Rand des großen Appellplatzes lagen die Toten. Auch sie wurden mitgezählt, zum letzten Mal, bevor man sie in den Ofen schieben und ihre Nummer durchstreichen konnte. Zumindest vermutete ich das. Erst dann waren sie für die Deutschen endgültig gestorben.

In der Baracke schaffte ich es beim Austeilen der Kartoffelsuppe nicht, mir einen guten Platz in der Schlange zu erkämpfen. Ich ließ mich wegschubsen. Das hier war wirklich eine Nahrungskette, in der ich irgendwo ganz weit unten rangierte.

Ich betrachtete die Sprüche auf den verschiedenen Querbalken:

Sei ehrlich
Eine Laus – dein Tod
Halte Ordnung

War das Ironie, Sarkasmus oder Zynismus? Oder waren diese Anweisungen blutiger Ernst und so typisch deutsch, dass sie schon wieder komisch waren? Ich wollte nicht darüber nachdenken. In meiner wässrigen Suppe schwammen zwei Stückchen Fleisch von äußerst fraglicher Herkunft. Fleisch von streunenden Hunden? Ich hatte gehört, dass man die Tiere in regelmäßigen Abständen erschoss. Ich hatte gleich zwei Stück bekommen – so viel Massel muss man erst mal haben! Das entging auch meinem französischen Nachbarn nicht, der neben mir auf der Pritsche saß.

»Tauschen?«, fragte er. »Fleisch gegen *une cigarette?* Zigarette?«

»Ich rauche nicht«, sagte ich kurz angebunden.

Er war enttäuscht. Ohne groß nachzudenken, fischte ich ein Stück Fleisch aus meinem Napf und ließ es in seinen fallen. Er sah mich überrascht an.

»Aber ... was willst du dann?«

»Deinen Namen.«

»Armand«, murmelte er.

»Ernst.«

Verblüfft ergriff er meine ausgestreckte Hand. Er sah mich an, als sei ich nicht von dieser Welt, und löffelte schnell weiter.

Mir war aufgefallen, dass es im Großen und Ganzen zwei Arten von Gefangenen gab: diejenigen, die ein Stückchen Brot oder Wurst in ihrem Strohsack aufbewahrten und immer wieder nur ein bisschen daran knabberten, und diejenigen, die alles Essbare gleich auf einmal verschlangen. Langsame Esser riskierten, bestohlen zu werden. Vermutlich dachte Armand, der Magen sei der beste Safe.

Ich verstand das bloß mit dem Tauschen nicht. Wie schaffte er es, an Tabak zu kommen? Woher kam das Zeug?

In einfachem Französisch und noch einfacherem Deutsch erzählte Armand vom »Warenhaus« im Lager, vom *grand magasin,* in dem sämtliche Besitztümer der hier angekommenen und vergasten Juden aufbewahrt wurden. Dort gab es Berge von Kleidern, Schuhen, Brillen, Konserven, Zigaretten, Geld, Schmuck und allem, was man sonst so dabeihatte, wenn man für längere Zeit verreiste. Kostbare Dinge wie Geld und Schmuck verschwanden zum Teil in den Taschen der SS-Offiziere, der Rest wurde ins Reich transportiert.

Offiziell hieß dieses Paradies Effektenlager, aber die Häftlinge nannten es Kanada, wegen seines sagenhaften Reichtums. Gefangene des Kanada-Kommandos hätten sehr viel Glück, so Armand. In den Koffern fänden sie stets etwas Essbares. Es sei zwar bei Todesstrafe verboten, etwas mitgehen zu lassen, aber erfinderisch wie sie seien, gelänge es den Häftlingen, Kleidung, Nahrung, Zigaretten und Medikamente ins Lager zu schmuggeln. Das heiße übrigens nicht schmuggeln oder stehlen, sondern *organisieren*.

Ich überlegte, den Diamanten gegen wollene Unterwäsche zu tauschen. Mit den richtigen Kontakten müsste das klappen. Aber ohne ein solch kostbares Tauschmittel konnte ich nichts mehr für Max, den Diamantenhändler, tun, auch wenn ich ohnehin nicht die leiseste Ahnung hatte, wie ich seine Kinder retten sollte. Ich stand tief in seiner Schuld. Diesen Gedanken wurde ich einfach nicht mehr los. Wenn ich nicht gewesen wäre, würde er noch leben.

Ich drehte mich vorsichtig auf die Seite und zog die Beine bis ans Kinn. Sofort spürte ich die Stiche. Läuse. Beißende Läuse. Ich stand wieder auf und untersuchte meine Kleider. Wieder zerquetschte ich zwanzig, dreißig Parasiten. Meine Handflächen waren schwarz, genau wie die der anderen. Eine Assel, die im falschen Moment am falschen Ort aus meinem Strohsack kroch, machte ich ebenfalls platt. Ich dachte an Helena. Jedes Mal, wenn ich versuchte, die Realität zu verdrängen, jedes Mal, wenn ich ihr entfliehen wollte, erschien sie vor meinem inneren Auge. Ich hatte Angst davor, eines Tages ihr Gesicht zu vergessen. Den Geschmack ihrer Lippen. Oder ihr Lächeln.

10

Wenn ich besonders niedergeschlagen war, glaubte ich, so zu enden wie die Muselmänner, wie man hier die ausgezehrten Gestalten kurz vor dem Tod nannte. Eigentlich waren das gar keine Menschen mehr, sondern nur noch Schatten mit leeren Augen, entfleischte Körper mit hervorstehenden Knochen. Bei einigen funktionierte der Schließmuskel nicht mehr, sodass ihnen der Enddarm ein paar Zentimeter aus dem Anus hing.

Mein Stockbettnachbar von ganz oben war ein solcher Muselmann. Er sagte nie etwas, und niemand wusste, wie er hieß. Wenn er konnte, holte er sich einen runter. Das taten wir alle hin und wieder mal, aber nicht so oft und mit einer solchen Besessenheit. Er rauchte auch gern. Ich hatte gesehen, wie er sein Stück Brot gegen einen Zigarettenstummel tauschte – ein Zeichen, dass jeglicher Überlebenswille versiegt war. Eines Morgens, kurz vor dem Appell, sah ich ihn reglos unter seiner Decke liegen. Ich stieg auf die Pritsche und versuchte, ihn zu wecken. Wenn das Abzählergebnis nicht stimmte, mussten wir eine Stunde länger in der Kälte stehen. Sein Körper fühlte sich an wie aus Holz. Läuse saßen in seinem Auge. Er hatte die Minusgrade dieser Nacht nicht überlebt.

Ich kletterte auf das Bett und zog ihm hastig die Jacke aus. Auf einmal tauchte der Kopf eines anderen Gefangenen vor mir auf. Er zerrte ebenfalls an der Jacke, ohne mich anzusehen. Ich versetzte seinem Gesicht einen Stoß mit dem Ellbogen. Er taumelte zurück, prallte gegen die andere Pritsche und landete unsanft auf dem Betonboden. Benommen blieb er liegen. Aus seiner Nase liefen Schleim und Blut. Ohne zu zögern, zog ich mir die Jacke des Toten an.

Auf dem Marsch zur Arbeit sah ich in der Morgendämmerung eine Waldohreule auf einem Pfahl sitzen. Sie drehte den Kopf, breitete die Schwingen aus und flatterte mit kräftigen, geräuschlosen Flügelschlägen ins nahe gelegene Birkenwäldchen: eine fantastische Zurschaustellung von Kraft und Eleganz. Ich beschloss, den Tag mit diesem Moment beginnen zu lassen.

Nachdem wir mehrere Zementsäcke geschleppt hatten, bekamen wir eine neue Aufgabe zugewiesen: das Fundament für ein neues Gebäude zu graben. Die SS hatte zwei Baukommandos zusammengelegt. Gemeinsam mit zig anderen schlug ich mit einer Spitzhacke auf den gefrorenen Boden ein. Das Metall schlug Funken. Ich bemühte mich, so wenig Kraft wie möglich aufzuwenden: Der Schwung der Hacke musste die Arbeit erledigen, sonst würde ich den Tag nicht überstehen.

Armand arbeitete neben mir. In einem unglücklichen Moment rutschte ihm der Griff aus der Hand. »*Merde!*«, rief er eine Spur zu laut. Schweinz marschierte auf uns zu. »Was? Haben wir einen französischen Hund?«

Armand bekam ein paar schnelle, harte Schläge auf den Kopf. Als Strafe dafür, in einem verkehrten Land geboren worden zu sein, als Nachfahre eines verkehrten Volkes. Ansonsten ließ Schweinz ihn in Ruhe. Er konnte es sich nicht erlauben, die kräftigsten Häftlinge zu hart anzufassen, denn sonst erfüllte er sein Arbeitspensum nicht. Wir arbeiteten einträchtig nebeneinander. Armands linkes Auge schwoll langsam an und verfärbte sich blauschwarz. Seine Braue war aufgeplatzt, an seiner Wange klebte geronnenes Blut.

»Ein Jude und ein Franzose«, sagte ich. »Jetzt erzähl mir nicht, dass du auch noch Kommunist bist!«

»Doch. Ich war in der Résistance.«

»Gib mir nachher dein Stück Brot, oder ich verpfeife dich an den Kapo.«

»Willst du außerdem meine Suppe?«

Wir lachten heimlich. Armand fluchte erneut, aber leiser. Jede abrupte Bewegung bereitete ihm Schmerzen.

Wir gruben weiter. Die Zeit arbeitete gegen uns. Sie verstrich zunehmend langsamer, als würden die Sekunden und Stunden in die Länge gezogen. Um zwölf Uhr bekamen wir Kohlsuppe, Brot und Wurst. Ich kaute, so lange wie möglich darauf herum. Ein Stück ranzige Margarine gehörte ebenfalls zu der Ration. Armand riet mir davon ab, das Zeug aufs Brot zu streichen.

»*Pour la peau, la peau!*«

Er fuhr sich über die Hand. Sollte ich die Margarine für die Hautpflege verwenden? Vorsichtig schmierte ich sie auf meinen Hals und meine Füße. Er nickte zufrieden und löffelte die lauwarme Suppe, ohne ein einziges Mal innezuhalten.

»*Famille?* Hast du *famille* hier?«, fragte er auf einmal.

»Nein. Du?«

Er löffelte stur weiter und schüttelte kurz den Kopf. »Nicht mehr.« Nachdem er den letzten Rest Suppe vom Boden des Napfes abgeleckt hatte, stellte er ihn auf den Boden. Vorsichtig fuhr er sich mit den Händen über das Gesicht. Ich wartete, dass er weitersprach. »Eine Frau«, sagte er schließlich. »Und zwei Töchter. *Disparu.* Verschwunden. Charlotte, Esther und Evy.«

Um eins fand der nächste Appell statt. Einige SS-Männer beratschlagten sich gerade untereinander. Einer von ihnen, ein Unteroffizier, stellte sich breitbeinig vor die Gruppe. Es war ein charismatischer, gut aussehender, athletisch gebauter Mann mit einem hochmütigen Blick.

»Ihr seid mir zu viele«, sagte er laut. »Soweit ich weiß, sind die meisten von euch Neuankömmlinge. Ich brauche zehn Personen zur Versorgung der Schweine! Wer hat Erfahrung damit? Wer meldet sich dafür?«

Überall um mich herum hoben Gefangene die Hand, so hoch wie möglich, wie Schulkinder, die die richtige Antwort wissen. Im Vergleich zur schweren Arbeit im Freien bot eine Stelle als Schweinepfleger gute Überlebenschancen. Armand und ich standen in der vierten Reihe. Auch er hob die Hand. Ich zögerte. Die anderen SS-Männer amüsierten sich, wie mir schien. Es war unheimlich.

»*Pas bien!*«, flüsterte ich, ohne den Kopf zu bewegen. Armand sah überrascht zur Seite. Ich zog seine Hand herunter.

Einer der SS-Männer ging durch die Reihen und suchte einige Freiwillige aus, welche die Hände gehoben hatten. Er ließ seinen Blick über uns gleiten und zeigte noch auf zwei andere schräg hinter uns. Kurz darauf standen die zehn Auserwählten ängstlich, aber zugleich voller Hoffnung nebeneinander. Der Unteroffizier musterte sie spöttisch.

»Schau an, diese Juden! Ihr wollt also sogar *Schweine* versorgen, um zu überleben. Wie das? Das verbietet euch schließlich euer Glaube?«

Grinsend sah er sich um. Die anderen SS-Männer lachten inzwischen schallend. Die ausgewählten Häftlinge machten betretene Gesichter. Einige lachten nervös mit. Keine Schweine? Oder vielleicht doch? Ich erwartete, dass diese »Schweinepfleger« – nachdem wir uns alle gut amüsiert hatten – nach ein paar Schlägen wieder zurück ins Glied treten durften. Dann auf einmal kippte die Stimmung.

»Auf die Knie!«, sagte der Unteroffizier mit eisiger Ruhe. Die Häftlinge zögerten.

»Macht schon!«

Erschrocken gingen die zehn auf die Knie.

»Hände über den Kopf.«

Er nickte den anderen SS-Männern zu. Mit fest entschlossenen Mienen zogen sie schnell ihre Pistolen und liefen auf die Reihe kniender Männer zu. Es ging ganz schnell. Die zehn Auserwählten bekamen einer nach dem anderen einen Genickschuss. Ein Junge drehte sich mit einem vor Todesangst verzerrten Gesicht um. Er bedeckte seinen Nacken mit beiden Händen. Der Unteroffizier schoss ihn in die Stirn.

Neben mir begann Armand zu zittern.

Auf dem Rückweg ins Lager schaffte ich es kaum noch, einen Toten zu tragen. Aber ich durfte mich nicht aufgeben, denn das wäre der Anfang vom Ende. In der Baracke lag ich schwer atmend auf meiner Pritsche. Ich versuchte, wieder zu Kräften zu kommen. Nebenbei bekam ich mit, woher der modrige Geschmack des Kaffees kam: Das war kein Kaffee, sondern nur ein Aufguss von Birkenrinde. Ich hatte mich überraschend schnell daran gewöhnt.

Es gelang mir, einen guten Platz in der Suppenschlange zu ergattern. In der Mitte. Ein langer Lulatsch stellte sich vor mich und zeigte mit funkelnden Augen nach vorn. Ich ignorierte ihn. Er begann, mich zu kneifen und anzurempeln. Ich verlor die Fassung, boxte ihn so heftig in den Magen, dass er, völlig überrascht, ins Wanken geriet. Mit einem Stoß schubste ich ihn aus der Schlange. Schnell rappelte er sich auf und sah empört zum Kapo hinüber. Ich hatte nicht vor, ihn wieder in die Schlange zu lassen. Der Mensch ist des Menschen Wolf. Und wenn ich schon ein Tier sein musste, dann bestimmt kein Lamm.

Nach dem Abendappell wollte ich nur noch ins Bett. Schlomo sah, wie ich vorbeiging, und bedeutete mir, in sein »Büro« zu kommen. Mir blieb keine andere Wahl. Vorsichtig nahm ich auf dem Stuhl Platz, so langsam heilte mein Hintern.

»Holländer!«, rief er. »Wie geht's?«

Ich warf einen Blick auf seinen geborstenen Rohrstock. Die Augen des Polen wurden schmal.

»Ah, verstehe.«

Er stand auf und griff nach seinem Stock. Langsam kam er um den Tisch herum.

Noch mehr Schläge? Für heute hatte ich wirklich genug.

Mit lautem Rattern traf der Stock meinen Rücken. Doch zu meiner großen Überraschung schmerzte mir der Schlag mehr in den Ohren als auf dem Rücken. Einmal nur holte er aus, dann setzte sich Schlomo wieder. Mit seinem Rohrstock schlug er sich ein paar Mal auf den Oberarm und sah mich eindringlich an.

»Augen und Ohren – sie glauben, dass ich brutal zuschlage. Das muss auch so sein, wegen der SS und der Kapos. Die denken: Schlomo ist grausam. Aber die Häftlinge wissen, dass Schlomo nicht grausam ist. Sein Stock macht Lärm, fühlt sich aber nicht schlimm an. Deshalb wollen mich alle behalten. Deshalb tun sie, was ich ihnen sage. Sonst kommt ein anderer Blockältester, der ihnen sehr wohl wehtut.«

Ich entspannte mich. So ging es also auch.

Er sah mich traurig an. »Wie war dein Tag?«

»Miserabel.«

»Halte durch, Holländer! Ich sah heute Morgen, dass du beim Appell in der ersten Reihe standest. Nicht gut. Hinten anstellen. Nicht auffallen. Nach unten gucken. Die Kapos suchen die besten Arbeiter für die schwerste Arbeit.«

»Ich verstehe das System nicht«, sagte ich. »Meiner Meinung nach brauchen die Deutschen jede Menge Arbeitskräfte. Und trotzdem werden wir zu Tode geprügelt und geschunden. Wir bekommen minimale Essensrationen, sodass wir kaum noch Kraft haben. Das ist doch nicht logisch.«

Schlomo sah mich nachdenklich an. »Wie viele Häftlinge sind hier im Lager? Na, was schätzt du?«

»Zwanzigtausend?«

»Bestimmt sechzigtausend. Und wie viele SS-Männer gibt es?«

»Keine Ahnung.«

»Dreitausend, die Kapos nicht mitgerechnet. Das heißt, dass auf zwanzig Männer ein SS-Mann kommt. Versetz dich doch mal in die Deutschen hinein, Holländer! Wie verhinderst du, dass zwanzig Gefangene auf einen SS-Mann losgehen?«

»Dadurch, dass ich Angst und Terror säe.«

»Das reicht nicht.«

»Dadurch, dass ich die Leute schwäche.«

»Genau. Indem du die Menschen dermaßen aushungerst, dass sie nur noch eines im Kopf haben: zu überleben. Denn wenn du gesund bist, kommst du auf andere Gedanken. Dann denkst du an Rache. Oder an Flucht. Aber zu schwach darfst du auch nicht werden. Deshalb gibt es ja die Krankenbaracken im Lager. Schwach bleiben, aber stark genug, um zu arbeiten, das ist das Verhältnis, das die Deutschen anstreben.«

Schlomo lief zum Schrank und griff nach einem Paar Wollsocken. »Extrakleidung. Für morgen.«

»Nobel, Schlomo. Nicht gut.«

Er grinste. »Die sind nicht gratis. Du erzählst mir einen Witz.«

»Einen Witz? Worüber?«

»Einen Witz! Du wirst doch wohl einen Witz kennen?«

»Über Hitler?«

Er lehnte sich zurück und verschränkte die Hände hinter dem Kopf. »Ja«, sagte er vergnügt. »Über Hitler.«

Ich räusperte mich.

»Adolf Hitler fährt mit seinem Chauffeur über Land. Er will Kontakt zu ganz normalen Deutschen aufnehmen. Um nicht erkannt zu werden, hat er sein Bärtchen abrasiert und eine blonde Perücke aufgesetzt. Bei einem Bauernhof geht der Chauffeur voll auf die Bremse. Zu spät, ein Hahn wurde überfahren. Hitler steigt aus, packt das tote Vieh am Schwanz und klingelt beim Bauern. Kurz darauf kehrt er mit einer blutigen Nase zurück. ›Mein Führer, was ist passiert?‹, ruft der Chauffeur.

›Der Bauer war nicht begeistert‹, sagt Hitler. ›Das war sein einziger Hahn.‹

Sie fahren weiter. Plötzlich läuft ein Schwein über die Straße. Der Chauffeur kann dem Tier erneut nicht ausweichen und fährt es tot. ›Jetzt gehe ich‹, sagt der Chauffeur. Er bleibt zwanzig Minuten weg und kommt dann leicht angetrunken mit Blumen und Champagner zurück.

›War der Bauer nicht wütend?‹, fragt Hitler überrascht.

›Im Gegenteil, er war außer sich vor Freude‹, sagt der Chauffeur.

›Was hast du denn gesagt?‹

›Heil Hitler, das Schwein ist tot.‹«

Schlomo lachte schallend, ja er lachte Tränen und sah aus wie ein Hofnarr. Es dauerte ein wenig, bis er sich wieder gefasst hatte. Schließlich schnäuzte er sich die Nase.

»Jetzt sind wir quitt«, sagte er trocken. »Du kannst ausgezeichnet Witze erzählen, Holländer.«

»Die SS hat uns heute Nachmittag als Neuankömmlinge begrüßt«, sagte ich. »Sie baten um Freiwillige, die Schweine versorgen wollen. Zehn Mann haben sie ausgewählt.«

Ich wusste nicht, warum ich das erzählte. Oder besser gesagt, ich wusste es schon: Ich wollte ihn damit auf die Probe stellen. Wenn dieser Pole auch nur ansatzweise darüber lachen konnte, wollte ich nichts mehr mit ihm zu tun haben.

»Sie wurden erschossen, nicht wahr?«, fragte er leise.

Ich nickte.

Er schwieg.

Ich steckte meine kalten Hände in die Socken.

»Was bist du eigentlich von Beruf?«, fragte ich.

Er lächelte traurig. »Was ich von Beruf bin ... Vielleicht bin ich Schneider. Oder Straßenkehrer. Oder Professor. Das hat hier nichts zu bedeuten, Holländer. Zu viel Intellekt? Nicht gut. Denn dann denkt man zu viel nach. Man muss schlau und stark sein, jede Chance nutzen. Ich kenne jemanden, der war Bankdirektor. Der hat im Lager die ganz große Karriere gemacht. Jetzt ist er Kapo!«

Er sah mich forschend an. »Und du, Holländer? Was warst du?«

»Komiker.«

Er lachte schallend.

11

Der Frost ließ nach, die Tage wurden wärmer. Silbrig weißes Frühlingslicht huschte über die Landschaft. Nach Schneeglöckchen und Krokussen blühten jetzt die Narzissen, sogar in dieser Sumpferde. Ich versuchte, mich an den Alltag im Lager zu gewöhnen, obwohl es in meinem Arbeitskommando wenig Routine gab. Wir hatten keine klar umschriebenen Aufgaben und zogen wie Nomaden über die Baustelle. In erster Linie mussten wir graben und schaufeln, um Fundamente auszuheben oder Latrinengruben. Trotz des aufblühenden Lebens um uns herum blieb der Tod allgegenwärtig. An die ständige Ungewissheit gewöhnte man sich nie.

Anfang April standen drei Galgen auf dem Appellplatz. Ihre Umrisse hoben sich dunkel vom bleigrauen Abendhimmel ab. Nach einem sonnigen Morgen hatte es den ganzen Mittag geregnet, und auch jetzt schüttete es wie aus Kübeln. Ich war müde und durchgefroren. Als wir zum Appell antreten sollten, reagierte ich zu langsam, sodass ich weit vorn zu stehen kam.

Das Lagerorchester mühte sich damit ab, eine Arie der Violetta aus Verdis *La Traviata* instrumental zu Gehör zu bringen. Die Musiker sahen aus wie ertränkte Katzen, und die Notenblätter auf den Holzständern waren bereits durchweicht. Große SS-Männer in langen Mänteln suchten unter riesigen Schirmen Schutz, die Untergebene über sie hielten. Auf dem Schafott des mittleren Galgens stand ein kleiner, gebückter Mann. Er war barfuß, und seine Hände waren gefesselt. Um seinen Hals hing ein Stück Pappe mit der Aufschrift: *Hurra, hurra, ich bin wieder da.* Er sollte hingerichtet werden. Aber warum drei Galgen?

Ein letztes Baukommando schloss sich an. Das Orchester hörte auf zu spielen. Bis auf das Rauschen des Regens war es still. Endlich trat ein diensthabender SS-Offizier nach vorn.

»Heute Abend«, sagte er laut, »haben drei Gefangene einen Fluchtversuch unternommen. Ihr kennt die Regeln. Auf Flucht steht die Todesstrafe. Einer von ihnen wurde sofort geschnappt. Die anderen beiden werden bald folgen.« Er machte eine Pause und brüllte dann: »Doch auf die beiden Flüchtigen warten wir nicht! Zwei andere Häftlinge werden noch heute ihre Stelle einnehmen! Damit im Namen des Führers auf jeden Fall drei Gefangene hingerichtet werden können.«

Mich traf der Schlag. Plötzlich war alle Müdigkeit vergessen. Ich stand an einer äußerst ungünstigen Stelle.

»Die Prozedur ist folgende«, fuhr der SS-Mann fort. »Sechs Gefangene werden ausgesucht. Wer am Ende dran ist, entscheidet das Los.«

Drei SS-Männer schritten die Reihen ab. Wieder einmal entschieden sie über Leben und Tod. *Nicht auffallen. Bloß nicht auffallen.* Wie sollte ich schauen? Geradeaus, ohne Blickkontakt aufzunehmen? War das nicht provozierend? Sollte ich mich lieber klein machen, den Kopf demütig senken? Oder wirkte ich dann zu sehr wie ein Opfer? Einer der SS-Männer schritt langsam meine Reihe ab und blieb stehen. Direkt vor mir. Regen tropfte von seinem Kinn. Ich konnte keinen klaren Gedanken mehr fassen.

»Du!«, schrie er.

Er packte mich am Kragen meiner Jacke und zerrte mich nach vorn. Wie in Trance stellte ich mich vor den Galgen. Noch fünf Mal schallte das »Du!« über den Platz. Ein ausgewählter Häftling murmelte leise ein Gebet, ansonsten herrschte eine unheimliche Stille.

Wir standen zu sechst nebeneinander. Meine durchweichte Lagerkleidung klebte mir am Leib. Der SS-Offizier wandte sich wieder den Reihen zu. Er hielt einen Würfel hoch. »Dieser Würfel wird entscheiden, welche Häftlinge hingerichtet werden.« Er gab jedem von uns eine Nummer. »Eins. Zwo. Drei. Vier. Fünf. Sechs.« Ich war Nummer vier. Zwei von uns würden innerhalb einer Viertelstunde tot sein.

Der Offizier warf den Würfel in die Luft, fing ihn auf und legte ihn dann auf den Rücken seiner anderen Hand. Ich sah demonstrativ nach unten. Aus dem durchweichten Hosenbein meines Nachbarn lief Urin – die Pfütze neben seinen Füßen war dunkelgelb.

»Zwei!«

»Nein, nein«, jammerte der unglückliche Häftling. Er wehrte sich, aber zwei SS-Männer packten seine Arme und schleiften ihn zu einem der Galgen. Dann banden sie ihm die Hände auf den Rücken.

Der Offizier nahm sich Zeit für eine zweite und letzte Runde. Meine Chancen standen jetzt eins zu fünf. Ich sah alles wie in Zeitlupe. Sah, wie der Würfel in die Luft flog und langsam herunterfiel. Sah, wie seine Hand langsam zur anderen Hand wanderte ...

»Fünf!«

Derjenige, der sich in die Hose gemacht hatte, wankte und begann zu schluchzen. Er durfte am Leben bleiben. Der Mann rechts von mir hingegen hatte sein Todesurteil vernommen. Er sagte nichts. In sein Schicksal ergeben, ließ er sich zum letzten Galgen führen.

Das Orchester fing an zu spielen. Wieder Verdi, wieder etwas aus *La Traviata*. Es klang ebenso wehmütig wie beklemmend.

Ich und die anderen vom Schicksal verschonten wurden in die Reihe zurückgeschubst. Die drei Häftlinge mussten sich auf einen Stuhl stellen und bekamen einen Strick um den Hals gelegt. Sie wirkten apathisch. Der Offizier bellte einen Befehl, und die SS-Männer traten die Stühle um. Der in der Mitte, der einen Fluchtversuch unternommen und nach wie vor das Stück Pappe um den Hals hängen hatte, zappelte noch eine ganze Weile.

Als ich kurz darauf die Baracke betrat, merkte Schlomo, dass etwas nicht stimmte. So nahe wie an diesem Tag war ich dem Tod bislang nie gewesen. Er lud mich auf sein Zimmer ein. Eine kurze Verschnaufpause. Wir hatten eine merkwürdige Beziehung: Bei jedem Besuch steckte er mir ein Stück Brot zu, selbst wenn ich nicht in der Lage war, einen Witz zu erzählen, so wie jetzt.

Mit einer sauberen Hose aus Schlomos Schrank trocknete ich mein nasses Gesicht ab. Er suchte etwas unter seiner Matratze und stellte schließlich einen Flachmann vor mir auf den Tisch. *Scotch Whisky, single malt,* stand auf dem Etikett. Es war mir ein Rätsel, woher er das Zeug wieder hatte. Ich trank selten Hochprozentiges, aber jetzt nahm ich dankbar einen Schluck. Der Whisky schmeckte irgendwie nach Jod, doch ich beschwere mich nicht.

Schlomo sah mir wohlwollend zu. »Denk an etwas anderes, Holländer. Was macht dich glücklich?«

»Dass ich noch lebe«, sagte ich matt. Mein Magen befand sich in Aufruhr. Ich hatte einen viel zu großen Schluck genommen.

»Bist du allein im Lager?«

Die Frage überraschte mich. So persönlich waren wir noch nie geworden.

»Ohne Familie«, antwortete ich.

Schlomo nickte mir aufmunternd zu.

»Aber da ist eine Frau, Helena. Ich habe sie auf der Herfahrt kennengelernt.«

»Und ... du hast dich verliebt? Im Waggon?«

»Was soll man machen.«

»Ist sie im Frauenlager?«

Ich seufzte. »Keine Ahnung. Wahrscheinlich schon. Wie kann man das rausfinden?«

»Das ist schwer, jedoch nicht unmöglich.«

Sofort saß ich kerzengerade da. »Kann ich Kontakt zu ihr aufnehmen?«

Er sah mich provozierend an. »Es gibt Mittel und Wege, Holländer. Aber diese Wege ... sind teuer.«

Sofort fiel mir der Diamant wieder ein. Wie gern hätte ich ihn gegen ein Lebenszeichen von Helena eingetauscht! »Ich habe ein paar Fußlappen«, sagte ich. »Ich kann sie auch waschen.«

»Hast du Goldzähne?«

»Dafür bin ich noch zu jung.«

»Ich habe so einigen Häftlingen Goldplomben gezogen«, sagte er nachdenklich. »Davon kann man hier Monate leben.«

Schweigen.

»Vielleicht hast du Glück, Holländer. Ich kenne einen Elektriker, der überall arbeitet. Er hat auch im Frauenlager zu tun. Ich kann ihm etwas mitgeben, einen Brief. Er riskiert seine Arbeit und sein Leben. Dafür erwartet er natürlich eine Gegenleistung.«

»Ja, aber was?«

»Ich hab noch was gut bei dem. Wenn ich das organisiere, habe ich bei dir was gut.«

»Woran denkst du?«

»Du musst den Menschen Mut machen, Holländer. Ich möchte, dass du die Häftlinge in unserer Baracke zum Lachen bringst.«

Ich sah ihn verblüfft an. »Aber ... glaubst du wirklich, dass die darauf warten?«

»Ich kenne zwei Köche, die sich jeden Tag ein neues Rezept ausdenken. Jeden Tag! Welches Fleisch, welche Garzeit, die Sauce, die Gewürze, das Gemüse, alles. Nach dem Krieg werden sie eine Woche für mich kochen. Das gibt ihnen Mut, Holländer. Hoffnung! Sie wachsen kurz über ihr Leid hinaus. Du kannst dafür sorgen, dass die Menschen das Lager vergessen. Mit einem Lächeln.«

»Warum erzählst *du* keine Witze?«

Er schüttelte den Kopf. »Ich bin der Blockälteste. Ich kann nicht morgens den Grausamen mimen und die Menschen abends zum Lachen bringen. Aber ich kann zulassen, dass du es tust.«

»Wäre das erlaubt?«

»SS-Männer kommen so gut wie nie in die Baracken. Dazu haben sie viel zu viel Angst vor Typhus und Cholera. Die Kapos werden das meiner Meinung nach schon erlauben. Andererseits brauchen sie es gar nicht erst zu wissen.

Jeden Tag ein Lacher – wieder musste ich an meinen Vater denken. Konnte ich wirklich so viel ausrichten, wie Schlomo hoffte? Aber dies war auch nicht die entscheidende Frage. Es ging um einen Brief an Helena. Von Helena. Ich schlug auf den Tisch.

»Ich fange gleich morgen damit an!«

»Gut«, sagte Schlomo. »Weißt du ihre Lagernummer?«

»Nein, bloß ihren Namen: Weiss. Helena Weiss.«

Schlomo lief zum Schrank und holte ein Stück Papier, das er von einem Zementsack abgerissen hatte. Die Rückseite war unbedruckt und schmutzig, aber man konnte darauf schreiben. Einen Stift besaß er auch, sogar einen teuren Füller.

Ein Brief. Was wollte ich ihr sagen? Nicht nachdenken, schreiben, einfach nur schreiben.

Liebe Helena,

ich habe dich nicht vergessen. Wie auch – dein Name hat sich in mein Gedächtnis eingebrannt. Ich gebe diesen Brief dem Freund eines Freundes mit. Ich möchte schöne Sätze und schöne Gedanken zu Papier bringen, merke aber, wie schwer mir das fällt. Deinetwegen möchte ich die Reise nicht missen. Damit genug für heute. Vergib mir meine Torheit.

Ich hoffe, es geht dir gut, Helena. Wir werden uns wiedersehen, das verspreche ich dir. Schreib schnell und verlier nicht den Mut.

Ernst H.

12

Ich empfand so etwas wie Vorfreude. Oder besser gesagt, ich hatte wieder Mut und Hoffnung, zwei Wörter, die laut Schlomo so unzertrennlich waren wie siamesische Zwillinge: Ohne Mut keine Hoffnung. Ohne Hoffnung kein Mut. Ich wusste nur nicht, worin die Hoffnung bestand. Das Wichtigste war natürlich, zu überleben, trotzdem fand ich es vernünftiger, sich keine allzu großen Hoffnungen zu machen, damit diese realistisch blieben: Das konnte eine Extraration Brot sein. Drei Fleischbrocken in der Suppe. Das Ende des Tages, das Ende eines Tages ohne Verletzung. Das Ende der Nacht ohne Albtraum. Oder ein Traum, in dem man wieder Frau und Kinder umarmt. Ein Brief von einer Geliebten.

Es war Sonntag. Sogar am Arsch der Welt war das ein Feiertag. Viele Häftlinge blieben in der Baracke, um sich auszuruhen. Ich saß bei Schlomo im Büro, um mich vorzubereiten. Um vier Uhr würde ich auftreten. Das war der ruhigste und sicherste Moment der ganzen Woche. Am Sonntagnachmittag saßen die meisten Deutschen in der Lagerkantine und tranken Bier oder Schnaps.

Wie sollte ich die Sache angehen?

Humor ist eine Flucht. Diesen Satz hatte ich schon oft gehört. Ich fragte mich, ob der Mensch dem Leid entfliehen kann, indem er einfach mit einem Lachen darüber hinweggeht. Oder muss man die Qualen erst durchleiden, um sie endgültig hinter sich lassen zu können? Ist das Lachen nur dann gerechtfertigt? Ist Humor erst dann Humor, wenn es sich um *verarbeitetes* Leid handelt?

Ich vermisste meinen Vater. Bei jeder Vorstellung bot mir sein Foto auf dem Schminktisch Halt und Trost zugleich:

Kein Publikum konnte schwieriger sein als er. Jetzt war ich mir da nicht mehr so sicher. Ich machte mir Sorgen über die Verkehrssprache. Jiddisch sprach ich nicht, besser gesagt kaum. Englisch war eine zu große Provokation. Deutsch war das Nächstliegende, die meisten Osteuropäer verstanden es leidlich, zur Not mithilfe eines Dolmetschers. Aber für meine Premiere hatte ich eine bessere Idee: die Universalsprache der Pantomime. Vor dem Krieg hatte ich mich ausgiebig mit Charlie Chaplin beschäftigt. Unser Bühnenmeister Henri Toussaint hatte mich mit Meneer Abraham Tuschinski vom Kino in der Reguliersbreestraat bekannt gemacht. Drei Vormittage hintereinander durfte ich mir *Modern Times* von Charlie Chaplin ansehen. Er machte mit dem linken Bein einen Schritt nach vorn und ließ das rechte folgen, aber nicht ganz: auf diese Weise entstand sein Watschelgang. Den Spazierstock in seiner Linken schwenkte er im Takt dazu. Chaplin beherrschte die Kunst der Körpersprache wie kein anderer.

Schlomo war begeistert. Er wollte sich um mein Kostüm kümmern. Aber in den darauffolgenden Tagen wurde ihm zu seinem großen Leidwesen bewusst, dass er nur über unzureichende Tauschmittel verfügte. Die Hälfte der Utensilien hatte er organisieren können: Die Melone ja, den Spazierstock nein. Die Weste ja, die Hose nein. Er hatte alles aufbieten müssen, nicht nur einen, sondern zwei Schuhe zu bekommen. Ich war hochzufrieden, vor allem mit der alten Melone.

Statt eines Spazierstocks wollte ich mir einen Birkenast aus dem Wald hinter dem Lager holen. Bei den Baracken herrschte eine fast schon ländliche Ruhe, so wie sich das für einen frühen Sonntagnachmittag gehört. Im Waschraum waren einzelne Gefangene damit beschäftigt, Kleidung zu entlausen und zu waschen – mit Seife, die einfach nicht schäumen wollte. Überall gab es Schlammpfützen, denen ich im Zickzackkurs auswich.

Manchmal hörte ich aus der Ferne ein Johlen und Klatschen. Von Armand wusste ich, dass im Außenlager hinter den Baracken Fußball gespielt wurde. Auf dem Boden hatte man provisorische Kalklinien gezogen, Hunderte von Häftlingen umstanden das Feld. Die gelben Dreiecke (die Juden) spielten gegen die roten Dreiecke (die politischen Gefangenen). Es schien auch noch eine Mannschaft aus grünen Dreiecken zu geben, das waren die Kriminellen. Das Niveau war hoch, aber das Tempo niedrig. Gespielt wurde in richtiger Sportkleidung, mit kleinen Holztoren, einem Lederfußball und einem Schiedsrichter. Hinter der Seitenlinie entdeckte ich sogar einige SS-Männer auf Bänken. Sie verfolgten den Wettkampf oder musterten ihre Umgebung mit einem herablassenden Lächeln. Die anderen Zuschauer befanden sich in einem sicheren Abstand zu dieser »Ehrentribüne«.

Ich kam aus dem Staunen nicht mehr heraus: Das Lager lehrte mich, noch das Unglaubliche zu glauben.

Doch ich musste weiter, ich hatte noch etwas zu erledigen. Nach einem kurzen Fußmarsch passierte ich ein großes, rotes Ziegelgebäude mit einem dicken Schornstein: Krematorium I. Nummer II und III standen woanders, wenn auch in Waldnähe am Rand des Außenlagers. Neben dem Eingang zum Bunker befand sich ein sorgfältig geharktes Beet mit rosa, lila und weißen Hyazinthen. Wegen des alles beherrschenden Gestanks von den Leichenverbrennungen konnte man sie bestimmt nur riechen, wenn man ganz nahe daran vorbeilief.

Das Gelände war durch elektrischen Stacheldraht abgeriegelt. Ein paar Gefangene standen im Freien und rauchten. Sie gehörten zum Sonderkommando. Ich wusste nicht genau, wer sie waren oder was sie taten. Sie hatten so eine merkwürdig aggressive, enthemmte Art, und in ihren Kleidern hing ein abscheulicher Geruch. Das hatte ich zumindest von den Leichenträgern gehört, die auch nicht gerade dufteten.

Ich betrat das Birkenwäldchen. Tote Zweige knackten unter meinen Pantinen. Die Äste waren zu dick, die Zweige zu dünn. Nach langem Suchen entdeckte ich auf dem Boden einen Stock mit dem richtigen Durchmesser. An seinem oberen Ende brach ich ein paar Zweige und dünne Äste ab. Mit ein bisschen Fantasie war das ein Spazierstock.

Gegen vier füllte sich die Baracke. Schlomo steckte seinen Kopf ins Zimmer und erzählte begeistert, dass sogar Gefangene aus anderen Teilen des Lagers zu meiner Premiere gekommen seien.

Als Garderobe diente mir sein Büro. Ich hatte Angst vor der Reaktion der Deutschen, gleichzeitig ließ mich das Lampenfieber vor der Vorstellung aufatmen. Kein Komiker hält es lange ohne Publikum aus.

Ich trat in meiner Schlafanzughose und der schwarzen Weste auf, die Schlomo mir beschafft hatte. Dazu trug ich schwarze, spitze Lederschuhe mit Eisendraht anstelle von Schnürsenkeln. Mit etwas Schuhwichse malte mir Schlomo ein Chaplin-Bärtchen, das breiter war als das Hitlers. Der Stock war gerade genug, um als Spazierstock durchzugehen, und ausreichend krumm und knotig, um komisch zu wirken. Um Punkt vier Uhr herrschte Stille. Das hatte ich mir von Schlomo ausbedungen: dass Totenstille in der Baracke herrschte. Ich wartete ein paar Sekunden, holte tief Luft und stieß die Tür auf.

Erst ließ ich den Spazierstock sehen. Dann verließ ich das Zimmer. Nach einigen Schritten tat ich so, als stolperte ich über einen Stein. Ich rückte meinen Hut zurecht und sah mich missbilligend um. Jemand lachte. Ich tat so, als hörte ich etwas, und legte die Hand hinters Ohr. Sah aber demonstrativ durch das Publikum hindurch, um deutlich zu machen, dass ich mich allein wähnte. Es war voller als erhofft. Menschentrauben standen im Gang, sämtliche Pritschen waren überbelegt. Ich hatte so viel Publikum wie in einem kleinen Theater.

Überrascht blickte ich nach oben und zur Seite. Langsam ließ ich meine Umgebung auf mich wirken, als käme ich aus einer anderen Zeit, aus einer anderen Welt. Das war mein Leitmotiv: Charlie Chaplin ist allein in der Baracke und weiß nicht, wo er sich befindet. Ich füllte meine Rolle voll und ganz aus. Ich lief um den Ofen herum und stocherte vorsichtig mit meinem Stock in der Ascheschublade. Unschlüssig stand ich vor dem Betonschornstein. Ich hatte Massel: Es fiel Kohlenstaub herunter. Ich machte einen erschrockenen Satz rückwärts.

Wieder leises Gelächter.

Mit schräg gelegtem Kopf schaute ich nach oben. Anschließend fiel mein Blick auf die verschlissene Lagerkleidung auf der Bank, dem Heizkörper. Ich ging darauf zu. Mit meinem Spazierstock hob ich eine schmuddelige Hose hoch. Vorsichtig hielt ich sie an meine Nase. Angewidert zuckte ich zurück und wedelte mit dem Stock, sodass das Kleidungsstück herunterfiel. Ich schüttelte mich.

Ich hatte die Aufmerksamkeit des Saals. Des *Saals,* denn genauso fühlte es sich an. Ich schaute zu einer Pritsche hinüber und bückte mich, sodass ich einem rappeldürren Mann direkt ins Gesicht sah. Ich erschreckte mich zu Tode, als stünde ich vor einem Gespenst, was im Grunde gar nicht so weit von der Wahrheit entfernt war.

Jetzt erntete ich einen guten Lacher. Meinen ersten.

Der Mann lachte dümmlich. Ich grinste zurück, verklemmt und gezwungen, und nahm höflich den Hut ab, während ich weiter grinste, und das rein intuitiv noch eine ganze Weile. Zweimal hob ich kurz die Brauen, als wollte ich ihn umgarnen. Dann begann ich ihn zu untersuchen. Ich zupfte an der Haut seines Arms und zog an seinem Ohr, etwas zu fest natürlich. Ungläubig wandte ich den Kopf ab und schlug mir die Hand überrascht vor den Mund.

Schlomo konnte ich nicht entdecken – wahrscheinlich hatte er sich ganz nach hinten gestellt. Ein Kapo war weniger klug gewesen: Er stand mit seiner gelben Armbinde direkt am Rand und machte sich wichtig. Ich fixierte ihn und wandte den Blick nicht mehr von ihm ab. Da merkte er, dass er an einem ungünstigen Platz stand und lachte nervös. Doch es war bereits zu spät. Ich drehte mich zum Publikum und ließ ein falsches Lachen hören.

Seit Langem hatte ich mich nicht mehr so euphorisch gefühlt.

Ich lief, nein, schritt vor ihm auf und ab. Plötzlich machte ich einen stocksteifen Rücken, hob das Kinn wie die SS-Männer und begann ihn zu inspizieren. Ich fummelte an seiner Armbinde herum und kontrollierte, ob das Gelb abfärbte. Zur Sicherheit wischte ich meine Hand an seiner Schulter ab und bleckte die Zähne.

Bei Affen ist das ein Zeichen für Aggression.

Dasselbe galt für mich.

Ich zerrte an seinem Gürtel, holte seine schwarzlederne Peitsche aus dem Futteral und betrachtete die Waffe von allen Seiten. Ich ließ sie auf meine Hand niedersausen und wandte mich dem Häftling zu, den ich gerade untersucht hatte. Ich schnitt wieder eine Grimasse in Richtung Publikum, ging auf mein Opfer zu und drohte ihm mit Schlägen. Es wich erschrocken zurück. Ich grinste. Danach schlug ich mir erneut auf die Hand, diesmal viel zu fest. Meine Mimik erstarrte. Jetzt wagte das Publikum zu lachen. Ich drehte mich drohend zu dem Kapo um. Der versuchte Haltung zu bewahren, allerdings ohne großen Erfolg.

Ich weidete mich regelrecht an ihm.

Er war einen halben Kopf größer als ich. Ich zeigte verstimmt auf meine verletzte Hand, baute mich vor ihm auf und berührte mit meiner Nase sein Kinn. Plötzlich machte ich einen Buckel wie eine Katze, woraufhin er erschrocken zusammenfuhr. Schnell trat ich einen Schritt zurück, kicherte und zog vor ihm den Hut, damit ich mir nicht seine Wut zuzog und die Kontrolle behielt. Ich bedankte mich mit einer höflichen Verbeugung beim Publikum und zeigte auf den Kapo, um ihn in den Applaus mit einzubeziehen. Ich wollte verhindern, dass er seinen Unmut an den anderen Häftlingen ausließ.

Ich ging breit grinsend rückwärts und winkte zum Abschied mit dem Spazierstock. Kurz sah ich mich verdutzt um, als sei mir diese Umgebung nach wie vor unbegreiflich, und zog mich dann ins Zimmer des Blockältesten zurück. Ganz zum Schluss ließ ich meinen Stock noch einmal sehen und schloss die Tür.

Stille. Anschließend wurde auf Fingern gepfiffen, und es ertönte ein schwacher Applaus, der zu den geschwächten Gestalten passte – sie konnten einfach nicht lauter klatschen. Ich wartete kurz und kehrte dann ohne den Stock, aber mit der Melone in der Hand als Ernst Hoffmann zurück. Verbeugte mich und genoss in aller Bescheidenheit, den Beifall so wie sich das gehört. Sogar der Kapo klatschte, was blieb ihm auch anderes übrig? Auf einer der Pritschen saß ein lächelnder Muselmann. Ein Wunder war geschehen! Er ließ die Beine baumeln wie ein Kind, das auf einem zu hohen Stuhl sitzt.

Ich bat die Anwesenden um Ruhe und verlangte einen Dolmetscher vom Deutschen ins Polnische. Ein Junge trat zögernd vor. Er hieß Tadeusz.

»Ich freue mich, Sie hier zu sehen«, sagte ich. »Es ist mir eine Ehre. Und ich möchte nicht, dass es bei dieser einen Vorstellung bleibt.«

Tadeusz übersetzte. Ich schätzte die Anzahl der Polen auf zwanzig Prozent. Mit meinem Dolmetscher erreichte ich den Großteil der Barackeninsassen. Es machte mir Spaß, die Menschen zu siezen.

»Was halten Sie davon, wenn wir eine neue Lagerregel einführen? *Jeden Tag ein Lacher?* Nach dem Abendappell erzählt jemand einen Witz, einen komischen Vorfall, eine Erinnerung oder eine Anekdote mit dem einzigen Ziel, dass wir darüber lachen können. Der Beste bekommt vom Blockältesten ein Stück Brot oder Wurst, ganz nach dem Motto ›Überleben mit Humor‹.«

Alle schwiegen. Sie trauten mir nicht – sie trauten nichts und niemandem.

»Soll ich den Anfang machen? Wer möchte einen Witz hören?«

Einige nickten zustimmend. Ich legte einfach los.

»Hitler kommt zu einem Rabbi und fragt ›Warum verläuft der Krieg im Moment nicht nach Wunsch?‹

›Das liegt an den jüdischen Generälen‹, sagt der Rabbi.

Der Führer sieht ihn erstaunt an. ›Jüdische Generäle? Die haben wir doch gar nicht?‹

›Nein, aber die anderen.‹

Leises Gelächter, mehr nicht.

Ich bat um einen ersten Beitrag. Ein etwa siebzehnjähriger Junge wurde von einigen Kameraden nach vorn geschubst. Er hatte eine Schnittwunde am Hals. Mit gesenktem Kopf trat er neben mich und stellte sich als Janusz Kowalski, Nummer 85928 vor.

»Dass ich in dieses Lager geschickt wurde, liegt daran, dass ich Sinn für Humor hatte«, sagte er. Der Saal reagierte amüsiert. Ich schwieg und ließ die Stille für uns arbeiten. Janusz sah mich an.

»Da sieht man's mal wieder«, sagte ich. »Humor bringt die Menschen zusammen.« Die Ironie verfing nicht. Ich fragte, was er angestellt habe.

»Im Gemeindehaus war ein Hitlerporträt aufgehängt worden«, sagte er. »Ich hab mit meinen Freunden um eine Flasche russischen Wodka gewettet, dass ich aus Hitlers schmalem Bärtchen einen Walrossbart mache.«

»Und, hast du's getan?«

Er nickte.

»Der Führer sah also aus wie Stalin?«

Er nickte erneut.

»So etwas ist nicht ungefährlich, Janusz.«

Er lachte laut auf. Das dürfte ihm inzwischen ebenfalls klar geworden sein.

»Wie war der Wodka?«

»Den habe ich noch gut. Ich wurde erwischt. Nach einer Woche im Gefängnis schickte man mich hierher.«

Ich dankte ihm, und Janusz bekam kurzen Applaus. Ich bat um einen weiteren Beitrag.

Nichts.

»Kennt jemand einen Witz?«, fragte ich.

Zögernd kam ein mageres Männlein auf mich zu, Ariel aus Antwerpen. Er legte sofort los, als hätte er keine Zeit zu verlieren. »Ein Mann wird von der SS gehenkt. Der Offizier bietet ihm eine letzte Zigarette an. ›Nein danke‹, sagt der Mann. ›Ich versuche, das Rauchen aufzugeben.‹«

Überall nur ein müdes Lächeln.

Er kehrte schnell wieder an seinen Platz zurück. Das war ein alter Witz, doch ich war froh, dass er mitgemacht hatte.

»Noch jemand?«

Im Saal blieb es still. Als über den Gewinner abgestimmt wurde, lag Janusz mit Abstand in Führung. Mir fiel auf, dass so gut wie jeder die Hand hob. Das bestätigte mich darin, dass die Anteilnahme groß war. Janusz würgte sein Brot auf einmal hinunter.

Ich war müde. Genauso müde wie damals, als ich versuchte, meinem alten Herrn das Leben etwas leichter zu machen. Jetzt stand ich tatsächlich in einem Saal voller Väter.

13

Während ich auf der Baustelle grub und schaufelte, war ich in Gedanken stets bei Helena: Ich stellte mir vor, wo wir nach dem Krieg wohnen, wie viele Kinder wir haben und wie unsere Söhne und Töchter heißen würden. Fromme, durch nichts gerechtfertigte Wünsche. Außerdem suchte ich in meinem Gedächtnis nach Stoff für unsere Abende. Welche Witze, Sketche und Lieder waren erfolgreich gewesen? Und das so lange, bis ich von Müdigkeit übermannt wurde, meist so gegen Mittag. Von da an musste ich meine ganze Kraft zusammennehmen, um den Tag zu überstehen.

Und die Deutschen? Die waren ihrerseits höchst kreativ, wenn es darum ging, sich Schikanen auszudenken, mit denen sie ihre nichtarischen Mitmenschen so tief wie möglich erniedrigen konnten. Die Hundebrigade hatte die deutschen Schäferhunde scharfgemacht und auf unsere gestreiften Jacken abgerichtet. Mit geifernden Mäulern und irren Blicken griffen die Bestien uns an, schnappten nach unseren Geschlechtsteilen. Ein SS-Mann rief seinen Hund ›Mensch‹. Als er das Tier auf einen Häftling hetzte, rief er, »Mensch, fass den Hund!« Seine Kollegen lachten sehr darüber.

Am Abend nach der Premiere trat ich erneut auf. Es war voll in der Baracke. Der Ofen brannte – ich roch brennendes Birkenholz. Wie immer war die lange Betonbank mit feuchten Hosen, Jacken, Hemden und Fußlappen bedeckt. In den Gesichtern vieler Häftlingen entdeckte ich Trauer, Lethargie und Argwohn. War es nicht naiv, Menschen, in denen alles abgestorben war, durch ein Lachen wiederbeleben zu wollen? Sollte ich sie nach einem mörderischen Arbeitstag nicht einfach in Ruhe lassen? Ein großer Mann war gerade dabei, seine Jacke zu entlausen. Als er mich sah, lachte er kurz auf. Andere begannen leise und langsam zu klatschen. Ich fasste wieder Mut. Für diejenigen, die am Vortag nicht dabei gewesen waren, erklärte ich kurz den Einsatz: ein Lachen. Nicht mehr und nicht weniger.

Mein polnischer Dolmetscher Tadeusz stand bereits neben mir. Ein Mann trat vor, ein Italiener namens Roberto. Er genoss die Aufmerksamkeit sichtlich, konnte sich aber sprachlich schlecht mitteilen. Man verstand nur, dass er und sein Arbeitskommando vor einiger Zeit gezwungen worden waren, sich im Krankenrevier Blut abnehmen zu lassen.

»Warum?«, fragte ich. »Für wen?«

»Blut! Für Wehrmacht. *Fronte orientale. Contra i russi!*«

»Wenn ich das richtig verstehe, versuchen die Deutschen also mit jüdischem Blut den Krieg gegen die Russen zu gewinnen?«

Er starrte mich kurz an, seine Miene hellte sich auf, und er sagte heftig nickend: »*Si! Si!*«

Während ich mich bei Roberto bedankte, machte er noch eine elegante Verbeugung nach links, nach vorn und nach rechts.

Ich schaute in den Saal. »Blut für die Deutschen. Ich weiß nur nicht, ob wir das ausgesprochen schmerzhaft oder ausgesprochen komisch finden sollen.«

»Ausgesprochen schmerzhaft«, rief ein Mann empört. Er stand kerzengerade im Gang. Mit seinen schmalen Lippen und der hohen Stirn hatte er etwas Schulmeisterliches an sich. Wahrscheinlich war er tatsächlich Lehrer.

»Finden Sie das witzig?«, schimpfte er. »Sollen wir darüber lachen?«

»Darf man wissen, wer Sie sind?«

»Ich heiße Appel und komme aus Holland.«

»Meneer Appel, ich entscheide nicht, was witzig ist und was nicht. Darüber entscheiden wir gemeinsam.«

»Heute gab es allein in meinem Baukommando drei Opfer. Die Leute wurden brutal ermordet. Es waren gute Menschen, Freunde! Und Sie stehen hier und reißen Witze? Glauben Sie wirklich, dass wir dazu aufgelegt sind? Sie sollten sich schämen!«

Auf einmal spürte ich wieder die Anstrengungen dieses Tages.

»Wir lachen, um nicht wahnsinnig zu werden«, sagte ich. »Um uns einen Rest geistiger Gesundheit zu bewahren.«

»Ich würde eher sagen, dass es krank ist, hier Späße zu machen, während so viele Menschen um uns herum leiden müssen. Sie haben keinerlei Respekt!«

»Den haben wir sehr wohl!« Ein Mann mit Habichtsaugen und grauen, buschigen Brauen trat vor. »Sie täuschen sich, Herr Appel. Humor ist nichts weiter als die strikte Weigerung, der Tragödie das letzte Wort zu überlassen.« Wie ein professioneller Redner wandte er sich an sein Publikum. »Davon bin ich zutiefst überzeugt.«

Spontaner Applaus brandete auf. So viel Beifall hatte es noch nie gegeben. Meneer Appel zog Leine.

»Guten Abend«, sagte ich abwartend.

»Guten Abend«, antwortete der Mann mit fester Stimme. »Ich heiße Simon Lewenthal und komme aus Wien.«

»Sie finden deutliche Worte, können gut formulieren. Sie wirken wie ein Gelehrter. Ein Intellektueller.«

»Wenn Sie darunter jemanden verstehen, der über das Leben, die Menschen und darüber nachdenkt, warum sie tun, was sie tun, über die Gesellschaft und wie sie unter den gegebenen Umständen am besten organisiert oder besser gesagt reorganisiert werden sollte, bin ich in der Tat ein Intellektueller.«

»Ein Sozialist.«

»Ein Sozialist, ein Intellektueller und Jude. Und jetzt sage ich Ihnen mal was: Ich weiß nicht, woran sich die Nazis am meisten gestört haben. Aber wenn sie, wie bei mir, gleich dreimal rot sehen, hat man nicht gerade gute Karten.«

»Können Sie uns etwas Komisches erzählen?«

»Natürlich. Ich habe einen Witz über Witze auf Lager.«

»Sie wetteifern also auch um das Brot oder die Wurst für den besten Lacher. Ist das der Grund, warum Sie mitmachen?«

»Ich betrachte diesen Preis als nicht uninteressanten Nebeneffekt.«

»Dann hören wir Ihnen mal zu, Meneer Lewenthal.«

Er wandte sich wieder ans Publikum. »Meine Herren, ich weiß nicht, ob ich gut erzählen kann, aber ich kenne einen alten Witz, der den Charakter der Juden gut wiedergibt. Denn so groß das Entsetzen auch ist – das Lachen wird uns nie vergehen.«

Direkt vor mir in der ersten Reihe saßen zwei Muselmänner auf der Kante einer Pritsche. Sie schliefen nicht dort, das wusste ich, sie waren extra für mich vorgerückt. Aber ich hatte sie noch nicht lachen sehen. Sie schienen nichts mehr empfinden zu können.

Lewenthal streckte die Arme, so als würde er wie früher eine Weste und ein Hemd mit Manschettenknöpfen tragen. Ich nahm an, dass er mit einem der neueren Transporte gekommen war.

»Wenn Sie einem Bauern einen Witz erzählen, lacht er drei Mal. Das erste Mal, wenn Sie den Witz erzählten. Das zweite Mal, wenn Sie ihn erklären. Und das dritte Mal, wenn er ihn endlich begriffen hat.«

Ein paar Gefangene lachten.

»Wenn Sie einem Politiker einen Witz erzählen, lacht er zwei Mal. Das erste Mal, wenn Sie den Witz erzählen, und das zweite Mal, wenn Sie ihn erklären. Aber er wird ihn niemals begreifen. Und wenn Sie einem preußischen Offizier einen Witz erzählen, lacht er nur einmal. Denn er verbietet Ihnen, den Witz zu erklären, und natürlich versteht er nur Bahnhof. Und jetzt aufgepasst: Was passiert, wenn Sie einem Juden einen Witz erzählen?«

Er schaute feierlich in die Runde. Niemand erwiderte etwas, alle hörten bloß andächtig zu.

»Nun, mein sehr verehrtes Publikum, wenn Sie einem Juden einen Witz erzählen, sagt er, dass er ihn schon längst kennt – außerdem erzählen Sie ihn völlig falsch.«

Er machte eine perfekte Pause. Wieder Applaus.

»Kennen Sie noch einen?«, fragte ich.

»Ich kenne bestimmt hundert, mein Lieber! Aber lassen Sie mich mit einer Frage enden. An Gott.« Er sah devot nach oben, die Hände zum Gebet gefaltet. »Lieber Gott, seit rund fünftausend Jahren sind wir dein auserwähltes Volk. Dafür möchte ich dir danken. Aber ich bitte dich: Nimm jetzt um Himmels willen ein anderes! Es reicht!«

Ich klatschte. Im Gehen wandte er sich noch einmal kurz um und hob grüßend die Hand. Der Saal tobte, nur die Muselmänner auf der Pritsche blieben apathisch. Für mich bestand das Publikum jetzt nur noch aus diesen beiden Männern. Lewenthal gewann haushoch. Er hielt das Stückchen Wurst wie eine Trophäe in die Höhe und wartete mit dem Essen, bis ihn das Publikum nicht mehr sehen konnte.

Das hätte ein schöner Abschluss sein können, aber zwei Menschen musste ich noch eine Reaktion entlocken. Ich stellte mich vor sie. Lachte verführerisch. Hauchte einen Kuss in die Luft und zwinkerte ihnen zu. Einer der Muselmänner ging aus sich heraus und lächelte breit. Das war ein wunderbarer Moment – für ihn und für mich. Den anderen ließ ich in Ruhe. Er war für mich nicht mehr zu erreichen.

Wenige Tage später rief Schlomo mich in sein Zimmer. Mit triumphierender Geste legte er ein zusammengefaltetes Blatt Papier auf den Tisch. Einen Brief, in einer schönen, geschwungenen Schrift. Ich überflog die Zeilen.

Lieber Ernst,

dein Brief tut mir gut. Ich hoffe auch sehr auf ein Wiedersehen, fürchte aber, das liegt nicht in unserer Hand. Es fühlt sich komisch an, so mit dir zu kommunizieren. So als wärst du ganz weit weg. Vielleicht ist das ja auch so, denn ich bin ebenfalls weit weg. Dein Brief gibt mir Mut.

Alles Liebe
Helena

Sie lebte noch. Mit einem Mal war alle Müdigkeit wie weggeblasen. Ich weinte, jubelte und tanzte um den Tisch. Der Pole war gerührt. »Holländer ... Freudentränen sind hier nicht erlaubt.« Er stand auf und wühlte in seinem Schrank. Dann legte er einen neuen Zementsackfetzen auf den Tisch.

Ich setzte mich und schrieb hastig, ohne die Worte abzuwägen:

Liebe Helena,

wenn du von Weitem einen Schrei gehört hast, und zwar am frühen Abend des 14. April, dann stammte er von einem Mann, dem eine Frau geschrieben hat, die er liebt. Ich bin machtlos dagegen. Meine Gefühle für dich sind ebenso logisch wie unlogisch. Wenn du diesen Brief bekommst, zähle ich schon wieder die Stunden, bis du mir zurückschreibst.

Ich gehöre zu einem Baukommando, das Gräben aushebt. Ich habe hier mehrere Freunde gefunden. Und du? Wie verbringst du deine Tage? Sind die SS-Frauen genauso höflich und zuvorkommend wie die SS-Männer? Gibt es bei euch auch Zimmerservice? Ich habe schon mal so eine Aufseherin gesehen. Selbst wenn sie ein Mann gewesen wäre, hätte sie noch einen plumpen Gang gehabt! Ich würde dich zu gern zum Lachen bringen, Helena so wie die Menschen hier in der Baracke mit dem leeren Blick und dem leerem Magen. Aber irgendwann werden wir lachen, du und ich. Später.

Schreib schnell zurück. So schnell wie möglich.
Ernst

14

Ich litt an Schwindel, Kopfschmerzen und Schüttelfrost, versuchte jedoch meinen Zustand so gut es ging zu ignorieren. Es war ohnehin ein Wunder, dass mich im Winter keine Lungenentzündung dahingerafft hatte. Aber trotz der Euphorie über Helenas Brief, der komischen Einlagen und Schlomos Extrarationen hinterließen die Tage immer tiefere Spuren.

Es war ein nasser Frühling. An einem der Regentage wurde ich einem Eisenbahnkommando zugeteilt, das Gleise verlegte und reparierte. Körperliche Schwerstarbeit, von allen gefürchtet. Die Gleisschwellen wogen achtzig Kilo und rochen nach

Teer und Harz. Sogar zu viert schafften wir es kaum, eine solche Schwelle hochzuheben.

Schweinz blieb Schweinz. Seine Stimme war schon ganz heiser vom vielen Schreien, und er hatte einen hartnäckigen, bellenden Husten. Neben Armand arbeitete ich noch mit zwei Osteuropäern zusammen: mit Laszlo, einem jungen Ungarn, der nur wenig Deutsch und Russisch sprach, und mit Oleg, einem schwermütigen, drahtigen Russen. Laszlo sagte, Oleg sei ein Kriegsgefangener, ein Korporal der Roten Armee. Er war vor ein paar Monaten gefangen genommen worden. Für Oleg war jeder Tag ein Geschenk, da deutsche Kriegsgefangene von den Russen meist, ohne zu zögern, liquidiert wurden.

Gemeinsam schleppten wir die durch Schlamm und Nässe zusätzlich beschwerte Gleisschwelle an ihren Platz. Ich fühlte mich, als säße meine Schulter in einem Schraubstock. Beim Laufen stieß die Schwelle immer wieder gegen meine Schläfe und mein Ohr, was meine Kopfschmerzen verschlimmerte. Regen tropfte mir in den Nacken und lief meinen Rücken hinunter. Ich hatte einen schlechten Tag und musste mich anstrengen, meine Beine, die wie aus Watte waren, voreinanderzusetzen. Wieder dachte ich an Helena. Sie stand lächelnd am Rand. Es ging nicht darum, dass ich überlebte, sondern dass wir überlebten. Sie verschwand wieder. Ohne sie kehrten Kälte, Erschöpfung und Schmerzen mit voller Wucht zurück.

Ich taumelte. In höchster Not biss ich mir so fest auf die Zunge, dass ich Blut schmeckte. Das hatte ich von dem Russen gelernt. Der plötzliche, alles durchdringende Schmerz entfachte für einen kurzen Moment neues Feuer in meinem unterkühlten Körper – so wie ein Luftzug glimmendes Holz zum Brennen bringt. Diese letzte Energiereserve half mir, auf den letzten Metern noch einmal meine ganze Kraft zusammenzunehmen. Nach einem kurzen »Eins, zwei, drei« warfen wir die Schwelle aufs Gleisbett, das aus Lehm, Schotter und Steinen bestand. Mein Brustkorb fühlte sich an, als wäre ein Laster darübergefahren. Anschließend kehrten wir zu dem Stapel Gleisschwellen zurück: mechanisch, aber zügig genug, um keine Aufmerksamkeit zu erregen.

Gegen Ende des Vormittags bat Oleg einen SS-Wachmann um eine Pinkelpause. Sie wurde ihm gewährt. Beim Besuch der Latrine bekamen die Häftlinge einen sogenannten »Scheißbegleiter« zur Seite gestellt, meist einen Vorarbeiter, einen Handlanger des Kapos.

»Begleitung?«, fragte Oleg mit gesenktem Kopf.

»Ruski? Stalin?«, wollte der SS-Mann wissen.

Oleg nickte.

»Nein, keine Begleitung.«

Der Russe trottete zur weiter hinten gelegenen Latrine – einer tiefen Grube, über die ein paar Bretter gelegt worden waren hinter einem Holzverschlag. Er hatte die Hälfte des Weges gerade erst zurückgelegt und war noch keine dreißig Meter gelaufen, als der SS-Wachmann seinen Karabiner anlegte und schoss. Er traf Oleg in den Rücken, zwischen die Schulterblätter. Der Russe stürzte, bewegte sich aber noch. Der SS-Mann lief auf ihn zu, stieß seinen Gewehrlauf in Olegs Nacken und drückte erneut ab. Anschließend drehte er die Leiche mithilfe seiner Stiefelspitze auf den Rücken. »Hast du das gesehen, Kapo?«, rief er. »Dieser Häftling wollte fliehen! Nummer 170411. Du bist mein Zeuge.«

»Jawohl«, erwiderte Schweinz und hob den Daumen.

Wir standen zu dritt neben der Bahnlinie. Olegs Schicksal berührte mich kaum.

»Der Russe ist nicht grundlos gestorben«, bemerkte Armand. »Das Vereiteln dieser ›Flucht‹ bringt den SS-Leuten zwei Tage Sonderurlaub ein.«

Ich trat jeden Abend auf. Es kam kein zweiter Brief von Helena. Da jegliches Lebenszeichen ausblieb, gab ich mich nach jedem Arbeitstag der Verzweiflung hin, um erst bei meinem Auftritt wieder neuen Lebensmut zu schöpfen. Der fand inzwischen vor vollen Sälen statt, was allerdings nicht weiter schwer war: Mein Publikum konnte nirgendwo sonst hin, die Menschen aßen und schliefen in meinem Vorführsaal. Von Schlomo erfuhr ich, dass andere Baracken ebenfalls mit solchen Aufführungen begonnen hatten, sogar in Gegenwart der Kapos. Aber die meisten Blockältesten waren Schufte, die sich von jedem Witz angegriffen fühlten.

Als nach einer Woche endlich wieder ein zusammengefaltetes Blatt Papier auf Schlomos Tisch lag, ballte ich jauchzend die Fäuste. Der Pole wandte sich ab, war erneut gerührt.

Lieber Ernst,

ich habe mich sehr über deine Nachricht gefreut. Du hast mich zum Lachen gebracht. Ich zähle die Tage, bis wir wieder zusammen sein können.

Alles Liebe
Helena

So kurz? Ich betrachtete ihre Handschrift. Sie war alles andere als schwungvoll, sondern ungleichmäßig und zittrig.

Liebe Helena,

ich hoffe, es geht dir gut. Nach deinem letzten kurzen Brief habe ich da so meine Zweifel. Wie dem auch sei: Noch nie wusste ich Zementsäcke so sehr zu schätzen! Ich trete hier in einer Baracke vor den Häftlingen auf. Am liebsten würde ich den Appellplatz mit einer Zahnbürste sauber fegen, um dich hier als mein Publikum begrüßen zu dürfen. Aber ich tröste mich mit dem Gedanken, dass es bald ausreichend Gelegenheit geben wird, dich so richtig zum Lachen zu bringen.

Ich verfluche dieses Lager. Weil es uns gewaltsam trennt. Wie weit wir wohl voneinander entfernt sind? Ein paar Hundert Meter? Ich vermisse dich. Ich vermisse dich bereits seit dem Tag unserer Ankunft. Ich mache jetzt Schluss, Helena, denn sonst werden meine Worte so süß, dass sie fast schon wieder ungenießbar sind.

Schreib bitte zurück. So schnell wie möglich.
Ernst

Ich fragte mich, ob ich unter anderen Umständen auch so mitteilsam gewesen wäre. Wahrscheinlich nicht. Dann nämlich hätte ich die Worte aus ihrer Perspektive gelesen und mich bestimmt dafür geschämt.

An diesem Tag eröffnete ich meine Vorstellung mit einem Lied. Bisher hatte ich nicht singen wollen, weil mir ein Klavier oder eine Geige als Begleitung fehlten, doch nun änderte ich meine Meinung.

Ich habe mich bei einem Walzer verliebt
Bei dem Walzer, dem Walzer mit dir
Weil es sonst in der Welt nichts Schöneres gibt
Als den Walzer, den Walzer mit dir
Der Dreivierteltakt
Hat mein Herz gepackt
Und das schlägt dabei kräftig in mir
Ich habe mich bei einem Walzer verliebt
Bei dem Walzer, dem Walzer mit dir

Ich wollte an diesem Abend keine Witze hören, sondern erfahren, was die anderen dazu bewog, durchzuhalten. Warum hat das Leben einen Sinn? Ich betrat den »Saal« und fragte nach ihren Beweggründen. Weil der Kapo dabei war, durften sie sie mir auch ins Ohr flüstern.

»Ich will meinen Sohn wiedersehen.«
»Ich will meine Frau wiedersehen.«
»Ich will meine Frau und meine vier Töchter wiedersehen.«
»Ich will den Familiennamen Rosenblatt weitergeben.«
»Ich will mich mit meinem Vater versöhnen.«
»Ich will Vater werden.«
»Ich will mein Studium beenden.«
»Ich habe Angst vor dem Tod.«
»Ich will Zeugnis ablegen.« (Ein geflüsterter Wunsch.)
»Ich will ein Buch schreiben.«
»Ich will Rache.« (Ein geflüsterter Wunsch.)
»Ich gönne ihnen nicht den Triumph, sich über meinen Tod zu freuen.«
»Ich möchte noch einmal den Geschmack von Schokolade genießen.«
»Ich will nicht als Jungfrau sterben.« (Ein geflüsterter Wunsch.)

Mit einer solchen Offenheit hatte ich nicht gerechnet.

»Kann jemand ein Gedicht auswendig?«, fragte ich.

Keine Reaktion.

Dann trat der Kapo vor. Es war derselbe, den ich als Charlie Chaplin auf den Arm genommen hatte.

»Ich«, rief er. »Ich weiß ein Gedicht!«

»Sie mögen Lyrik«, konstatierte ich nüchtern.

»Jawohl!«, sagte er stolz. »Ich dichte selbst.«

Er raschelte mit ein paar Blättern. Nach meinem Chaplin-Sketch hatte ich von verschiedenen Seiten so einiges über ihn gehört: Er wettete gern mit SS-Leuten, wie lange ein Jude unter Wasser bleiben könne. Wenn so ein armer Kerl mit dem Kopf in eine Regentonne gedrückt wurde und ertrank, während einer bis vierzig zählt, gewann der SS-Mann. Viele Gefangene staunten, dass dieser Kapo während meines Sketches so nachgiebig gewesen war. Aber ich verstand das sehr gut: Mit Ernst Hoffmann konnte er es aufnehmen, nicht aber mit Charlie Chaplin.

Der Dichter stellte sich vor den Saal, ohne mich weiter zu beachten. »Ich wohne in Hannover!«, verkündete er. »Die deutschen Städte werden bombardiert. Ich habe Angst um meine Frau und meine Kinder. Ich habe Angst wie ein Wolf in der Nacht.«

Er legte eine kurze Pause ein. Vielleicht hatte er nach seiner ungewöhnlichen Metapher auf Applaus gehofft, aber der Saal schwieg.

»Meine Frau heißt Gretchen. Ich habe eine sechsjährige Tochter namens Gaby und einen fünfjährigen Sohn namens Wolfgang. *Wolfi*. Wegen des Krieges habe ich sie kaum zu Gesicht bekommen.

*Ich bin ein stolzer Familienmann,
der nicht ohne Frau und Kinder kann.
Aber auch ein Mann der Pflicht und Ehre,
und bis ich dann zurückkehre,
erwarten sie mich fest,
wie ein Vogel in seinem Nest.«*

Er holte tief Luft. Ich auch.

*»Während ich hier im Lager bin,
ich das Buch ›Mein Kampf‹ verschling.
Der Führer gibt mir großen Halt,
er wird siegen im Osten bald
Für unser heilig Vaterland sind wir hier,
darauf stoßen wir an mit Bier.«*

Eine kurze, schwer zu ergründende Pause entstand. Geistesgegenwärtig begann ich zu applaudieren. »Wunderschön! Bravo, bravo!«

Die Häftlinge fielen mit ein. Sie klatschten und trommelten auf die hölzernen Pritschen. Der Kapo strahlte. Er machte sogar eine unbeholfene Verbeugung. Zum Glück hatte mich das Publikum verstanden. Blieb nur zu hoffen, dass der Dichter in den nächsten Tagen ein paar Opfer weniger fordern würde.

15

Der dritte Brief wollte einfach nicht eintreffen. Beunruhigend war auch, dass ich mich so elend fühlte wie nie zuvor. Ich hatte bereits seit Tagen Fieber, und die Kopfschmerzen und der Schwindel wurden immer schlimmer. Ich trat weiterhin auf, aber mit jedem Abend fiel es mir schwerer, die nötige Energie aufzubringen. Trotzdem tat ich es. Ich hatte gelernt, die andächtige, zerbrechliche Stille, den gedämpften Applaus und das müde Lächeln auf den Gesichtern zu lieben.

Eines Abends kehrte ich halb tot in meine Baracke zurück. Armand hatte mich den ganzen Rückweg über stützen müssen. Ich glühte vor Fieber. War ich noch in der Lage, andere zum Lachen zu bringen? Ich wusste, wer mich vertreten musste: Simon Lewenthal, der rote Intellektuelle. Aber der Tag war noch nicht zu Ende. Nachdem die Suppe ausgeteilt worden war, mussten wir alle in unseren Baracken bleiben. Blocksperre. Filzlauskontrolle.

»So heißt das offiziell«, sagte Armand. Er erklärte mir, dass die Kontrolle nur ein Vorwand sei, um eine Selektion vorzunehmen: Waren wir noch arbeitsfähig? Bekam ein Gefangener einen Vermerk, brauchte er am nächsten Tag nicht zu arbeiten. Anschließend hörte man nie wieder etwas von ihm. Vielleicht verschaffte ihm die Krankenbaracke noch eine gewisse Gnadenfrist, aber nur wenige kehrten von dort zurück. *Tour Caminne,* sagte Armand. Ich hatte keine Ahnung, was er damit meinte, bis ich begriff, dass das Sprachgenie wieder einmal versuchte, Deutsch zu sprechen. »Durch den Kamin«, sagte ich. Er nickte heftig. Ja, *la cheminée:* Die Ausgemusterten gingen durch den Schornstein.

Armand musterte besorgt mein zweifellos blasses, eingefallenes, fieberglänzendes Gesicht. Er tauchte zwei Finger in seine Suppe und strich damit über meine unrasierten Wangen. Aus seinem Strohsack holte er eine große Scherbe und begann, mich so schnell und vorsichtig wie möglich damit zu rasieren. Er schnitt mich, was kaum zu vermeiden war. Die Blutstropfen verrieb er auf meinen Wangen, auf meiner Stirn, auf meinen Ohren, auf meinem Hals, überall. Anschließend rasierte er sich ebenfalls.

Die Atmosphäre war angespannt. Ein paar Pritschen weiter ohrfeigten sich zwei Gefangene. Ein bis aufs Gerippe abgemagerter Mann mit einer verschorften, fast durchsichtigen Haut ließ die Arme kreisen, als mache er seine Abendgymnastik. Sie alle bemühten sich um eine gesunde Gesichtsfarbe. Ich sah auch, wie eine Gruppe Gefangener übte, aufrecht, erhobenen Hauptes und mit forschem Blick zu laufen. Sie korrigierten sich gegenseitig. Ich lächelte über den tödlichen Ernst, mit dem dieses Spiel gespielt wurde. Aber nicht lange.

Schlomo trug seinen Tisch hinaus, neben den Eingang zur Baracke. Hatte er eine Nachricht von Helena erhalten? Nein, ich musste jetzt nur an mich denken. Kurz darauf kamen zwei SS-Männer mit Listen. Wir mussten uns ausziehen. Mit einer herablassenden Geste wurden wir einer nach dem anderen zu dem Tisch mit den Listen gewinkt. Einige in der Schlange murmelten Gebete. Einer der Deutschen, ein Arzt, stellte ein paar Fragen und untersuchte die Häftlinge kurz mit einem Stethoskop. Ich hatte nicht den Eindruck, dass er sich von dem künstlich erweckten Anschein von Gesundheit täuschen ließ. Anschließend musste der Häftling weitergehen. Der Arzt notierte etwas. Die Nummer auf dem Arm? War das ein heimliches Todesurteil?

Ich kam dem Tisch stetig näher. Mit jedem Schritt wuchs meine Nervosität. Selbst nach den öffentlichen Hinrichtungen hatte ich mich noch in der Illusion gewiegt, ein Gefangener könne sein Schicksal ein Stück weit selbst kontrollieren. Bis jetzt. Ich holte tief Luft. Einen neutralen Blick aufsetzen! Nur was war unter diesen Umständen schon neutral?

Jetzt war ich an der Reihe. Zögernd trat ich vor. Neben dem Tisch stand Schlomo. Der Arzt sah mich an oder besser gesagt durch mich hindurch, als stünde zwischen ihm und mir ein Röntgenapparat.

»Mund auf!«

Ich öffnete den Mund. Ebenso routiniert wie desinteressiert betrachtete er meine Zunge.

»Fieber?«, fragte er.

Ich schüttelte rasch den Kopf und verschwieg ihm meinen Durchfall.

Er musterte mich länger als andere. Das beunruhigte mich. Er legte das kalte Stethoskop auf meine Brust. Ich musste ein paar Mal tief durchatmen. Der Arzt sah seinen Kollegen an, sie tauschten einen einvernehmlichen Blick. Ich spürte, wie Panik in mir aufstieg, konnte mich aber gerade noch beherrschen.

»Das ist ein Neuankömmling«, sagte Schlomo. »Ein kräftiger Kerl. Ein Holländer.«

Der Arzt griff nach meinem Unterarm und las meine Nummer. Schlomo flüsterte ihm etwas ins Ohr. Der SS-Mann schürzte die Lippen und nickte kurz. Mit einer gelangweilten Geste winkte er mich weiter.

Ich zog mich wieder an und schaute mich nach Schlomo um, doch der erwiderte meinen Blick nicht.

Sobald die SS-Leute verschwunden waren, fragte jeder jeden, ob seine Nummer notiert worden sei. Hatte irgendjemand etwas gesehen? Jeder verneinte, nein, du nicht, jeder hatte die Untersuchung bestanden, obwohl jeder wusste, dass das nicht stimmte.

»Iss!«

Schlomo zeigte ungeduldig auf ein Stück Brot mit Margarine und Wurst. Ich nahm einen Bissen und kaute langsam, konnte mich kaum noch auf meinem Stuhl halten.

»Was hast du dem Arzt gesagt?«, fragte ich.

»Das ist nicht so wichtig.«

»Ich bin nur neugierig.«

»Dein Leben gegen eine gute Flasche Wein. Französischer Rotwein.« Er grinste. »Ein schlechter Tausch.«

»Ja, eine Flasche Milch hätte es auch getan.«

Er lachte.

»Wo kommt der Wein eigentlich her?«

»Aus Kanada.«

Aus Kanada. Natürlich.

»Du könntest Jude sein«, sagte ich.

Er musste laut lachen. »Ich bin katholisch, Holländer. Katholiken können ebenfalls schachern, vergiss das nicht.«

Ich stand auf. »Ich muss auftreten«, sagte ich.

»Jetzt?«, fragte Schlomo erstaunt.

»Jetzt erst recht.«

Doch schon bevor ich die Tür erreicht hatte, sackte ich zusammen. Vor meinen Augen verschwamm alles.

Erst am nächsten Morgen kam ich wieder zu Bewusstsein. Auf meiner Pritsche. Armand zog sich gerade an. Er erzählte mir, Schlomo habe mich hergebracht, die komischen Einlagen seien gestern ausgefallen.

Beim Appell konnte ich mich bloß mit größter Anstrengung auf den Beinen halten: Das Fieber war zurückgekehrt.

Schlomo verlas gefasst die Namen derjenigen, die aussortiert worden waren. Es waren fünfzehn. Einer von ihnen trat aus der Reihe. Der Kapo schrie, aber er stellte sich taub. Am Zaun drehte er sich noch einmal um, sah uns unbewegt an, zog Hemd und Jacke hoch und ließ sich rückwärts in den Stacheldraht fallen.

16

Die Flammen aus dem Krematoriumsschlot färbten die Morgendämmerung orangerot. Es war völlig windstill, sodass der grauschwarze Qualm über dem Lager hängen blieb. Asche rieselte wie grauer, fettiger Schnee auf den harten Sandboden, auf die Barackendächer und die Äste der stattlichen Pappeln. »Der einzige Weg aus dem Lager führt durch den Schornstein«, lautete ein geflügeltes Wort. Den Menschen, die heute mit einem Transport angekommen waren, blieb nicht einmal die Hoffnung.

Ich war erleichtert, dass ich nicht arbeiten musste. Schlomo hatte mich nach dem Morgenappell zur Krankenbaracke geschickt. »Es muss sein, Holländer«, sagte er. »Sonst stirbst du mit Sicherheit.« Er umarmte mich und war sichtlich gerührt. Dieser Abschied machte mir Angst, denn er schien nicht auf meine Rückkehr zu hoffen.

Ich befand mich im steinernen Herzen des Lagers – dort, wo die Kasernengebäude, die Kommandantur, die SS-Baracken und die große Lagerküche mit ihren fünf Schornsteinen waren. Vor der Baracke mit der Nummer 12, dem Krankenrevier, wartete eine lange Schlange. Ich reihte mich ein. Vor mir stand ein vornübergebeugtes Gerippe mit geschwollenen Beinen und vor dem Brustkorb verschränkten Armen. Am Rand saß ein Mann, der vor Fieber zitterte. Seine Oberschenkel waren genauso dick wie seine Unterschenkel und seine Kleider so schmutzig und verschlissen, dass man sie nicht einmal mehr als Lumpen bezeichnen konnte. Wieder ein anderer hatte anstelle eines Fußes nur noch einen blutigen Klumpen. War ihm eine Bahnschiene oder Gleisschwelle daraufgefallen? Viele Kranke wurden nach einer kurzen Untersuchung wieder zurückgeschickt. Wie schlimm musste es um einen Häftling bestellt sein, damit er aufgenommen wurde?

Endlich war ich an der Reihe. Der Häftlingsarzt, der ebenfalls eine gestreifte Lageruniform trug, saß an einem kleinen Tisch.

»Fieber?«, fragte er.

»Ja. Und Schwindel, Kopfschmerzen und Schüttelfrost.«

»Fieber und Schüttelfrost«, wiederholte er ungerührt. Er stand auf, fühlte meinen Puls und inspizierte aufmerksam meine Zunge.

»Noch einer«, sagte er zu einem Pfleger, einem einfältigen Jungen mit traurigen Augen und abstehenden Ohren. Er schickte mich weiter. »Aufnahme. Block neun.«

Ich musste zu einem weiter hinten gelegenen Gebäude gehen. Der Pfleger eilte mir voraus und öffnete die Tür. Wir liefen durch einen kalten Gang und über steinerne Treppen hinab in den Keller. Unten betrat ich einen Raum, in dem Hunderte von röchelnden, stöhnenden, wimmernden Patienten lagen. Ein beißender Gestank nach Kot, Urin und Eiter hing in der Luft. Die Kranken lagen in hintereinander aufgereihten Stockbetten, die durch eilig hochgezogene Mauern notdürftig voneinander getrennt waren. In jedem Bett erkannte ich zwei, manchmal drei oder vier Leiber, Fuß an Gesicht und umgekehrt. Der Pfleger zeigte auf die sanitären Anlagen neben der Tür: Sie bestanden aus zwei Zinkeimern, deren Boden mit Chlorkalk bestreut war.

Mir wurde die untere Etage eines an der Wand stehenden Stockbetts zugewiesen, direkt unter einem geborstenen Kellerfenster. Der Strohsack war aufgeplatzt und stank – das Stroh mit Durchfall besudelt. Der Pfleger pflückte die schmutzigsten Halme heraus und legte den Strohsack gerade hin. Ich musterte das Stroh. Läuse. Zu Tausenden. Ich kletterte über einen kranken Leidensgenossen hinweg und legte mich vorsichtig hin. Der Pfleger deckte mich mit einer grauen Rosshaardecke zu und verschwand. Ich wusste, dass es besser war, sich nicht zu kratzen.

Ich musterte den Mann neben mir. Das war kein Mann mehr, sondern nur noch ein stinkendes Gerippe. Seine verschorften Füße mit den dunkelgelben, brüchigen Nägeln stanken nach Käse. Nach schwitzendem altem Käse. Die straff über seine Schulterblätter gespannte Haut war wund, rissig und voller Läusebisse. Er richtete sich langsam auf und wandte sich mir mit erloschenem Blick zu.

»Wasser ...«, flüsterte er, ohne die Lippen zu bewegen.

»Hab kein Wasser«, sagte ich.

Er starrte mich weiterhin an wie ein Blinder. Vielleicht sah er tatsächlich nichts mehr. Dann legte er sich wieder hin. Ich begriff, warum er so stank: Er hatte eine entzündete Wunde am Arm, die provisorisch mit Löschpapier verbunden war, durch das der Eiter tropfte. Ich rutschte näher zur Wand, zu den Spinnweben und dem Schmutz, weg von diesem lebenden Toten.

Ich starrte auf die Unterseite der oberen Etage, streckte die Arme und fuhr mit den Fingerspitzen über die losen, rauen

Bretter. *Noch einer* hallte es in meinem Kopf wider. Welche Krankheit hatte ich mir eingefangen? Ich schob einen Ärmel hoch und beugte mich über das Gerippe, um im fahlen Schein einer Glühbirne meine Haut zu mustern. Zum ersten Mal sah ich rosa Verfärbungen. Ich schloss die Augen. Erst jetzt begriff ich Schlomo und verstand, warum ich dem Block der Todgeweihten zugewiesen worden war. Ich hatte Fleckfieber.

Ich versuchte zu schlafen, ohne Erfolg. Ich versuchte, mir einen Witz auszudenken. Ebenfalls ohne Erfolg. Ich hatte so hohes Fieber und mir war so elend, dass ich keinen klaren Gedanken mehr fassen konnte. Das Gejammer, der Gestank nach Kot und Wundfäule setzten mir immer stärker zu.

Wieder sah ich Helena vor mir. Wenn ich nicht jede Stunde an sie dachte, dann doch jede zweite. Stets in dem verzweifelten Bemühen, alldem hier zu entfliehen. Natürlich war das verrückt, aber das war mir egal. Helena war eine Luftspiegelung, an die ich mich klammern konnte.

Draußen war es schon hell. Ich musste kurz eingedöst und wieder aufgewacht sein, weil es mich juckte. Oder weil das Gerippe einen Albtraum hatte. Es stöhnte und murmelte etwas Unverständliches. Außerdem zuckte es. Kurz hatte ich Mitleid mit diesem hilflosen Geschöpf. Ich wollte es wecken, zog meine Hand jedoch zurück. Konnte sein Albtraum schlimmer sein als das hier?

Wenige Meter von meiner Pritsche entfernt, stand ein schwarzer Kachelofen mit einer verrußten Luke. Ein Häftling sorgte mit einem Paar Holzschuhen dafür, dass das Feuer nicht ausging. Wahrscheinlich stammten die Pantinen von einem Toten.

»Doktor?«

Überrascht blieb er stehen und sah sich nach der holländischen Stimme um. Jetzt war ich mir sicher: Es war der

Hausarzt aus dem Viehwaggon, dem ich meinen Wintermantel geliehen hatte. Doktor Levi. Ohne grauen Backenbart, ohne Elfenbeinspazierstock, aber mit Brille.

»Meneer Hoffmann«, sagte er leise. »Ich habe Sie gar nicht erkannt.«

Ich versuchte, mich aufzurichten. »Ich dachte, Sie wären …«

»… tot«, vervollständigte er freundlich meinen Satz. Er ging in die Hocke und legte die Hand auf den Rand der Pritsche. »Hier herrscht großer Ärztemangel. Ich konnte sofort anfangen. Fieber?«

»Ja. Ich glaube, es ist Fleckfieber.«

Er fühlte meine Stirn und inspizierte kurz meine Zunge. Er ließ sich nichts anmerken, leugnete die Diagnose aber auch nicht.

»Wie lange liegen Sie hier schon?«

»Seit heute Morgen.«

»Haben Sie irgendetwas bekommen? Tabletten?«

»Nein.«

»Ich kann Ihnen ein halbes Aspirin geben, andere Medikamente haben wir nicht. Ich versuche, etwas zu organisieren.«

Ich nickte.

»Kennen Sie Helena?«, fragte ich.

»Helena, Ihre Frau?«

»Sie war mit uns im Waggon. Dunkle, lange Haare.«

»Meinen Sie die junge Frau, die die *Hatikva* gesungen hat?«

Ich schöpfte neue Kraft. »Haben Sie sie auch gehört?«

»Sie sang ganz leise, aber ich habe ihr voller Bewunderung zugehört.«

»Haben Sie sie gesehen? Hier im Lager?

Schweigen.

»Ich weiß nicht, wie es ihr inzwischen geht. Sie müssen sich ausruhen. Ich werde versuchen ...«

Ich packte ihn. »Ich muss es wissen, Doktor. Ich muss es wissen.«

Er schüttelte den Kopf. »Ich kann nichts dazu ...«

»Sie verstehen das nicht! Ich *muss* es wissen.«

Er sah mich traurig an. »Ich habe in mehreren Krankenbaracken zu tun. Auch in Frauenbaracken.«

»Sie haben sie gesehen.«

»Sie wissen, dass überall im Lager Fleckfieber grassiert.«

»Haben Sie sie gesehen?«

»Ja.«

»Sie lebt noch. Sie lebt noch, oder?«

Ich sah seine Traurigkeit und Niedergeschlagenheit. Ich drehte mich um, schrie mit offenem Mund, heiser und stumm, und schlug mit den Fäusten gegen die Steinmauer. Dann ließ ich mich zurückfallen und döste ein.

An die folgenden Tage vermag ich mich kaum zu erinnern. Meine Abwehrkräfte schienen aufgebraucht zu sein. Ich hatte die Krätze. Sie juckte noch schlimmer als die Läuse. Blut und Durchfall tropften durch die Bretter nach unten auf meine Decke. Ich stellte es fest, mehr nicht.

Ich sah sie lächeln wie die Leiche in der Baracke an einem meiner ersten Abende. Sie stand strahlend vor mir. Ich spürte nichts mehr, nicht einmal Schmerzen oder Jucken. Während ich auf sie zuging, erkannte ich, wie sie langsam verblasste, immer magerer und faltiger wurde, bis sie als alte Muselfrau vor mir stand. Ich umarmte sie, doch sie reagierte nicht.

Ich schrak schweißnass aus dem Schlaf. Es war Nacht – zumindest fiel kein Licht durch das kleine Fenster. Das grelle

Licht einer Taschenlampe glitt über die Wände der Baracke. Ich erstarrte. Plötzlich bemerkte ich einen Mann in einem weißen Kittel, der sich über das Gerippe beugte. Er hatte eine Spritze in der Hand. Auf einmal war mein ganzes Elend vergessen. Er schob den Schlafanzug des Kranken hoch, rammte ihm die Nadel in die Brust und drückte den Kolben langsam herunter. Ein Medikament? Mitten ins Herz? Der Arzt ging weiter.

Aufgrund des Fiebers war mir, als sähe ich alles wie aus weiter Ferne wie durch ein umgekehrtes Fernglas, aber dieser Vorfall machte mich noch nervöser. Ich konnte nicht mehr schlafen. Vorsichtig berührte ich den Fuß des Gerippes. Er fühlte sich steif und kalt an. Nach einiger Zeit kam wieder eine Gestalt durch die Reihen, diesmal mit einem Schubkarren. Ich folgte ihr mit meinen Blicken. Sie rüttelte an einem Körper. Er bewegte sich. Die Gestalt lief weiter, schaute nach links und nach rechts. Wonach suchte sie? Bei meiner Pritsche blieb sie stehen. Ich gab vor zu schlafen. Sie schüttelte das Gerippe. Es reagierte nicht. Die Gestalt beugte sich vor und lauschte, ob der Kranke noch atmete. Anschließend packte sie die Knöchel des Gerippes und wuchtete es auf ihren Schubkarren. Es war ein Leichenträger! Ich spürte eine Hand auf meiner Schulter. Ich starrte dem Leichenträger mitten ins Gesicht. Er lächelte verlegen, nickte und ging weiter. Er nahm noch ein paar Leichen mit, bis seine Schubkarre voll war. Anschließend verschwand er wieder.

Ich hörte Geigenmusik. Aus weiter Ferne. Die wehmütigen, melodiösen Klänge hatten hier nichts verloren. Träumte ich? Oder wurde ich langsam meschugge?

Manchmal merkte ich, dass jemand kam. Er legte mir eine Tablette auf die Zunge und zwang mich, etwas zu trinken, das nach Trauben schmeckte. Meist drang das erst richtig zu mir durch, wenn derjenige bereits weg war. Nur der süße Geschmack blieb. Anschließend überließ ich mich wieder den Gedanken und Bildern, die wie ein nie versiegender Strom an meinem inneren Auge vorbeizogen.

Eines Tages wachte ich auf. Ich fühlte mich klarer im Kopf, nicht mehr so unruhig. Ich wusste, wo ich war. Auf dem Krankenrevier. Ich lebte noch, Helena nicht.

Tief Luft holen.

Das fiel mir schwer in dieser stinkenden, verbrauchten Luft. Ich hatte Kopfschmerzen, doch mein Fieber war gefallen. »So, Meneer Hoffmann, Sie sind wieder unter uns.« Doktor Levi.

Ich schwieg.

»Sie haben fünf Tage lang zwischen Leben und Tod geschwebt«, fuhr er fort. »Zitternd und schreiend. Das Schlimmste ist jetzt überstanden. Ich habe Ihnen ein Medikament gegeben, das eigentlich für SS-Offiziere reserviert ist, aber für Sie haben wir eine Ausnahme gemacht.«

»Warum?«, fragte ich.

»Sie wissen, warum.«

Meinte er die Jacke im Waggon? Hätte ich sie ihm bloß nie gegeben!

Levi zögerte. »Und noch etwas: Ich habe den Deutschen gesagt, dass Sie ein bekannter Komiker sind. Dass Sie eine Vorstellung im Viehwaggon gegeben haben. Der Offizier sagte irgendwas von wegen »Jeden Tag ein Lacher«, ohne dass ich verstand, was er damit meinte. Sie nehmen mir das hoffentlich nicht übel, doch das ist der Grund, warum Sie die besten Medikamente bekommen haben. Der Lagerkommandant möchte Sie sehen. Er heißt Müller.«

Ich hustete. »Der Lagerkommandant? Was will denn der von mir?«

»Das weiß ich nicht.«

»Dann schicken Sie ihn ruhig mal vorbei. Ich muss zwar erst noch die anderen fragen, aber mir ist er willkommen.«

Er lächelte. »Dass Sie wieder Witze machen, ist ein gutes Zeichen.«

»Das war sarkastisch gemeint.«

»Auch das ist ein Witz. Machen Sie sich keine Sorgen: Hierher verirrt sich in der Regel kein SS-Mann. Sobald Sie wieder ganz gesund sind, suchen Sie ihn auf.«

17

Eine Stunde später durfte ich das Inferno verlassen. Wegen der Ansteckungsgefahr kam ein Besuch beim Kommandanten noch nicht infrage. Mithilfe des »Pflegers« wurde ich in den Schonungsblock gebracht, an den Ort, wo ich mich zunächst gemeldet hatte. Ich wurde gewaschen und gereinigt – ganz behutsam unter einer warmen Dusche – und anschließend sorgfältig trocken gerieben. Ohne Schelte, ohne Schläge.

Der Pfleger brachte mich in einen Saal, diesmal war es ein richtiger Krankensaal. An der Wand standen ordentlich gezimmerte Holzpritschen. Ich roch Karbol, den typischen Desinfektionsmittelgeruch eines Krankenhauses, vermischt mit dem Duft nach brennendem Holz. Auf dem Granitboden stand ein mannshoher Ofen mit braunorangen Keramikkacheln, die in der Sonne glänzten.

»Block neun ist die Fleckfieberbaracke«, sagte der Pfleger. Mir fiel auf, dass ich zum ersten Mal seine Stimme hörte.

»Wir nennen ihn »die Scheißerei«. Neun von zehn sterben dort. Unten befindet sich ein Krankenrevier für Häftlinge mit weniger ansteckenden Krankheiten. Knochenbrüche, Lungenentzündung oder Erfrierungserscheinungen. Die Überlebenschancen sind besser.«

»Und für wen ist dieser Saal hier?«

»Für Prominente, aber nicht für welche von der SS.«

Ich lag hier also mit Kapos und Blockältesten.

Der Pfleger holte einen Kleiderstapel aus einem Metallspind und legte ihn auf die schmale Pritsche. Endlich ein Bett für mich allein! Ich bekam Brot und ein kleines Stück Salami. Ich hatte wieder Appetit und schlang die Nahrung hinunter.

Nach dem Essen beschloss ich, mich auszuruhen. Es war schon Abend. Ich dachte an Müller. Warum wollte der Kommandant mich sprechen? Warum war es plötzlich nicht mehr egal, ob ich tot war oder noch lebte? Er war Helenas Mörder. Mir wurde schlecht bei dem Gedanken, dass ich ihm ausgeliefert war. Gleichzeitig war das meine Chance, etwas für die Kinder des Diamantenhändlers zu tun. Aber dafür musste ich vor meinem Besuch erst noch bei meiner Baracke vorbeischauen. Wie sollte ich sonst an den Diamanten kommen?

Plötzlich entdeckte ich einen alten Bekannten. Ich hatte ihn vorher nicht erkannt. Auf der anderen Seite des Saals lag unter dem Fenster Kapo Heinz – *Schweinz,* der Schlächter des Baukommandos. Er war dünner geworden, doch die Ähnlichkeit mit einem Schwein war nach wie vor unverkennbar. Mir wurde noch unbehaglicher zumute. Ob er mich wohl erkannte? Wahrscheinlich nicht. Er rechnete hier bestimmt nicht mit Juden.

Doktor Levi kam herein. Er machte seinen Rundgang. Bestimmt zwanzig Patienten lagen hier. Durch seine Brille warf er einen flüchtigen Blick auf die Patientenakte, stellte eine Frage und notierte etwas. Er war freundlich und distanziert zugleich. Wahrscheinlich eine Berufskrankheit. Ärzte erheben sich gern über ihre Patienten. Man kommt sich schnell überlegen vor, wenn man in der Lage ist, den Tod hinauszuschieben, und sei es auch nur für kurze Zeit.

»Meneer Hoffmann, wie geht es Ihnen?«

»Gut. Sehr gut. Ich bin jetzt ein Patient dritter Klasse.«

Er grinste, untersuchte meine Zunge und fühlte meinen Puls.

»Doktor, sehen Sie den Mann mit dem Schweinsgesicht unter dem Fenster? Was hat er?«

»Warum wollen Sie das wissen?«

»Reine Neugier.«

»Ich darf Ihnen über seinen Zustand keine ...«

»Ich kenne ihn. Es ist ein Henker.«

Er zögerte, schaute aber trotzdem in seinen Unterlagen nach. »Heinrich Heinz. Kapo. Lungenentzündung.«

»Vielleicht kann ich diesem Patienten ›helfen‹.«

Er sah mich streng an. »Bei so etwas mache ich nicht mit, Meneer Hoffmann. Egal, was Sie vorhaben! Das werden Sie sicherlich verstehen.«

»Das ist ein Vernichtungslager, Doktor.«

»Darf ich Sie daran erinnern, dass ich den hippokratischen Eid geschworen habe?«

»Darf ich Sie daran erinnern, dass dieser Mann mit seinem Knüppel unzähligen Menschen den Schädel eingeschlagen hat? Wenn er sich wieder erholt, macht er einfach damit weiter.«

Ein bedrückendes Schweigen entstand.

»Hören Sie mir gut zu«, sagte Doktor Levi mit unterdrückter Wut. »Sie brauchen mir nichts über dieses Lager zu erzählen. Es gibt hier SS-Leute, die sich Ärzte schimpfen und die Neuankömmlinge selektieren. Im Keller stapeln sich die Leichen. Ich habe gesehen, wie sie Menschen gezwungen haben, in ein Becken mit eiskaltem Wasser zu steigen. Und zusahen, wie lange sie durchhielten. Das sind keine Ärzte, das sind Verbrecher! Was wollen Sie? Dass ich mich auf deren Niveau hinabbegebe?«

»Erzählen Sie das später auch den Angehörigen der Opfer, die er noch auf dem Gewissen haben wird?« Ich wagte mich ganz schön weit vor, doch seine frommen Worte widerstrebten mir.

»Ich kann das erklären.«

»Hoffentlich können sie mit Ihrer Erklärung weiterleben. Hoffentlich können Sie damit leben.«

»Ich bin kein Mörder!«

»Nichts zu tun, ist auch eine Entscheidung, Herr Doktor.«

»Sie wollen ihn tot sehen. Und dann? Wollen Sie sie alle ermorden? Alle diese Menschen hier? Wo fängt es an, und wo hört es auf, Meneer Hoffmann?«

»Das ist eine wichtige Frage, das sehe ich genauso. Aber man kann das Recht auf Leben auch verwirken. Ich weiß nicht, ob ich damit richtigliege, Herr Doktor, nur entspricht das meiner festen Überzeugung. Was Sie tun, müssen Sie selbst wissen.«

Er stand langsam auf und verließ den Saal.

Ich hörte erneut eine Geige. Das konnte kein Zufall mehr sein.

Ich kletterte von der Pritsche und betrat den Flur. Ein kleiner, lachender Mann mit einem schwarzen Schnurrbart lief in einem dunklen Mantel beschwingt durch den Gang und spielte etwas von Beethoven – vermutlich aus seinem Violinkonzert. Ich sah ihm nach, sah ihn davoneilen, sah, wie sich die Türen für ihn öffneten, sah, wie die Menschen ihn anschauten. Er lief zum Krankensaal. Ich hörte ihn aus der Ferne.

Der Pfleger entdeckte mich und erschrak. Er ermahnte mich, in den Saal zu meiner Pritsche zurückzukehren. »Im Gang erkälten Sie sich.«

»Wer ist dieser Mann?«, fragte ich.

»Das ist Jakob, ein Zigeunermusiker. Er darf sich mit seiner Geige frei im Lager bewegen. Meist geben wir ihm ein Stück Brot oder eine Schale mit Suppe. Angeblich soll er seine Familie verloren haben: seine Frau und seine vier Kinder, außerdem andere Verwandte. Er ist ganz allein, hat niemanden mehr, nur noch seine Musik. Jetzt spielt er jeden Tag Geige, immer nur Geige.«

»Auch in der Baracke, in der das Fleckfieber herrscht?«

»Ja. Und er wird nie krank.«

Ich lag wieder auf meiner Pritsche. Hätte ich die verdammte Geige bloß nie gehört! Früher oder später sterben wir hier alle, genau wie Helena. Hoffnung zu spenden ist ein Verbrechen.

18

Ich schluckte auch weiterhin Tabletten. Obwohl Fieber, Kopfschmerzen und Schwindel nachließen, erholte ich mich nur langsam. Zu meinen Zimmergenossen hatte ich kaum Kontakt. Ich ignorierte sie. Einmal konnte ich mich nicht beherrschen: Ein Kapo und ein Blockältester rauchten eine Zigarette am offenen Fenster und unterhielten sich über die

Unverzichtbarkeit von strengen Regeln im Lager. »Alle Juden sind von Grund auf schlecht und verdorben«, sagte der Kapo barsch.

»Dasselbe gilt für sämtliche Eskimos«, sagte ich von meiner Pritsche aus.

Er sah mich überrascht an. »Wieso denn Eskimos?«

»Wieso Juden?«

Gegen Ende des vierten Tages hielt ein Laster neben der Krankenbaracke. Ein SS-Unteroffizier und ein Kapo stiegen aus. Vier Gefangene luden hastig und unter den lauten Flüchen des Kapos zehn Leichen aus. Sie wurden nebeneinandergelegt. Wahrscheinlich waren sie bei einem Arbeitskommando ums Leben gekommen. Kein einziger Körper war unverletzt. Ich sah Geschwüre, Blutergüsse, blauviolette Flecken und offene Wunden. Ich konnte mich einfach nicht an die verkrampften Gesichter der Toten gewöhnen.

Eine elfte Leiche wurde mit großem Tamtam vom Wagen gehoben und in einiger Entfernung von den anderen vorsichtig auf den Boden gelegt. Merkwürdigerweise handelte es sich dabei ebenfalls um einen Häftling. Er trug als Einziger noch seine gestreifte Lagerkleidung. An seiner linken Schläfe klaffte eine tiefe Fleischwunde, sein ganzes Gesicht war mit schwarz geronnenem Blut beschmiert. Ein SS-Mann kam mit einer Kamera. Er machte sich Notizen und fotografierte die elfte Leiche. Die anderen zehn würdigte er keines Blickes. Was war hier los? Vorsichtig machte ich das Fenster einen Spaltbreit auf. Doktor Levi gesellte sich zu der Gruppe.

»Was ist?«, fragte er.

»Wir vermuten, dass dieser Häftling umgebracht wurde«, sagte der Kapo mit Nachdruck.

Der Arzt bückte sich und untersuchte die Wunde.

»Das war kein Selbstmord«, hörte ich ihn sagen. Mir war, als scherzte er, doch Humor wäre bei diesen Leuten verschwendet. Doktor Levi zeigte auf die zehn anderen Leichen. »Wollen Sie, dass ich die auch untersuche?«

Der Kapo grinste. »Nicht nötig. Diese Hunde wollten nicht arbeiten. Sie sind eines natürlichen Todes gestorben.«

Ich sah den Ekel auf Levis Gesicht.

»Wie ist dieser Häftling umgekommen?«, fragte der SS-Unteroffizier barsch.

»Schwer zu sagen«, antwortete der Doktor. »Aber wenn ich mir diese tiefe Schnittwunde so anschaue, könnte sie von einem Schaufelhieb stammen.«

»Mord also.«

»Ja. Höchstwahrscheinlich.«

»Kapo! Bist du dir sicher, dass du diesen Häftling nicht angefasst hast?«

»Bestimmt nicht. Und wenn, nehme ich meinen Knüppel.«

Der Unteroffizier ließ die Bemerkung auf sich wirken. Anschließend zog er seine Pistole und wandte sich an die Gruppe der Häftlinge, die mit dem Laster gekommen war.

»Wer war das?«

Sie starrten schweigend zu Boden, die Mützen in der Hand. Mit einer schnellen Bewegung lud der SS-Mann seine Luger, zerrte grob einen Häftling nach vorn und hielt ihm die Pistole an die Schläfe.

»Wer war das?«, wiederholte er.

Der Mann begann zu zittern. »Ich weiß es nicht, Herr, ich weiß es nicht! Ich hab nichts gesehen! Ich ...«

Peng.

Der Mann sackte in sich zusammen. Die anderen wichen zurück. Doktor Levi erstarrte. »Das können Sie doch nicht machen!«

»Was? Was kann ich nicht machen?!« Der Schütze zielte jetzt auf die Stirn des holländischen Arztes. Der wurde blass. Der SS-Mann packte den nächsten Häftling.

»Wer war das?«

Der Mann begann zu zittern und schüttelte den Kopf.

Peng.

Der Nächste.

Peng!

Der Nächste.

Peng!

Resolut steckte der SS-Mann die Pistole zurück in ihr Holster und machte eine kurze Geste in Richtung der Leichen.

»Wegbringen.«

Am nächsten Abend machte Doktor Levi seine tägliche Runde durch den Krankensaal. Er flößte ein paar Patienten Tabletten ein, darunter auch Schweinz. Zu mir kam er zuletzt. Heimlich legte er eine Spritze unter meinen Strohsack und fühlte meinen Puls. »Ihr Kapo schläft gleich wie ein Stein«, sagte er leise. »Eine Luftblase in die Vene genügt. Das ist mein Beitrag. Ich hoffe, Sie wissen, was Sie tun.«

Ich konnte nicht schlafen und wartete, stundenlang. Würde ich das über mich bringen? Konnte ich noch zurück? Durch das Gespräch mit dem Arzt hatte ich mich in eine unmögliche Lage gebracht. Ich sah noch das Entsetzen in den Augen des Jungen vor mir, den man gezwungen hatte, seinen Vater zu ermorden, sah, wie Schweinz mit seinem Knüppel in die Grube hinabstieg. War ich jetzt genauso ein Ungeheuer? Kann man auf solche Ungeheuerlichkeiten nur mit neuen Ungeheuerlichkeiten reagieren? *Nicht nachdenken!* Hier lagen Männer, die unzählige Leben vernichtet hatten, ohne jeden Skrupel, ohne Gewissensbisse.

Wie konnte ich verhindern, dass ich erwischt wurde? Ich musste mir einen weißen Arztkittel überziehen. Im Dunkeln würde man mich für einen Arzt halten. Einer der Kittel hing im Gang. Ich drückte vorsichtig die Klinke herunter, öffnete die Tür und griff von der Schwelle aus nach dem Kittel. Ich zog ihn hastig an und schloss vorsichtig die Tür, aber nicht vorsichtig genug: Das Fenster klirrte. Ich spitzte die Ohren, hörte aber nichts als Schnarchen.

Ich holte die Spritze unter meiner Matratze hervor und berührte die spitze Nadel mit dem Zeigefinger, versteckte die Spritze in meiner Hand und lief zu Heinz' Pritsche. Dort lag er, der Mistkerl, er hatte mir den Rücken zugekehrt. Vorsichtig schlug ich die Decke zurück. Er murmelte etwas und machte schmatzende Geräusche. Ich hielt den Atem an, aber er schnarchte weiter.

Jetzt musste ich nur noch die Nadel in eine Vene rammen und Luft injizieren. Eine solche Macht über Leben und Tod war eine berauschende Erfahrung.

Jetzt.

Ich musste es tun. Für Helena.

Jetzt.

Ich wollte schreien und ihm die Nadel in die Vene jagen, einfach nur schreien, bis es vorbei war.

Ich tat es nicht.

Ich wankte zu meiner Pritsche zurück, steckte die Spritze in meine Tasche und ließ mich auf die Strohmatratze fallen. So blieb ich bestimmt eine Viertelstunde lang liegen. Müde und erschöpft. Ich hatte die Erregung gespürt, die von einem Besitz ergreift, wenn man die Macht besitzt, jemanden zu töten. Aber ich besaß nicht den Mut dazu.

Und dann fiel mir plötzlich eine Lösung ein, die besser zu mir passte.

Ich kletterte wieder von meiner Pritsche herunter, öffnete die Tür und betrat barfuß den Gang. Der Granitboden war eiskalt. Ich hörte das Brummen eines Generators, ansonsten herrschte Stille. Rasch ging ich zum Treppenhaus und nahm die Treppe nach unten. Instinktiv erriet ich, dass sich die Totenkammer am Ende des Kellergangs befand. Tatsächlich war die Tür nicht abgeschlossen. Ich zwängte mich hinein.

Hier drinnen war es kühl. Eines der Fenster stand offen und klapperte im Wind. Im Mondschein sah ich bestimmt zehn bis auf die Knochen abgemagerte Leichen, die wild übereinandergestapelt waren. Sie wurden hier für eines der Krematorien aufbewahrt, später würde ein großer Lastkarren des Himmelfahrtkommandos sie abholen. Unangenehmer Verwesungsgeruch hing in der Luft. Was kaum überraschen konnte. An die Totenkammer der Fleckfieberbaracke wollte ich gar nicht erst denken.

Ich brauchte eine Leiche. Eine frische Leiche. Am besten einen Muselmann. Vorsichtig zerrte ich die oberste vom Stapel. Der Mann wog nicht viel, und er sah noch jung aus. Sein Alter war schwer zu schätzen: Der Tod hatte einen Greis aus ihm gemacht. Gut möglich, dass er erst vor wenigen Stunden gestorben war.

Plötzlich ging die Tür auf.

Ich hatte das Gefühl, mein Herzschlag setzte aus, denn ich befand mich Auge in Auge mit einem Leichenträger. Der Mann stand mit einem vollen Schubkarren im Flur und sah mich mit großen, leeren Augen an. Nicht zögern! Ich richtete mich auf und musterte ihn durchdringend. Ruckartig hob ich das Kinn. Mein weißer Kittel tat ein Übriges. Der Leichenträger senkte den Kopf, schlurfte rückwärts und verschwand.

An die Tür gelehnt, wartete ich eine Weile, bis ich mich von dem Schrecken erholt hatte. Anschließend legte ich die Leiche vorsichtig auf den Boden. »Bitte verzeihen Sie mir«, flüsterte ich ihr ins Ohr. »Vertrauen Sie mir. Ich brauche Sie für einen guten Zweck.«

Ich zog dem Toten Hose und Hemd aus und legte beides zu einem Bündel zusammen. Wie sollte ich den Mann transportieren? Ich warf ihn mir über die Schulter. Hätte mich jemand zu dieser späten Stunde ertappt, hätte ich behauptet, ihn im Treppenhaus gefunden zu haben. Der Leichenträger war nirgendwo zu sehen, der Gang lag still und verlassen da. Ich ging die Treppe hoch und lief so schnell wie möglich zu meinem Krankensaal. Mit einer Hand drückte ich die Türklinke herunter, bewegte mich rückwärts und schloss erneut die Tür. Ich holte tief Luft, aber mir blieb keine Zeit zum Ausruhen.

Ich legte den ausgezehrten Körper neben den weißen, fleischigen, behaarten Rücken von Schweinz und deckte beide mit der Rosshaardecke zu. Ich betrachtete das Paar. Jetzt noch schnell den Arm um Schweinz' Bauch legen. Perfekt!

Das Kleiderbündel warf ich auf den Boden unter das Bett. Den Arztkittel mit der Spritze hängte ich zurück an den Haken im Gang. Dann kletterte ich wieder auf meine Pritsche.

Am nächsten Morgen weckte mich eine harte deutsche Stimme.

»Verdammt! Was hat das zu bedeuten?«

Ich öffnete ein Auge. Doktor Levi und ein SS-Offizier standen an dem Bett, in dem Schweinz und der tote Muselmann lagen. Der Kapo wurde langsam wach und blinzelte ins Licht. Auf einmal saß er senkrecht auf seiner Pritsche. Der Muselmann fiel mit dem Kopf zwischen seine Beine.

Schweinz schrie entsetzt auf und stieß den leblosen Körper von sich.

»Unzucht zwischen Männern?«, schnaubte der SS-Mann.

»Nein ...«, stammelte Schweinz. »Niemals!«

»Der Mann ist tot. Hier liegen seine Kleider. Willst du das etwa leugnen, du Hund? Was hast du mit ihm gemacht?«

»Ich bin nicht ...«, murmelte der Kapo. Er hustete umständlich.

Der SS-Mann riss ihm seine gelbe Kapo-Armbinde ab und gab ihm eine brutale Ohrfeige. Schweinz' Lippe blutete.

»Geh mir sofort aus den Augen! Ab in Block elf!«

Zwei SS-Leute packten den Kapo am Arm und führten ihn hinaus. Block 11. Der berüchtigte Todesblock. Beim Verlassen des Krankensaals warf mir Doktor Levi einen verstohlenen Blick zu.

19

Endlich durfte ich die Krankenstation verlassen. Laut Aussagen des SS-Arztes war ich nicht mehr ansteckend. Ich durfte wieder duschen und erhielt neue Kleider, sogar Unterwäsche und Socken. Doktor Levi gab mir zwei Schmerztabletten mit, mehr konnte er nicht entbehren. Uns verband eine merkwürdige Beziehung, aber wir verstanden einander. Eine kurze Umarmung. Wegen des Diamanten bat ich den SS-Arzt, noch kurz in meiner Baracke vorbeischauen zu dürfen.

»Was wollen Sie denn da?«, fragte er mit einem geringschätzigen Lachen. »Haben Sie etwa Privatbesitz? Ein Fotoalbum? Oder ihre Lieblingschaiselongue? Haha! Nein, ich habe strikte Anweisung, Sie zur Kommandantur zu schicken. Und dort gehen Sie jetzt auch hin.«

Draußen wartete bereits ein Begleiter, der mich zum Kommandanten bringen sollte. Das SS-Hauptgebäude befand sich auf dem Lagergelände unweit vom Haupttor, bis dorthin waren es etwa vier Minuten zu Fuß. Die Pappelalleen lagen größtenteils verlassen da. Nachdem wir das Hauptquartier erreicht hatten, folgte ich meinem Begleiter ins Innere des Gebäudes. Wie viele Häftlinge hier wohl schon empfangen waren worden? War ich der erste? Ich nahm meine Mütze ab und sah zu Boden. Soweit ich das beurteilen konnte, hatte man als Jude immerhin das Privileg, einem Unmenschen nicht in die Augen sehen zu müssen. *Unmensch* – ein Begriff, den ich seit der Reichskristallnacht passender fand als Übermensch.

Wir stiegen die Treppe hinauf zum ersten Stock. In einem Büro durfte ich auf einem wackeligen Holzstuhl Platz nehmen. Ich wartete. Die Einrichtung war nüchtern: zwei zusammengeschobene Tische, um die ein paar Stühle gruppiert waren. Es gab eine Schreibtischlampe, ein schwarzes Telefon und ein Drehkarussell mit verschiedenen Stempeln. Dazu an jedem Arbeitsplatz eine Schale mit Bleistiften. An der vertäfelten Wand hing außer einer Landkarte Europas mit rot markierten Linien, wahrscheinlich Eisenbahnstrecken, ein gerahmtes Foto, das mehrere lachende SS-Leute zeigte. Es gab ferner ein provisorisch angebrachtes Brett mit einem Porzellanschalter. Aus einem anderen Zimmer hörte man das laute Klappern einer Schreibmaschine.

Nach zehn Minuten holte mich mein Begleiter ab. Wir gingen auf ein Zimmer am Ende des Gangs zu. Er klopfte zwei Mal und öffnete dann die Tür. Ich trat ein. Dieser

Arbeitsraum war größer und heller als der vorherige, aber genauso schlicht eingerichtet.

»Ah, Herr Hoffmann!«

Herr Hoffmann. Für ihn war ich Nummer 173545, und das durfte gern so bleiben.

Der Lagerkommandant erhob sich hinter seinem Eichenholzschreibtisch. Irgendwo hatte ich ihn bereits einmal gesehen: Ja, es war der Offizier mit den weißen Handschuhen. Der Mann, der Otto, den kleinen Briefmarkensammler, und seine Mutter in den Tod geschickt hatte. Er sah mich mit derselben aufgesetzten Freundlichkeit an wie am Tag unserer Ankunft.

»Nehmen Sie Platz.«

Ich gehorchte.

Der Kommandant öffnete eine Holzkiste und bot mir eine Zigarre an. Ich lehnte dankend ab. Er nahm sich selbst eine und entfernte die Spitze mit einem Zigarrenschneider, bevor er die Zigarre anzündete und genüsslich daran zu ziehen begann.

»Sie sind wieder gesund«, sagte er, während er das Streichholz schüttelte, damit es erlosch. »Das freut mich. Freut mich sehr. Sie und ich haben viel gemeinsam.«

Ich sah ihn unbewegt an.

»Diese Bemerkung überrascht Sie vielleicht«, sagte er mit seinem mir bereits bekannten Lächeln. »Doch ich habe Nachforschungen angestellt, Herr Hoffmann. Ihr Vater war Deutscher. Er stammte aus demselben preußischen Militärgeschlecht wie ich und war sogar ein Kriegsheld: Aufgrund seiner Tapferkeit in der Schlacht an der Somme wurde ihm das Eiserne Kreuz verliehen. Und wissen Sie was? Mein Vater hat dort ebenfalls gekämpft! Ja, ja, ich empfinde Respekt vor Ihrem Vater. Obwohl er in der Liebe eine falsche Wahl getroffen hat.«

»Mein Vater war glücklich verheiratet. Und er hat nie das Eiserne Kreuz bekommen. Da irren Sie sich.«

Er schien kurzzeitig irritiert, warf mir einen tadelnden Blick zu, bis er sich wieder entspannte. »Und ob«, sagte er verwundert. »So steht es in seiner Militärakte. Ich habe eine Kopie der Urkunde gesehen. Wissen Sie das etwa nicht?«

Es gab keinen Grund, an der deutschen Gründlichkeit zu zweifeln. Und bei näherer Betrachtung auch keinen, an der Abneigung meines Vaters gegen militärische Auszeichnungen zu zweifeln. Trotzdem war ich überrascht. Warum hatte er nie etwas von diesem bedeutenden Orden erzählt? Nach seinem Tod hatte ich auf dem Dachboden seinen alten Kleidersack gefunden. Darin befanden sich eine alte Gürtelschnalle, eine verbeulte Feldflasche, eine Gasmaske, eine vergilbte Bibel, ein Bündel mit Briefen meiner Mutter und eine halb leere Schachtel französischer Zigaretten. Aber kein Orden und keine Urkunde.

Der Lagerkommandant lehnte sich zurück und zog erneut an seiner Zigarre. »Stellen Sie sich bloß vor, Herr Hoffmann, unsere Väter hätten Seite an Seite an der Front gekämpft! Groß ist die Chance nicht, jedoch durchaus möglich. Und jetzt sitzen wir hier. Wir, die Söhne. Und wieder ist Krieg. Verrückt, was?«

Ich nickte verwirrt.

»Sie sind Komiker. Ein sehr erfolgreicher, wie ich gehört habe. Vielleicht etwas zu erfolgreich.«

»Wie meinen Sie das, Herr Obersturmbannführer?«

»Sie haben den Führer beleidigt. 1938 in Amsterdam während einer Vorstellung. Sie tauften sein Buch *Mein Kampf* in *Mein Krampf* um. Das war nicht sehr intelligent von Ihnen, Herr Hoffmann. So etwas bleibt nicht unbemerkt: Ein Parteigenosse der NSB* hat uns das gemeldet. Ansonsten hätten Sie sich mit Rücksicht auf Ihren deutschen Vater womöglich nicht in den Totentanz einreihen müssen.«

Der Lagerkommandant beugte sich vor. »Mal ganz unter uns, Herr Hoffmann, denn ich kann durchaus über diesen Witz lachen. Ich bin ein großer Anhänger des Kabaretts, besuche gern Revuen in Berlin und Hamburg, aber auch die Pariser Theater: das Moulin Rouge, die Folies Bergère, trallala! Und ich fahre jedes Jahr nach Mailand und Wien, um die großen Opern von Puccini und Verdi zu sehen. Ich betrachte mich als Freund der schönen Künste.«

Der Kommandant klopfte Asche von seiner Zigarre. »Sie sind also Komiker, Herr Hoffmann. Sie sind derjenige, der die Barackenvorführungen organisiert hat, wenn ich das mal so sagen darf. Und Sie waren derjenige, der die Menschen im Viehwaggon zum Lachen brachte. Das finde ich sehr intelligent, ich weiß das sehr wohl zu schätzen.«

»Ihre Untergebenen wussten das ganz und gar nicht zu schätzen, Herr Obersturmbannführer. Sie haben auf den Waggon geschossen. Ein Freund von mir kam dabei ums Leben.«

»Das ist wirklich Pech, aber so etwas kommt leider vor. Ich hoffe nur, Sie schließen nicht daraus, dass die Deutschen keinen Humor haben.«

Ich reagierte nicht.

Er lehnte sich zurück und kniff die Augen zusammen. »Erzählen Sie mir einen guten Witz, Herr Hoffmann.«

---

* Die *National-Socialistische Beweging in Nederland* (NSB) war eine faschistische Gruppierung. Nach der Besetzung der Niederlande durch die deutsche Wehrmacht (1940) war sie die einzige Partei, die noch zugelassen war.

»Sie möchten auf die Probe gestellt werden, Herr Obersturmbannführer?« Ich rang mir ein Lächeln ab.

»Ja, ja. Bringen Sie mich mal zum Lachen!«

Ich zögerte eine Weile.

»Gut, Herr Obersturmbannführer. Wir schreiben das Jahr 1936. Der Propagandaminister Herr Doktor Joseph Goebbels besucht eine deutsche Schulklasse. Er bittet die Schüler um patriotische Parolen.

›Heil, Hitler!‹, ruft ein Junge.

›Sehr gut‹, sagt Herr Goebbels.

›Deutschland über alles!‹, ruft ein Mädchen mit braunen Zöpfen.

›Hervorragend. Wem fällt eine noch bessere Parole ein?‹

›Unser Volk wird ewig leben‹, sagt ein kleiner Junge.

›Wunderbar‹, erwidert Herr Goebbels und klatscht begeistert. ›Diese Parole gefällt mir am besten. Wie heißt du, junger Mann?‹

›Israel Goldberg.‹«

Der Lagerkommandant blickte mich starr an. Und begann lauthals zu lachen. »Sehr gut, sehr gut. Sie haben Mut, Herr Hoffmann. Genau wie Ihr Vater.«

Er nahm einen tiefen Zug von seiner Zigarre und blies den Rauch zur Decke.

»Ich möchte Ihnen einen Vorschlag machen. Von einem Kollegen weiß ich, dass in einem anderen Lager eine richtige Oper aufgeführt wurde. Warum sollten wir hier kein Kabarett haben? Mit Ihnen habe ich das große Los gezogen. Sie sind zur Hälfte deutsch, Sie beherrschen die Sprache, und Sie sind ein Komiker auf hohem Niveau. Ich kann etwas für Sie tun und dafür sorgen, dass Sie den Krieg heil überstehen. Sie müssen nicht mehr arbeiten: Stattdessen treten sie vor meinen Leuten auf. Die brauchen schließlich ebenfalls Unterhaltung,

nicht wahr? Wir arbeiten hart, aber wir lachen auch gern.«
Er sah mich triumphierend an.

Das war ein verlockendes Angebot. Kein normaler Häftling hätte nur eine Sekunde gezögert: Weil das die Chance war zu überleben.

»Das geht nicht, Herr Obersturmbannführer.«

Ich hörte mich die Worte sagen, ganz ruhig und gelassen. Alles hatte Grenzen. Für mich war das Lachen mit Hoffnung verbunden, mit Licht, mit Helena. Trat ich vor ihren Mördern auf, würde ich ihr Andenken besudeln. Ich spürte, wie eine Riesenwut und ein ungeheurer Hass in mir hochkamen. Niemals würde ich auf die Bitte dieses Schuftes eingehen!

Der Kommandant wurde blass und stand abrupt auf.

»Was bilden Sie sich ein? Ich kann Sie erschießen lassen.«

»Ja, das können Sie, Herr Obersturmbannführer. Dessen bin ich mir bewusst.«

Er musterte mich eindringlich. Diese Wendung hatte er eindeutig nicht erwartet. Hektisch und gar nicht mehr genießerisch zog er an seiner Zigarre und schüttelte den Kopf. Mehrere Sekunden vergingen.

»Herr Hoffmann, das muss doch nicht sein! Ich kann Ihre Haltung durchaus verstehen. Glauben Sie, mir gefällt das Lager hier? Das sind Befehle, und die muss ich ausführen. Glauben Sie, wir Deutschen, wir Ehrenmänner, haben Spaß daran? Da täuschen Sie sich. Mir wäre es erheblich lieber, die Juden hätten ein eigenes Land bekommen. Im Kaukasus. Oder in Sibirien.«

»Der einzige Weg aus diesem Lager führt durch den Kamin«, sagte ich knapp. »Das sagen sogar ihre eigenen Leute, Herr Obersturmbannführer.«

Er lachte verlegen. »Sie denken ja wohl nicht, dass wir alle Juden einfach so … Ihr Vater war ein guter Deutscher.

Sie haben Talent, sie haben eine Zukunft! Um Himmels willen, so nehmen Sie diese Chance bloß wahr!«

»Ich habe keine Zukunft. Niemand in diesem Lager hat eine Zukunft. Und das wissen Sie genau, Herr Obersturmbannführer.«

Er erstarrte erneut. »Sie provozieren mich, Herr Hoffmann. Klug ist das nicht.«

Ich senkte den Kopf.

Wieder entstand eine Pause. Er stellte sich ans Fenster und blickte hinaus. In der Ferne hörte ich ein Radio. Nach einiger Zeit drehte er sich wieder um.

»Gut. Sie haben keine Angst vor dem Tod. Aber das wäre auch ein viel zu einfacher Ausweg für Sie. Ich habe einen anderen Plan: Sie wollen nur vor Ihren eigenen Leuten auftreten. Sie glauben an den Humor, glauben, dass sich mit einem Lachen alles lösen lässt: in einem Viehwaggon, in einer Baracke –, überall. Sie möchten Hoffnung spenden, nicht wahr?«

Hoffnung. Dieses Thema war für mich längst erledigt. Er wusste offensichtlich nichts von Helena.

»Ich weiß eine Herausforderung für Sie: Sie dürfen Hoffnung vermitteln, an einem Ort, wo man lange nach Humor suchen kann. Sie dürfen Ihre Leute zum Lachen bringen, doch ich bezweifle, dass Ihnen das gelingen wird. Nehmen Sie die Herausforderung an?«

Wovon redete er? Von einem Strafkommando? Von Gefangenen im Todesblock? Sein selbstbewusster, drohender Ton machte mich nervös, aber ich ließ mir nichts anmerken.

Ich nickte.

»Gut!« Er schlug mit der Hand auf den Tisch. »Ich bin kein Unmensch, Herr Hoffmannn. An dem Ort, den ich meine, müssen Sie nur das tun, worin Sie gut sind. Und falls Ihnen das gelingt, brauchen Sie nicht vor mir aufzutreten.

Aber wenn dieser Ort Ihr persönliches Waterloo als Komiker wird, kommen Sie meiner Bitte nach. Bis es so weit ist, wird es Ihnen an nichts fehlen, dafür sorge ich persönlich. Sie bekommen zu essen und zu trinken und müssen nicht länger im Freien arbeiten. Heute Mittag werden Sie dort eingesetzt. Wir sprechen uns noch, da bin ich mir sicher. In einer Woche. In einem Monat. Sie werden schon merken, dass es Schlimmeres gibt, als vor dem deutschen Volk aufzutreten.«

20

Ich durfte im Gang warten. Bestimmt erhielt der Adjutant jetzt Anweisungen, was mit mir zu geschehen hatte. Radionachrichten drangen aus einem Zimmer ganz in der Nähe. Deutsche Truppen konnten erneut Erfolge im »tapferen Kampf« gegen die Bolschewiken verbuchen. Ich musste mich anstrengen, um die Meldungen zu verstehen. Es war von der Eroberung einer kleinen russischen Stadt mit einem komplizierten Namen die Rede. Ich hatte noch nie etwas von dem Kaff gehört. Wenn so eine unwichtige Nachricht die deutsche Moral stärken sollte, verlief der Feldzug im Osten alles andere als nach Wunsch.

Ich musste erneut mitkommen. Draußen wartete zu meinem Erstaunen ein Krankenwagen. Zumindest prangte auf der Stoffplane dieses Armeefahrzeugs ein Rotes Kreuz. Musste ich als Pfleger auf der Krankenstation arbeiten? Den Cholera-, Durchfall- und Fleckfieberpatienten war das Lachen bestimmt längst vergangen.

Ich saß zwischen dem Fahrer und meinem Begleiter. Wir fuhren an den Krankenbaracken vorbei in Richtung Außenlager. In der Ferne hob sich ein Schornstein gegen den knallblauen Himmel ab. Krematorium I. Wir fuhren direkt darauf zu. Erst jetzt begriff ich.

Ich war dem Sonderkommando zugeteilt worden.

Der Laster wurde umstandslos durchgelassen. Wir hielten vor dem Gebäude. Weiter hinten nahm das Lagerorchester Aufstellung. Bläser, Streicher, Schlagzeuger und Paukisten gaben kakofonische Klänge von sich. Ich musste am Wagen warten, während der Begleiter im Büro des befehlshabenden Offiziers, eines Hauptscharführers, meine Ankunft meldete. Zwei SS-Leute kamen, um einige Kisten auszuladen, grüne Armeekisten mit einem weißen Totenkopf darauf.

Ich durfte das Büro betreten. Der Hauptscharführer legte soeben den Telefonhörer zurück auf die Gabel. Er war ein mürrischer, langsam kahl werdender und gedrungener Kerl. »Sie sind also der Komiker«, schnaubte er. »Ich habe mit dem Kommandanten gesprochen. Ihre Aufgabe besteht darin, die Neuankömmlinge zu empfangen, das heißt, sie zu beruhigen.«

Er legte eine kurze Pause ein, klopfte langsam mit dem Ende seines Füllers auf die Tischplatte, warf ihn plötzlich hin und donnerte los. »Das ist hier das Sonderkommando! Wir sind kein Kindergarten! Ich weiß nicht, warum Sie hier sind oder was der Kommandant mit Ihrer Anwesenheit bezwecken will, aber wenn Sie mir Ärger machen, werden Sie es sofort bereuen. Als ob wir hier nichts Besseres zu tun hätten, verdammt noch mal!«

Ich hatte von den Vergasungen gehört. In den Duschräumen. Das Gerücht hielt sich so hartnäckig, dass es wahr sein musste. Geschah das in diesem Gebäude? Sollte ich jetzt Menschen zum Lachen bringen, die hier ermordet wurden? Waren sie jetzt völlig verrückt geworden? Ja, das waren sie. Aber das hier war wirklich der Gipfel!

Der Begleiter übergab mich einem Häftling, dessen Aufgabe darin bestand, mich einzuweisen. Er hieß Emil und war ein junger, gefügiger Ungar mit einem nervösen Tick: Sein linkes Auge zuckte, als zwinkerte er einem ständig unbeholfen zu. Seine Mutter stamme aus Österreich, erzählte er mir leise. Deshalb sei sein Deutsch so gut. Er ging mir voraus, durch enge, mit Deckenleuchten versehene Betongänge, von denen der Putz bröckelte und von denen schmale Steintreppen abgingen. Für den fettigen, unangenehmen Geruch gab es keine Worte. Ich hörte Echos von Stimmen, Türenknallen und ein Brausen, aus dem ich nicht schlau wurde. Wir liefen eine Treppe hoch.

Direkt unterm Dach befanden sich die Unterkünfte des Sonderkommandos. Es war stickig und heiß. Befanden wir uns über den Öfen? Wie im Krankensaal für Prominente waren die Pritschen auch hier ordentlich gezimmert. Es gab sogar Bettlaken. In der Mitte stand ein langer Tisch mit Leuchtern und weißen Tropfkerzen. Außerdem sah ich Weinflaschen, Brot, eine Schale Äpfel, Gulasch aus der Dose, Butterstücke auf einer Servierplatte aus Porzellan und schmutzige Gläser. Das reinste Festbankett.

All das stamme von den Transporten, erklärte mir Emil. Die meisten Mitglieder des Kommandos waren damit beschäftigt, sich auf den Empfang eines neuen Konvois aus Budapest vorzubereiten. Die Öfen brannten Tag und Nacht. Ich fragte nicht nach Einzelheiten – die würden sich mir bestimmt bald von ganz allein enthüllen. Angesichts der Privilegien und der Weinflaschen wagte ich es kaum, über die

Gegenleistung nachzudenken, darüber, worin die Arbeit bestand. Ich führte mir die Vorteile vor Augen, solange das noch ging: Ich musste nicht vor der SS auftreten. Ich lebte noch. Ich konnte mir einfach so einen Apfel nehmen. Einen *Apfel*. Für die ersten Menschen war das eine verbotene Frucht, aber ich biss, ohne zu zögern, hinein. Ich schmeckte eine köstliche, saftige Süße. Es war ohnehin egal: Aus dem Paradies war ich schließlich längst vertrieben worden. Und mit mir die gesamte Menschheit.

Gegen Mittag traf der Transport ein. Vom Dachfenster aus konnte ich die Ankunft der Menschen beobachten: eine lange Schlange von Kindern, Frauen, Älteren in dicken Mänteln mit Hüten, Kopftüchern, Spazierstöcken und Taschen. Das Orchester spielte den *Radetzkymarsch*. Die Musiker sah ich nur von hinten. Sie schielten auf die Noten auf dem Notenständer und spielten, als hinge ihr Leben davon ab.

Emil gab mir ein Zeichen. Wir liefen die Treppe hinunter in den Keller, in einen Lagerraum, wo Kisten mit Seife und Hunderte schlampig zusammengefaltete Handtücher lagen. Eine Tür weiter befand sich der sogenannte Auskleideraum, ein großes Quadrat von etwa acht mal acht Metern, das in der Mitte von vier Betonpfählen gestützt wurde. Fensterlos und mit einer niedrigen Decke. An den Wänden standen Holzbänke, darüber hingen nummerierte Kleiderhaken. Vom Auskleideraum gelange man in die Duschräume, so Emil. Rechts der große Saal, der »Bunker«, links ein kleinerer. Er sagte das völlig ungerührt, vollkommen gefühllos, doch mir blieb beinahe das Herz stehen.

Vier SS-Leute lehnten an der Wand. Sechs Mitglieder des Sonderkommandos in gestreifter Lagerkleidung saßen nebeneinander auf einer Bank und warteten. Einige sprachen eine Sprache, die ich nicht verstand. »Ungarn«, sagte Emil. In erster Linie würden sie die Neuankömmlinge begleiten.

Von draußen führte eine breite Steintreppe zum Kellereingang. Als Erster kam ein alter Mann in einem schwarzen Mantel herein. Er stützte sich auf einen Spazierstock aus lackiertem Holz mit einem gebogenen Knauf. Er blieb stehen und strich erschöpft über seinen silbergrauen Schnurr- und Stoppelbart. Er nahm seinen Hut ab und lockerte seinen Wollschal. Hinter ihm tauchte seine Frau auf, sie trug ein dunkelblaues Kopftuch und hatte ein faltenzerfurchtes Gesicht. Sie setzte sich auf eine Bank, zog ihren Wintermantel aus und seufzte tief. Ich fragte mich, wie lange diese Menschen wohl im Zug gestanden hatten. Bestimmt einen ganzen Tag, wenn nicht länger.

Langsam füllte sich der Raum. Eine Mutter hielt ein weinendes Mädchen auf dem Arm, während sich zwei Jungen mit großen Schiebermützen an ihren Mantel klammerten. Verzweifelt versuchte sie ihre Tochter zu beruhigen. Einer der ungarischen Juden vom Sonderkommando bot dem Kind eine Lumpenpuppe an, aber es wies sie zurück. Die beiden Jungen bekamen ein Spielzeugauto. Der Menschenstrom riss nicht ab, es waren Aberhunderte. Die Männer des Sonderkommandos gingen durch die Menge und teilten Handtücher aus. Sie gaben laute Anweisungen. Zwei von ihnen sprachen Deutsch, sodass ich verstehen konnte, was sie sagten: »Sie werden zuerst einmal duschen. Ziehen Sie sich so schnell wie möglich aus, anschließend werden Sie wieder mit Ihrer Familie zusammengeführt. Binden Sie Ihre Schuhe an den Schnürsenkeln zusammen und merken Sie sich die Nummer Ihres Kleiderhakens.« Sie bemühten sich, freundlich zu sein, klangen aber vor allem routiniert.

Emil zeigte auf eine elegante, etwa sechzigjährige Frau mit hochgestecktem Haar. Kerzengerade saß sie auf der Bank mitsamt ihren Kleidern. Nur den Mantel hatte sie ausgezogen. Sie war von schlanker Figur, trug eine weiße Seidenbluse mit Rüschen und einen senfgelben Schal.

»Ich kenne sie«, sagte Emil. »Sie ist eine bekannte ungarische Ballettlehrerin aus Budapest – früher war sie Ballerina. Eva Mandelbaum. Meine Schwester hatte noch bei ihr Unterricht.«

»Ausziehen!«, schrie ein SS-Mann sie an. Sie ignorierte ihn. Ein Ungar des Sonderkommandos setzte sich zu ihr und begann auf sie einzureden. Sie schüttelte den Kopf und presste die Lippen zusammen. Er legte eine Hand auf ihren Arm, die sie abschüttelte.

»Aus-zie-hen!«, brüllte der Deutsche erneut. Sie starrte stur vor sich hin. Der Ungar und der SS-Mann berieten sich kurz und ließen sie in Ruhe. Ich vermutete, dass diese Nachsicht kein Zufall war. Es lohnte sich nicht, sie mit Gewalt auszuziehen und so Proteste oder einen Aufstand zu riskieren.

Über dem Eingang des »Bunkers« stand *Desinfizierte Wäsche*. Ich musterte die schwere Holztür mit den Gummidichtungen. In der Mitte befand sich ein Guckloch, das auf der Innenseite durch Eisenstäbe gesichert war. Ich betrat den lang gestreckten Duschraum, der etwas kleiner war, als der mit den Garderobehaken. Unter der Decke verliefen Kupferrohre, die zig kleine Duschköpfe miteinander verbanden. An einigen Stellen sah man Wasserpfützen auf dem Boden. Es roch nach nassem Beton.

Nach einer halben Stunde waren so gut wie alle nackt. Der eine oder andere trug noch Unterwäsche, aber bei den vielen nackten Leibern fiel das kaum auf. Beim Betreten des Duschraums wurde Seife ausgeteilt. Die Menschen mussten so weit wie möglich nach hinten durchgehen, um Platz für die anderen zu lassen. Eva Mandelbaum blieb sitzen. Sie saß direkt neben dem Eingang zu den Duschen. Ihr Kleiderhaken, Nummer 1362, war noch leer.

Der alte Mann, der als Erster hereingekommen war, betrat als einer der Letzten den Duschraum, wobei er sich mühsam auf einen Spazierstock stützte und seine Frau untergehakt hatte. Sie machte sich nicht die Mühe, ihre großen Brüste zu bedecken. Der Einzige, der sich für ihre Blöße genierte, war ich. Schweigend gingen sie hinein. Beide nahmen dankbar ein Stück Seife entgegen.

Ich stand auf und setzte mich neben die Ballettlehrerin. Sie ignorierte mich genauso wie die anderen Männer.

»Wenn ich in der Sprache der Barbaren mit Ihnen rede, verstehen Sie mich dann?«, fragte ich auf Deutsch.

Sie nickte unmerklich.

»Wie ich hörte, waren Sie eine berühmte Ballerina. Sie sind Eva Mandelbaum. Ich bin Ernst Hoffmann aus Amsterdam. Ein Komiker. Die Deutschen wollen, dass ich vor ihnen auftrete, aber ich habe mich geweigert. Nur für meine eigenen Leute möchte ich eine Vorstellung geben. Jetzt haben sie mich hierhergesteckt. Anscheinend will die SS, dass ich Sie jetzt unterhalte.«

»Das tut mir leid für Sie«, sagte sie brüsk. »Doch mir ist nicht nach Lachen zumute.«

»Und mir nicht danach, Witze zu reißen, Mevrouw Mandelbaum. Das passt also. Ich finde es mutig von Ihnen, dass Sie Ihre Kleider anbehalten haben. Das wollte ich Ihnen nur noch sagen.«

Sie sah mich an. Zum ersten Mal. Sie hatte ein strenges, spitzes Gesicht. »Danke. Ich bin … Ich wurde bereits genug erniedrigt.« Sie zögerte. »Sie sind auch mutig, dass Sie Nein gesagt haben.«

Ich zuckte die Achseln. »Ich weiß einfach nicht, wie ich diese Mistkerle zum Lachen bringen soll. Sie vielleicht?«

Sie musste kurz lachen.

»Das war nicht meine Absicht, Mevrouw Mandelbaum.«
»Wie meinen Sie das?«
»Sie haben gelacht. Schade.«

Sie versetzte mir einen gespielten Stoß.

Auf einmal entwischte ein kleiner Junge aus dem Duschraum. Seine Mutter rannte ihm nach. »Joschi, Joschi!« Die SS-Leute tobten und versuchten ihn zu packen, aber er war zu schnell wie ein Hase und entwischte ihnen immer wieder. Die Mutter reagierte vollkommen panisch und jammerte und jammerte. Eva Mandelbaum flüsterte, das Kind habe eine Riesenabneigung gegen Wasser und wollte schon zu Hause nie gewaschen werden. Es rannte auf uns zu und versteckte sich hinter den schlanken Beinen der alten Ballerina. Anscheinend vertraute es ihr mehr als anderen Erwachsenen.

Ein Deutscher zerrte grob an seinem Arm und holte es unter der Bank hervor. Die Mutter nahm ihr brüllendes, um sich tretendes Kind auf den Arm und mischte sich gehorsam unter die dicht an dicht stehenden Menschen. Sie hatte den Duschraum kaum betreten, als einer der SS-Männer die schwere Holztür mit einem Querbalken verriegelte. Zwei weitere SS-Leute schraubten die Tür auf beiden Seiten luftdicht zu.

Ich hörte das Lagerorchester nicht mehr. Emil saß ein Stück weiter hinten und starrte zu Boden. Ein Baby weinte.

»Und jetzt?«, fragte Eva Mandelbaum. Sie klang nervös.

Ich wusste es auch nicht.

Aber die Dame, die hier als Einzige komplett angezogen in diesem großen, hallenartigen Raum voller zurückgelassener

Mäntel, Kleider, Hüte, Schuhe und Taschen saß, war schon ein stolzer Anblick.

Auf einmal hörte man ein Schreien und Kreischen. Ich warf einen entsetzten Blick auf den Bunker, auf Emil, der ein Stück weiter weg saß. Er zwinkerte wieder mit dem Auge. Und noch einmal. Menschen warfen sich mit aller Macht gegen die Tür, die in ihren Angeln zitterte. Eva Mandelbaum stand auf. Mit großen Augen sah sie die SS-Leute an. Sie lief zur Tür und begann, an dem Querbalken zu zerren. Aber der saß fest, weil von innen so viel Druck ausgeübt wurde. Ein SS-Mann lud seine Pistole, zielte und schoss ihr ins Genick. Der Knall war wegen des höllischen Lärms kaum zu hören. Sie sackte in sich zusammen.

Emil setzte sich neben mich. Er sah bedrückt aus. »Jetzt streuen sie die Körner«, sagte er leise.

Ich sah ihn verwirrt an.

»Körner?«

»Ein saugfähiges Granulat, so groß wie Kieselsteine. Es ist mit Blausäure, flüssigem Cyanwasserstoff, getränkt. Mit Zyklon B.«

»Woher weißt du das so genau?«

»Das wissen alle hier. Es wird in Dosen gelagert und durch Öffnungen im Dach nach unten gestreut. Sobald es mit der warmen Haut und der Raumtemperatur in Berührung kommt, verdampft es zu Gas. Die Blausäure lähmt die Atmung. Atmet man das Gas direkt ein, ist man schnell tot. Meist dauert es allerdings länger, manchmal sogar fünfzehn Minuten. Das liegt daran, dass sie in letzter Zeit eine geringere Dosis von dem Zeug verwenden. Dann dauert der Todeskampf eben länger, aber die SS muss neuerdings offenbar mit Gas sparen.«

Er hielt mir einen Vortrag, so kam es mir zumindest vor, trocken und tonlos.

»Und die Duschen?«, fragte ich.

»Die sind gar nicht an Wasserleitungen angeschlossen.«

Ich musste mich anlehnen. Nach knapp zehn Minuten begann das Schreien und Weinen leiser zu werden. Wenige Minuten später wurde es still. Noch ein lang gezogener, verzweifelter Männerschrei. Doch der klang bereits wie aus einer anderen Welt.

21

Ventilatoren heulten auf.

Der SS-Mann, der für den Genickschuss verantwortlich war, rauchte. Er sah ein paarmal auf die Uhr. Nach dem letzten Zug warf er seine Kippe auf den Boden und trat sie mit dem Stiefelabsatz aus. Er zog die Leiche der alten Ballerina von der Tür weg und hob den Querbalken. Die anderen lösten die Schrauben.

Ich hatte Angst vor dem, was ich gehört hatte, aber noch mehr Angst vor dem, was ich nun zu sehen bekäme.

Leichen fielen uns entgegen. Menschen waren im Stehen gestorben. Überall Blut, Erbrochenes, Kot und ein Knäuel aus totem Fleisch. Wegen des Gestanks hielt ich mir einen Ärmel vor den Mund. Einige Leiber glänzten rosa. Das erinnerte mich an Geschichten meines Vaters, der während des Ersten Weltkriegs in einer Gefechtspause vergaste Kameraden vom Schlachtfeld hatte holen müssen. Auf ihn wirkte es so, als seien die Körper geschmolzen. Vor meinen Füßen lag der kleine Junge, der solche Angst vor Wasser gehabt hatte.

Starr schaute er zur Seite. Sein Mund war schief, sein Arm gebrochen und so verdreht, dass er hinter seinem Nacken hing. Ich wandte mich ab und übergab mich.

»Noch mehr Judenkotze«, sagte einer der SS-Männer im Vorbeigehen.

Emil half mir auf. Ich spuckte Galle und würgte säuerliche, halb verdaute Apfelstücke heraus. Ich versuchte mich zusammenzureißen, und zwang mich hinzusehen. Es gab verschiedene Stapel mit wild durcheinander- und übereinanderliegenden Leichen. Sie hatten die Form einer Pyramide.

»Das Gas ist schwerer als Luft«, erklärte Emil. »Die Leute klettern in Panik aneinander hoch, um so viel Sauerstoff wie möglich einatmen zu können. Bei dem Todeskampf bleiben die Kinder unten. Die Kräftigsten, meist Männer, liegen oben.«

»An die Arbeit!«, rief der SS-Mann. »Los, schnell!« Häftlinge begannen damit, die ineinander verkeilten Leiber voneinander zu lösen. Einer machte mit einer Kiste die Runde und legte die Seifenstücke zurück, die bestimmt beim nächsten Transport wiederverwendet würden. Ein anderer sammelte das Spielzeug vom Boden auf. Manchmal musste er Hände brechen. Sogar die Gaskörner wurden zusammengefegt.

Verstört setzte ich mich auf eine Bank. Ganz in meiner Nähe lag Eva Mandelbaum auf dem Rücken, den Kopf zur Seite gedreht. Derselbe Ungar, der versucht hatte, sie dazu zu bewegen, mit den anderen zu gehen, musste sie jetzt auch noch ausziehen. Mit einer großen Schere schnitt er ihre blutbeschmierte Bluse auf, das Vorderteil und die Ärmel. Als sie nackt war, drehte er sie auf den Bauch, damit ihre kleinen Brüste nicht mehr zu sehen waren. Auf ihren Po legte er die Überreste der Seidenbluse.

Ich beschloss, bei ihr zu bleiben. Wie jede Ballerina hatte sie rührend hässliche Füße mit Knochenverwachsungen, verformten Zehen, verhornten Stellen und blauen Nägeln. Tanz ohne Schmerz gibt es nicht – Spitze tanzen kann ein Martyrium sein. Ich stellte mir vor, mit welcher Grazie sie früher auf der Bühne gestanden oder über sie geschwebt war – stets im Kampf mit ihrem Erzfeind, der Schwerkraft. Jetzt lag sie hier wie ein gestorbener Schwan. Ihre Würde hatte sie sich bis zum Schluss bewahrt.

Dann sah ich den alten Mann: Ein Häftling zog ihn mithilfe seines Spazierstocks, den er ihm um die Kehle gelegt hatte, in einen Flur. Während er so über den Betonboden geschleift wurde, nahm er Erbrochenes und Blut mit. Zwei Gefangene untersuchten ihn mit professioneller Eile, zogen seine Arschbacken auseinander, um seinen Anus auf versteckte Schätze zu untersuchen. Nichts. Anschließend drehten sie den schlaffen, welken Körper um. Der eine öffnete gewaltsam seinen Mund. Der andere kontrollierte mit einem kleinen, runden Zahnarztspiegel die Mundhöhle und riss mit einem lauten Krachen einen Goldzahn heraus. Zahnfleisch hing auch noch mit dran. Die Krone warf er zu anderen in eine spezielle Holzkiste, die ein Deutscher genau im Auge behielt. Anschließend wurde die Leiche wie ein nutzlos gewordener Klumpen Fleisch weitergereicht.

Das durfte Eva Mandelbaum nicht passieren.

Ich schlang den gelben Schal um ihren Hals, um die Schusswunde zu bedecken. Die Bluse breitete ich über ihren Körper, hob sie vorsichtig hoch. Sie war nicht schwer. Ich trug sie durch den Flur, vorbei an den Zahnziehern. Ein SS-Mann hielt mich auf.

»Was machst du da? Kontrolle!«

»Sie ist Tänzerin. Ich will …«

»Sie ist Jüdin!« Er sah zu den Zahnziehern hinüber und zeigte auf ihren Kopf. »Kontrolle. Sofort.«

Der Häftling mit dem kleinen Spiegel stellte sich neben mich und öffnete gewaltsam ihren Mund. Er hatte dem Deutschen den Rücken zugewandt und warf einen kurzen Blick in ihren Mund. Soweit ich das erkennen konnte, hatte sie mindestens zwei Goldzähne.

»Nichts«, sagte der Zahnzieher und drückte ihr den Mund zu, doch der fiel wieder auf. Ich lief weiter und kam zu den Haarschneidern. Ich sah, wie ein Häftling den Knoten einer jungen Frau löste, das stumpfe, fettige Haar durch seine Finger gleiten ließ, eine Faust machte und einen dicken Strang auf einmal abschnitt. Er richtete sich auf.

»Eva Mandelbaum«, sagte ich.

Er blickte sich schnell nach dem SS-Mann um, der mit seiner Zahnkiste den Bunker betreten hatte, und wies mit dem Kinn auf den elektrischen Lift. Verschiedene Leiber waren darin bereits übereinandergestapelt. Ich legte sie dazu.

Der Lift fuhr nach oben.

Ich musste ebenfalls ins Erdgeschoss und rannte durch einen Gang, eine Treppe hinauf und dann durch einen weiteren Gang – mit etwas Glück fand ich den Raum, in dem der Lift ankam. Vier Häftlinge waren bereits dabei, ihn auszuladen. Zwei von ihnen stapelten die Leichen an der Wand. Zwei andere warfen Leichen wie Reissäcke auf eine Lore. Ich zeigte auf Eva Mandelbaum.

»Kennen Sie sie?«, fragte einer von ihnen knapp. »Familie?«

Ich nickte. Ja, ich kannte sie. Sie war Künstlerin. Ich nahm sie wieder in meine Arme. Die Lore war mit acht Erwachsenen, zwei Kindern und einem Baby voll beladen. Die beiden Häftlinge schoben sie durch einen Flur auf eine offen stehende, hölzerne Doppeltür zu. Ich folgte ihnen mit Eva.

Wir erreichten die Öfen. Fünf nebeneinander, alle in Betrieb. Sie erinnerten mich an die Steinöfen in Bäckereien, die ebenfalls kleine Türen haben und oben rund sind. Die starke Hitze verschlug einem den Atem. Zig Gefangene in weißen Hemden oder mit nackten, schweißglänzenden, rußigen und fettig-grauen Oberkörpern waren hier beschäftigt. Sie legten zwei große Leiber und einen kleinen auf eine Eisenbahre und schoben sie mit den Köpfen voran ins Feuer. Ein Mann stieß die Leichen mit einem eisernen Schürhaken hinunter und zog die Bahre schnell wieder heraus.

Am liebsten wäre ich mit dieser Frau davongelaufen, um sie in aller Stille zu begraben, in einem Wald, der nach modrigem Tannenholz und Erde roch. Aber dass sie nicht völlig anonym verschwand, dafür konnte ich sorgen.

An einem der Öfen rauchten die Männer eine Zigarette. Um sie herum lagen stapelweise Leichen, darunter die einer schwangeren Frau. Einer von ihnen, ein grobschlächtiger Kerl, wischte sein Gesicht mit einem schmutzigen Baumwolllappen ab.

»Sonderbehandlung«, sagte ich. »Diese Frau kommt allein in den Ofen.«

»Das geht nicht. Muss schnell machen!«

»Befehl vom Hauptscharführer«, log ich. »Du kannst sie zu den anderen werfen, doch dann melde ich das. Wie lautet deine Nummer?«

Er warf mir einen finsteren Blick zu und schüttelte den Kopf. Er griff nach einer Heugabel und ließ die letzten Aschereste durch den Rost rieseln. Übrig gebliebene Hüftknochen und ein paar Rippen fegte er nach vorn und ließ sie auf den Boden fallen. Aus einem Zinkeimer sprengte er Wasser mit Seifenlauge auf die Bahre. Es zischte und dampfte. Er steckte seine Zigarette in den Mund, nahm die Leiche von mir entgegen und legte Eva Mandelbaum fast zärtlich auf die schwarz versengte Bahre. Ihren Schal und ihre Bluse gab er mir. Er stellte sich hinter die Bahre und schob ihren zerbrechlichen Körper unter Einsatz seines Körpergewichts in den Verbrennungsofen.

Ihre Haare fingen zuerst Feuer. Auf ihrer Haut bildeten sich Blasen, die nach wenigen Sekunden zerplatzten. Ihre Hände und Füße machten aufgrund der sich zusammenziehenden Adern und Muskeln noch ein paar letzte, spastische Bewegungen. Jetzt brannte sie tatsächlich lichterloh.

»Du da! Komm mal her!«

Ich sah zur Seite. Ein schwitzender SS-Mann mit einem aufgeknöpften schwarzen Hemd stürmte drohend auf mich zu.

»Was machst du da?«

»Ich bin neu hier«, stammelte ich. »Ich sollte helfen.«

»Hast du die Erlaubnis, hier zu sein?«

»Ich ... ich wurde nach oben geschickt.«

»Du lügst!«

Der Deutsche holte weit aus und traf meine Nase. Ich taumelte und schmeckte Blut.

»Los, nach unten mit dir, du verfluchter Jude!«

Er trat noch nach. Ich ging hastig zurück zum Lift und stieß beinahe mit einer neuen, voll beladenen Lore zusammen.

22

Am frühen Abend sollte ein Transport aus Holland eintreffen. Das erfuhr ich von Emil, der in meiner Abwesenheit Leichen in den Lift geschleift hatte. Auch im Keller stapelten sich jetzt die Toten, während bestimmt noch mehrere Hundert Leichen aus dem Bunker zu räumen waren.

Im Auskleideraum wurden Kleidung und Gepäck der Toten von eifrigen Häftlingen sortiert. Sämtliche Taschen und Innentaschen von Jacken, Westen, Röcken und Hosen wurden genauestens nach Geld, Gold und Schmuck durchsucht. Sogar die Nähte wurden abgetastet. Auch Max' Diamant wäre so entdeckt worden. Sämtliche Juwelen, Silber- und Goldringe, Armbänder, Ohrringe, Ketten, Uhren und Geldscheine wurden in eine besondere Kiste gelegt. Genau wie die Kleider und Schuhe, Spazierstöcke, Brillen, Bücher und Nahrungsmittel – Brot, Konserven, Flaschen, Einmachgläser, ja sogar ein halber Schokoladenkuchen.

Nach zwei Stunden war der Bunker wieder vollkommen leer. Zwei Gefangene spritzten den Betonboden, die Wände und Säulen mit Feuerwehrschläuchen ab. Jetzt verstand ich, warum beim letzten Transport Wasserpfützen zu sehen gewesen waren. Die hatte man wahrscheinlich absichtlich übrig gelassen. Andere Häftlinge begannen damit, die ärgsten Flecken an den Wänden mit weißer Farbe zu überstreichen. Die Ventilatoren brummten immer noch, obwohl der schlimmste Gestank bereits vertrieben war. Gas roch ich sowieso nicht mehr.

Musste ich mithelfen? Oder besaß ich als Komiker einen anderen Status? Was geschah eigentlich, wenn ich mich weigerte? Wenn ich niemanden zum Lachen bringen wollte oder konnte? Würde der Lagerkommandant dann diese sinnlose Wette gewinnen? Musste ich am Ende doch noch vor der SS auftreten?

Weiter hinten sah ich, wie sich Emil streckte – nachdem er die Toten weggeschleift hatte, legte er eine Pause ein. Er war vollkommen abgestumpft. So durfte ich nicht werden.

Ein Häftling kam auf mich zu. Mit breitem Lächeln. »Sind Sie der Holländer?«

Ich nickte.

»Ich bin ein südlicher Nachbar. Stijn, mein Name. Ich hab Sie noch nie gesehen. Sie sind sicherlich neu hier?«

»Neu, ja.«

»Man verlangt von uns, dass wir die nächste Fuhre wieder an der Nase herumführen«, sagte er und lächelte weiter. Ich verstand nicht, warum.

»Sind Sie bereit?«

»Nein.«

»Wer ist das schon. Aber wir tun es trotzdem, was?«

Ich schwieg.

Der Transport aus Holland traf kurz nach sechs Uhr abends ein. Ich konnte bei dem Belgier keinerlei Skrupel entdecken. Vielleicht hatte er vorher in einem brutalen Baukommando geschuftet und war nun erleichtert, hier zu sein: in der Wärme, ohne Hunger, Durst und Krankheiten. Ich beschloss, nicht mitzumachen, ich hielt mich abseits. Meinen Entschluss, auf keinen Fall vor der SS aufzutreten, verdrängte ich. Einer der SS-Männer war angetrunken. Er bemühte sich, seine Sprache und seine Bewegungen zu kontrollieren, verriet sich aber genau dadurch. Bei diesem Transport sah ich zuerst die Frauen und die Kinder. Erst anschließend kamen die Männer. Es war merkwürdig, wieder so viel Niederländisch zu hören.

Und dann begann alles wieder von vorn, so wie schon Hunderte Male zuvor und höchstwahrscheinlich Hunderte Male danach: Die lauten Anweisungen, sich zu beeilen, um schnell die draußen zurückgebliebenen Familienangehörigen wiederzusehen. Erschöpfte, zusammengeschlagene Menschen, die sich langsam und verschämt auszogen, die Schnürsenkel ihrer Schuhe zusammenbanden und sich noch einmal umsahen, um die Nummer ihres Kleiderhakens nicht zu vergessen. Sollte ich aufstehen und ihnen die Wahrheit sagen? *Sie werden euch ermorden.* Ich traute mich nicht. Ein solches Eingreifen würde am Schicksal dieser Menschen absolut nichts ändern, sondern ihren Tod nur noch viel schrecklicher und grausamer machen. Und mir schnitt man sicherlich die Kehle durch. Außerdem: Wer würde so einer meschuggen Nachricht schon Glauben schenken?

Die ersten Menschen betraten den Bunker. Auf einmal trat eine nackte Frau um die fünfzig auf mich zu. »Meneer Hoffmann … Sie sind es doch, oder? Sie sind es tatsächlich! Sie haben abgenommen, aber ich habe Sie sofort erkannt. Bitte verzeihen Sie, dass ich nackt vor Ihnen stehe. Ich kann nichts dafür, und das wissen Sie. Ich freue mich so, Sie zu sehen! Früher habe ich keine einzige Ihrer Vorstellungen versäumt.«

Sie klang zerbrechlich, erschöpft.

Ich erstarrte.

»Dann … müsste ich Sie eigentlich wiedererkennen, Mevrouw …«

»Van Praag. Gila van Praag. Entschuldigen Sie bitte, wie unhöflich von mir, mich nicht vorzustellen. Ach, Meneer Hoffmann, wie habe ich Ihre Auftritte immer genossen! Dass ich Ihnen ausgerechnet hier begegnen muss … Sie wurden also auch geschnappt? Wir waren zwei Tage unterwegs, ohne

Wasser, ohne Nahrung. Diese Mistkerle! War das bei Ihnen genauso? Oder sind Sie mit einem anderen Transportmittel gekommen?«

»Nein, nein« sagte ich lächelnd. »Ich kam ebenfalls mit dem Zug. Genau wie Sie.«

»Man hört die merkwürdigsten Geschichten. Wir haben an einem Bahnhof gehalten, und von draußen rief jemand, dass wir alle ermordet würden. Na ja. Aber jetzt, wo ich Sie hier sehe ... Puh, das beruhigt mich sehr. Sind Sie schon lange hier?«

»Äh, seit etwa drei Monaten.«

»Wir sind doch hier in Polen?«

»In Polen, ja.«

»Sie waren nicht in Westerbork, oder? Sonst hätte ich Sie bestimmt im Lagerkabarett gesehen. Die Vorstellungen waren wirklich fantastisch. Ich konnte alles verstehen, obwohl mein Deutsch nicht sehr gut ist. Ich hätte Sie eigentlich dort erwartet.«

»Ich war nicht eingeladen.«

Sie grinste.

»Meneer Hoffmann, Sie hier?«

Noch jemand. Langsam wurde mir heiß. Ein schlanker Mann mit einer schwarzen Brille und penibel gekämmtem Haar stand splitternackt vor mir. Er ließ mich nicht aus den Augen, als wolle er sich davon überzeugen, dass hier wirklich ein Prominenter stand. »Ich bewundere Sie sehr«, sagte er. »Es ist die reinste Wohltat, Sie hier zu treffen. Obwohl ich Ihnen lieber woanders begegnet wäre. Mischa Klein, angenehm.«

Ich gab ihm die Hand.

»Es muss komisch für Sie sein, in dieser Umgebung von so vielen Verehrern umringt zu sein.«

»Wir haben ihn noch nicht vergessen«, sagte Gila van Praag gerührt.

»Sie erkenne ich schon, Meneer Klein«, sagte ich. »Sie saßen doch bei meiner letzten Aufführung auch nackt im Saal?«

Gila van Praag lachte wiehernd. Sie sah Mischa Klein hingerissen an. »Alles wie gehabt, was? Meneer Hoffmann ist noch ganz der Alte.«

Mehrere Leute scharten sich inzwischen neugierig um mich. Mein Name machte die Runde.

»Treten Sie im Lager auf, Meneer Hoffmann?«, fragte jemand.

Ich sagte wahrheitsgemäß Ja.

»Was ist Ihr bester Witz?«

»Ich stehe hier im Schlafanzug. Witziger kann es kaum werden.«

Wieder Gelächter.

»Brauchen wir Eintrittskarten?«, wollte ein anderer wissen. »Dieses Lager ist viel größer! Können wir über Sie Karten beziehen? Natürlich nicht sofort, sondern später.«

Ich rang mir ein Lächeln ab.

Mischa Klein sah mich an. »Liebe Leute, wir bringen Meneer Hoffmann nur in Verlegenheit. Wir werden in den nächsten Tagen noch früh genug erfahren, wie wir an Karten kommen können. Jetzt müssen Sie einfach Ihre Arbeit erledigen, nicht wahr?«

Ich musste meine Arbeit erledigen. Das Publikum bittet den Clown um einen Witz, und er gehorcht. Weil er ein Clown ist. So war das schon immer, und so wird es auch immer sein. Aber hier?

Ein SS-Mann ging jetzt dazwischen. »Los!« Gila van Praag nahm meine Hand. »Danke, Meneer Hoffmann. Bis später.

Ich bin jetzt vollkommen beruhigt. Ehrlich gesagt, kann ich tatsächlich eine Dusche gebrauchen.«

Verwirrt und benommen schüttelte ich weitere Hände. Als Letzter stand Mischa Klein vor mir. Er nahm meine Hand und schüttelte sie fest. »Ich danke Ihnen«, sagte er förmlich und beugte sich zu meinem Ohr. »Ich nehme Ihnen nichts übel, vergessen Sie das nicht.« Als er den Bunker betrat, weigerte er sich, ein Stück Seife zu nehmen.

Die Tür wurde erneut versiegelt. Ich saß auf der Bank und starrte mit glasigen Augen vor mich hin. Ich war müde, unglaublich müde.

»Du hast Witze gemacht?«, sagte der betrunkene SS-Mann. »Ich kann dafür sorgen, dass sie noch mehr Spaß haben.«

Er machte das Licht aus.

Angst und Entsetzen breiteten sich in der Gaskammer aus. Der Widerling lachte. Dann schaltete er das Licht wieder an. Hörbare Erleichterung.

Und wieder aus.

Und wieder an.

Dabei sah er mich die ganze Zeit selbstgefällig an und hörte nicht auf, provozierend zu lachen – und zwar so sehr, dass er nach Luft ringen musste. Ich wurde blind vor Wut und Ohnmacht. Aus den Schreien hinter der Tür schloss ich, dass das Gas gestreut worden war. Das Guckloch blieb dunkel.

Und wieder trat der Flame neben mich. »Die Leute kannten Sie, nicht wahr?«, sagte er. Ich schaute ihn an. Er schien taub für den panischen Lärm zu sein.

Ich nickte.

»Woher kamen sie?«

»Keine Ahnung, vermutlich aus Amsterdam.«

»Ach, stellen Sie sich einfach vor, der Wind steht günstig, dann sind sie im Nu wieder zu Hause.« Er grinste.

Ich ging auf ihn los, zielte mit der Faust mitten in sein Gesicht. Er stürzte. Ich ging ebenfalls zu Boden und prügelte weiter auf ihn ein, bis meine Faust rot war vom vielen Blut. Schlug seinen Kopf auf den Betonboden und hörte nicht mehr damit auf. Drei, vier andere zogen mich gewaltsam von ihm weg. Ich riss mich los und brüllte wie ein Tier – so wild und aggressiv, dass selbst die Unmenschen vor mir zurückwichen.

»Hier ist der Komiker!«

Der Hauptscharführer stand oben an der Treppe zum Dachgeschoss und lachte spöttisch. An dem langen Tisch waren etwa vierzig Leute des Sonderkommandos für den SS-Offizier aufgestanden, einige hatten ihre Mütze in der Hand. Die Kerzen brannten. Niemand sagte ein Wort.

Der Flame war tot. Schädelbruch. Wie ein Ballon, aus dem alle Luft entwichen war, hatte ich auf der Bank gesessen. Der Hauptscharführer kam, und einer der SS-Leute übernahm die Verantwortung. Warum, wusste ich nicht. Es war mir auch egal. Die offizielle Version lautete, der Flame sei ausgeflippt und habe die Tür zum Bunker öffnen wollen. Er sei es ebenfalls gewesen, der so gebrüllt habe. Der Hauptscharführer hatte mich kurz angesehen, aber ich reagierte auf gar nichts mehr.

Jetzt lief er die Treppe wieder hinunter, und alle anderen nahmen rasch Platz, um ihre Mahlzeit fortzusetzen. Emil war auch dabei. Ich zwängte mich neben den Mann, der Eva Mandelbaum in den Ofen geschoben hatte. Er nahm einen großen Bissen von einer Fleischpastete. »Komiker«, sagte er kauend. »Komiker! Was warst du vor dem Krieg? Boxchampion?« Andere lachten höhnisch.

Ich schwieg.

»Morris.« Er reichte mir eine große, fleischige Hand. »Aus Nordpolen, nahe an der früheren deutschen Grenze.«

»Ernst Hoffmann, Amsterdam.«

»Wir wissen, was du für die alte Dame getan hast«, sagte er. »Das war gut. Das war schön. Wenn du geglaubt hast, auf den Belgier losgehen zu müssen, dann mit gutem Grund.« Wieder ein unverschämt großer Bissen. »Was hat er gemacht?«

»Er ...« Ich zögerte.

»Ja?«

»Er hat einen Witz erzählt.«

Morris legte seine Pastete weg und sah mich verblüfft an. Dann lachte er polternd. Der ganze Tisch stimmte mit ein, grob und laut. Mir blieb nichts anderes übrig, als beschämt mitzulachen.

Morris riss Papier von einer Klorolle und wischte sich den Mund damit ab. Er hatte Schluckauf vor lauter Lachen. »Wenn wir hier anfangen, uns wegen eines Witzes umzubringen, bleibt keiner mehr übrig.«

»Es war ein Witz im falschen Moment«, warf ich zaghaft ein.

»Hier gibt es nur falsche Momente«, sagte ein Mann, der mir gegenübersaß. »Erst ein Lacher sorgt für einen richtigen Moment.« Er hatte Segelohren und bei Weitem das freundlichste Gesicht der hier Anwesenden. Seine Hand steckte in einem Verband.

Morris räusperte sich. »Weißt du, Hoffmanns ...«

»Hoffmann.«

»Wenn wir hier nicht lachen können, werden wir verrückt. Vollkommen verrückt. So einfach ist das. Das musst du verstehen, denn sonst gehst du hier drauf.« Er griff nach einer Flasche Wein und nahm einen großen Schluck.

Ich bestrich ein Stück Brot mit Margarine. Am Dachfirst waren abgeschnittene Zöpfe und mit einer Schnur zusammengebundene Haarbüschel zum Trocknen aufgehängt. An der Wand lehnte ein Regal mit Tongefäßen. Jedes Gefäß war mit einer nummerierten Silbermünze versehen. Ich nahm einen Bissen von meinem Brot.

»Was ist in den Gefäßen?«, fragte ich.

»Asche«, sagte Morris.

»Asche?«

»Das sind Urnen«, erwiderte der Mann mir gegenüber. »Polnische Familien werden benachrichtigt, dass ihr Sohn, Vater oder sonst irgendwer gestorben ist. Angeblich an Fleckfieber. Auf den Münzen steht die Identifikationsnummer. Die Aschereste können sie für zweihundert Reichsmark erwerben.«

»Auch jüdische Familien?«, fragte ich.

»Nein. Nur die Familien deportierter Polen.«

»Ist das tatsächlich die Asche des Betreffenden?«

»Natürlich nicht«, sagte Morris mürrisch. »Sie nehmen einfach eine Schaufel vom großen Haufen. Da können gut und gern dreißig Juden dabei sein. Was spielt das schon für eine Rolle? Würdest du deinen Vater nach der Einäscherung noch wiedererkennen?« Er lachte freudlos.

»Kommt ihr nie in Versuchung, die Menschen zu warnen, bevor sie die Gaskammer betreten?«

Für einen Moment herrschte Schweigen.

»Dazu äußere ich mich nicht«, meinte Morris und rülpste leise. »Es kann immer ein Verräter dabei sein. Wer weiß, vielleicht bist du ja einer.«

Das war kein Witz, und ich erschrak.

»Ryszard«, sagte ein Mann schräg gegenüber. Er erwähnte nur laut diesen Namen, mehr nicht.

Wieder wurde es still. Lediglich das Klappern der Messer und Gabeln war zu hören.

»Ryszard?«, fragte ich.

Der Mann mit den Segelohren ergriff erneut das Wort. »Letzte Woche hat Ryszard eine Frau aus einem ungarischen Transport gewarnt. Er war noch ganz neu. *Sie werden euch vergasen*, hat er gesagt. Sie hat ihrerseits versucht, einige ihrer Leute zu warnen, aber niemand hat ihr geglaubt. Man hielt sie für hysterisch. SS-Leute nahmen sie beiseite. Sie lachten ein wenig, redeten beruhigend auf die anderen ein, sagten, die Deutschen seien doch keine Ungeheuer. Alle sind im Bunker umgekommen. Anschließend mussten wir uns in einer Reihe neben den Öfen aufstellen. Sie wollten wissen, wer von uns gepetzt hatte. Der Ungarin legten sie glühend heiße Schüreisen auf, um sie zu zwingen, einen Namen zu nennen. Weinend zeigte sie auf Ryszard. Die SS-Leute fesselten die beiden aneinander. Wir mussten alle zusehen. *Das passiert hier mit Saboteuren*, sagte der Hauptscharführer. Der Ungarin gab er einen Genickschuss, Ryszard nicht. Der wurde zusammen mit der Leiche der Frau in den Ofen geschoben.«

Wieder wurde es still. Selbst der abgebrühte Morris wirkte traurig und verbittert. Da hatte ich die Antwort auf meine Frage.

Es wurde nicht mehr viel gesprochen.

23

Schon um sechs beim Morgenappell merkte ich, dass es ein sonniger Tag werden würde. An jenem Morgen trafen keine Transporte für das Krematorium I ein, aber wahrscheinlich welche für die anderen beiden. Nach dem Appell kam der SS-Mann, der mich gerettet hatte, auf mich zu. Er sagte, er habe die dummen Redereien des Flamen mitbekommen, und er entschuldige sich außerdem für das unmögliche Benehmen des betrunkenen Rottenführers. Aber dessen Eltern seien vor wenigen Tagen bei der Bombardierung Hannovers durch die Engländer gestorben. Ich nickte nur.

Im Hof hinter dem Gebäude musste ich Skelettreste zermahlen. Mit einem schweren Vorschlaghammer zertrümmerte ich die Knochen, die das Feuer nicht verschlungen hatte, zum Beispiel Hüftknochen, Rippen und Schädel. Ein auf Kniehöhe abgesägter Baumstamm diente mir als Amboss. In meiner Zeit im Außenkommando hatte ich gelernt, das Werkzeug für mich arbeiten zu lassen. Also ließ ich den Fausthammer durch die Luft sausen, ohne viel Kraft hineinzulegen.

Der Flame ging mir nicht mehr aus dem Kopf. Etwas in mir hatte sich verschoben: Ich war auf die Seite der Lebensvernichter hinübergewechselt. Gut möglich, dass die Knochen, die ich zermahlte, von ihm waren. In diesem Fall brachte ich ihn ein zweites Mal mit brutaler Gewalt um. So schlimm war der Witz nun auch wieder nicht gewesen.

Ich arbeitete mit Zdenek zusammen, jenem Polen, der mir am Vorabend gegenübergesessen hatte. Er bemerkte ebenso zynisch wie zutreffend, dass wir es jetzt wenigstens nicht mehr mit Menschen aus Fleisch und Blut zu tun hatten. Die fahlweißen Knochensplitter, manchmal so klein wie Fingernagelreste, wurden zusammengefegt, in eine Schubkarre geschaufelt und in einen Teich geschüttet. Ich erfuhr, dass die Asche später in einen nahe gelegenen Fluss oder als Dünger auf die Felder gestreut würde.

Zdenek war Notar gewesen – ein sanfter, kultivierter, gebildeter Mann. Ich staunte, dass er sich in so einer furchtbaren Umgebung behaupten konnte. Seine Hand war immer noch verbunden. Eine Brandwunde, sagte er, von seiner Arbeit als Heizer an den Öfen. Als die Zwölf-Uhr-Sirene losheulte, lehnten wir uns mit Kaffee und altem Brot an die rote Backsteinmauer. Neben uns lagen aufeinandergeschichtete Baumstämme aus weißem Birkenholz, die bestimmt drei Meter lang waren. Damit wurde das Feuer angeheizt.

Ich blinzelte in die Sonne, ein SS-Mann näherte sich uns. »Das ist SS-Unterscharführer Henschel«, flüsterte Zdenek. »Der wird dir bestimmt seinen Lieblingswitz erzählen.«

»Was ist der Gag?«, fragte ich rasch.

»Drei vorne, vier hinten und sieben in den Aschenbecher.«

Der SS-Mann hatte uns fast erreicht. Ich sprang auf und nahm eine kerzengerade Haltung ein. »Häftling eins-sieben-drei-fünf-vier-fünf. Zu Befehl, Herr Unterscharführer!«

Er lachte. »Ja, ja schon gut.«

»Jawohl, Herr Unterscharführer.«

»Du bist Komiker, nicht wahr?«

»Jawohl, Herr Unterscharführer! Komiker, jawohl!« Ich schrie beinahe.

»Immer mit der Ruhe. Ich habe einen guten Witz für dich. Wie bekommt man vierzehn Juden in einen Volksw …«

»Drei vorne, vier hinten und sieben in den Aschenbecher. Zu Befehl, Herr Unterscharführer!«

Er musterte mich misstrauisch. Ich zeigte keinerlei Regung und stand weiterhin stramm. Deutscher als deutsch.

»Na gut, stehen Sie bequem.«

Kopfschüttelnd entfernte er sich. Während ich stocksteif stehen blieb und auf den Horizont starrte. Erst als Henschel verschwunden war, setzte ich mich wieder und nahm einen Schluck von unserem lauwarmen Kaffee. Birkenrindenkaffee. Auch hier.

»Tu das nie wieder!«, sagte Zdenek. Ich sah zur Seite, denn er war wütend.

»Mach dir keine Sorgen. Ich spüre schon, wie weit ich gehen kann. Das ist mein Beruf.«

»Den Komiker kannst du gern im Theater geben, aber nicht hier! Willst du zusammengetreten werden? Von mir aus. Nur sorg bitte das nächste Mal dafür, dass ich nicht in der Nähe bin.«

»Ich verstehe. Tut mir leid.«

Wir schwiegen.

»Warum tun wir das?« Die Frage kam ganz spontan.

Zdenek dachte nach. »Weil wir keine Wahl haben«, antwortete er niedergeschlagen.

»Keine Wahl? Wir haben immer eine Wahl.«

»Sie erschießen dich auf der Stelle. Und wenn wir es nicht tun, übernehmen es die anderen.«

»Aber wenn es keiner von uns tut, müssen die Deutschen die Leichen selbst beseitigen. Und dafür haben sie nicht genug Leute. Dann würden sie nicht mehr mit den nachströmenden Juden fertig, und es würden viel weniger Menschen sterben oder etwa nicht?«

»Das stimmt. Das stimmt. Eigentlich gibt es keine Entschuldigung. Glaub bloß nicht, wir wüssten das nicht! Was mich angeht: Ich wurde reingelegt: Ein guter Posten. Keine

Kälte. Genug zu essen. Wer will das nicht? Und jetzt tue ich, was man von mir verlangt. Warum? Ganz einfach: Ich habe nachgegeben, weil ich überleben will.«

Am Nachmittag mussten wir uns erneut im Keller melden, im Auskleideraum. Dort begegnete ich auch wieder Emil. Und dem Deutschen, der am Vortag mit dem Lichtschalter gespielt hatte. Jetzt stand er eindeutig nicht unter Alkoholeinfluss. Er strahlte, als er mich sah. »Ah, der Komiker! Noch nie habe ich erlebt, dass Juden gelacht haben, bevor sie in den Bunker gingen. Du machst deine Arbeit ausgezeichnet.«

Ja, genau wie die englischen Piloten. Wie gern ich ihm das gesagt hätte!

Es kamen wieder zwei große Transporte, aber erst waren die Häftlinge an der Reihe. Sie sollten angeblich in ein anderes Arbeitslager verlegt, aber vorher noch »entlaust« werden. Zdenek war niedergeschlagen. »Die wissen genau, was mit ihnen geschieht.«

Eine halbe Stunde später waren sie da – Frauen: wachsbleich, mager und ihrer Haarpracht beraubt, die meisten hatten nur noch kurze Stoppeln. Ich schätzte sie auf etwa sechzig, siebzig Personen. Sie hatten ihre Schönheit vergessen. Einige sahen sich misstrauisch um. Ich musste an Helena denken. Sie war auf einer Pritsche gestorben. Zumindest das war ihr erspart geblieben.

»Ausziehen!«, brüllte ein SS-Mann.

Zögernd zogen sie ihre Lagerkleidung aus. Die Todesangst stand ihnen ins Gesicht geschrieben.

»Wasser, bitte!«, flehte eine von ihnen.

»Erst duschen und desinfizieren«, sagte der SS-Mann. »Danach trinken und essen.«

Ich konnte die obszönen Lügen nicht mehr ertragen.

Sie wurden in einen kleineren »Duschraum« dirigiert, am anderen Ende des Bunkers. Auch dort gab es Kupferleitungen und Duschköpfe. Dieser Raum war extra für kleinere Gruppen gebaut worden. Eine Dose Gas reichte. Wie effizient!

Eine Frau mit einem schmalen Gesicht und blutunterlaufenen Augen blieb stehen. Sie hob den Finger und begann, zu deklamieren: »Wartet nur!«, rief sie, während sich ihre Stimme überschlug. »Wartet nur! Die Welt wird sich an euch rächen, ihr Mörderbande! Die Russen kommen. Und das wisst ihr genau. Die Russen kommen! Jetzt gehen wir, und bald darauf geht ihr mit euren Familien. Wartet nur! Heute wir, morgen ihr!«

Zdenek schlug die Hände vors Gesicht. Genau wie ich erwartete er, dass die SS-Leute ihren Frust an der enthemmten Frau auslassen würden. Erstaunlicherweise blieben Sie untätig. Sie wirkten eher bedrückt.

Ich sah eine Frau, die von Weitem Helena ähnelte. Ich wusste kaum noch, wie sie aussah.

»Helena?«, sagte ich leise. Das konnte nicht sein!

Sie schaute auf, mit Augen, die nichts mehr sahen. Sie lächelte verschwommen.

»Helena!«

Sie lief weiter, betrat den kleinen Bunker.

»Helena!«

Ich rannte ihr nach, packte sie an den Schultern und drehte sie um. Es war dämmrig. War sie es wirklich? Ich umarmte sie. Wir standen bereits in der Gaskammer. Andere folgten. In diesem Gedränge gab es kein Zurück mehr.

»Herkommen!«, rief der Mistkerl mit dem Lichtschalter.

»Nein!«, brüllte ich. »Und wag es nicht, die Tür zu schließen! Ich bin hier, weil der Kommandant es so will.«

»Herkommen!«

»Hol den Kommandanten! Ohne diese Frau gehe ich nicht weg!«

»Verdammt. *Verdammt!*«

Die Tür wurde geschlossen, der Riegel vorgelegt. Das Licht ging aus. Lautes Wehklagen. Eine Frau sprach gefasst ein jüdisches Gebet. War das das Ende? Ich war bereit. Dann war das eben das Ende.

»Nimm mich auch mit«, sagte eine Stimme.

»Mich auch.«

»Mich auch.«

»Mich auch.«

»Ist das deine Frau?«, flüsterte eine andere. Sie stand irgendwo hinter mir.

Ich sagte einfach Ja.

»Wasser«, stammelte Helena. »Wasser.«

»Gleich. Ich bin's, Ernst.«

»Sie sind Ernst?« Die flüsternde Frauenstimme hinter mir klang überrascht. »Jetzt verstehe ich, warum sie Ihren Namen so oft erwähnt hat!«

Ich lachte und weinte, berührte Helenas Gesicht und küsste ihre Stirn. Sie schmeckte nach kaltem, salzigem Schweiß.

»Sie haben uns fünf Tage in der Baracke eingeschlossen«, fuhr die Frau fort. »Ohne etwas zu essen oder zu trinken, ohne Medikamente. Sie haben gewartet, bis man uns auf einen Schlag umbringen kann. Wir haben nur ein bisschen Regenwasser trinken können. Ein paar von uns haben Käfer gegessen. Helena hat so gehofft, dass Sie kommen. Und Sie sind gekommen. Hoffentlich noch rechtzeitig. Wenn nur mein Mann hier wäre!«

»Ich dachte, sie sei tot«, sagte ich.

»Sie ist sehr krank. Fleckfieber. Es scheint im ganzen Lager umzugehen. Aber sie ist zäh.«

Die ganze Zeit über hielt ich die bibbernde Helena fest. Ich spürte die Knochen unter ihrer Haut.

Je mehr Zeit verstrich, desto mehr Hoffnung schöpfte ich. Den anderen ging es genauso. Wir warteten. Ich traute mich nicht, nach oben zu schauen, hinauf zur Dachluke, die sich öffnen konnte, zum Licht, das auf uns fallen würde. Ich führte Helena in eine Ecke. Dort wären wir etwas geschützter vor der Höllenpanik, die ausbrechen würde, sobald man die Gaskörner streute. Ich hatte die Fleischklumpen gesehen. So wollte ich nicht enden. Andererseits: Wenn wir weiter weg standen – dauerte der Todeskampf dann nicht länger? War der beste Platz nicht der direkt unter der Luke?

Ich hörte einen Riegel. Den Türriegel. Ich drängte mich mit Helena so weit vor wie möglich. In einem Meer von Licht erkannte ich die Umrisse des Kommandanten. Da stand er in seinem langen Mantel. Ich hielt mir die Hand über die Augen.

»So, Hoffmann. Ich glaube, die Lage hat sich etwas geändert.«

»Ich tue alles, was Sie wollen. Alles.«

»Sie wollen also vor uns auftreten?«

»Ja, ja! Retten Sie sie, und ich tue alles für Sie, Herr Obersturmbannführer.«

»Ich möchte, dass Sie mir Ihr Wort geben, Herr Hoffmann. Als Deutscher.«

»Ich gebe Ihnen mein Wort.«

»Als *Deutscher*.«

»Ich gebe Ihnen mein Wort, ich schwöre es bei meinem Vater.«

24

Ich drängte mich mit Helena zum Ausgang vor. Einige Frauen hielten mich fest, gruben ihre Nägel in meine Haut und flehten mich an, sie mitzunehmen. Helena zuckte zusammen. Einige kreischten und versuchten, mir den Weg abzuschneiden, aber sie wurden von SS-Leuten mit Knüppeln und bloßen Fäusten in den Bunker zurückgeprügelt. Drei Mann hielten die Tür zu, bis ein vierter den Riegel vorlegte. Ich führte Helena vom Bunker weg. Aus den Augenwinkeln sah ich, wie der Kommandant mit einer resoluten Geste das Los der Frauen besiegelte.

Im Auskleideraum setzten wir uns auf eine Bank.

»Wasser!«, rief ich. »Sie muss etwas trinken.«

Emil kam mit kaltem Tee und einem Stück Brot. Helena schlürfte und trank wie eine scheue Straßenkatze. Anschließend griff sie nach dem Brot und begann, es hinunterzuwürgen. Ich musste ihre Gier bremsen, damit sie ihren Magen nicht überforderte. Mit erstaunlicher Kraft versuchte sie, weiterzuessen. Es tat mir in der Seele weh, sie so zu sehen.

Ich brachte sie in den Waschraum. Mit einem Strahl Wasser versuchte ich, ihr Gesicht zu säubern. Sie ließ es über sich ergehen, mit offenem Mund und geschlossenen Augen. Hektisch leckte sie die Tropfen in ihren Mundwinkeln auf. In der Türöffnung stand der Kommandant.

»Das hätte ich mir denken können, Herr Hoffmann«, sagte er freundlich. »Jeder hat eine Achillesferse. Dass es in Ihrem Fall die Liebe ist, wundert mich nicht. Und dann noch zu einer Jüdin! Sie haben denselben Geschmack wie Ihr Vater.«

Ich durfte Helena tragen. So schnell wie möglich wollte ich sie von diesem gottverlassenen Ort fortbringen. Sie war stark geschwächt und brauchte dringend ärztliche Hilfe. Draußen schien die Sonne. Ein paar Vögel flogen auf. Der Kommandant gab seinen Untergebenen Anweisungen, stieg in seinen Offizierswagen und fuhr uns voraus. Ich durfte mich mit Helena in einen »Krankenwagen« setzen. Hinter uns lagen keine Gasdosen. Diesmal hatte das Rote Kreuz auf der Plane tatsächlich eine Bedeutung.

Wir fuhren auf das »Steindorf« zu, wie ich es nannte. Helena hatte sich an mich geklammert. Auf ihrer Kopfhaut wimmelte es nur so von Läusen. Ich spürte, wie sie auf mich übersprangen, aber schlimm fand ich das nicht. Ich gab ihr ein weiteres Stück Brot und konnte gerade noch rechtzeitig die Finger zurückziehen.

Das Krankenrevier für Frauen sah genauso aus wie das Männerhospital. Ich trug Helena hinein. SS-Leute waren gegen Fleckfieber geimpft, trotzdem wollte man die Ansteckungsgefahr so gering wie möglich halten. Ein SS-Arzt in einem weißen Kittel salutierte vor dem Kommandanten und lief vor mir durch einen Gang, wo auf einem wackligen Beistelltisch ein paar halb vewelkte Pflanzen vor sich hinvegetierten.

Helena musste entlaust und gewaschen werden. Ich durfte das Bad nicht betreten, doch die Tür blieb offen. Zwei resolute Krankenschwestern stützen sie vor einem Waschbecken. Als Erstes wurde sie mit einem Haarschneider kahl rasiert. Weinend sah sie mich an. Ich lächelte ihr aufmunternd zu. Sie wurde eingeseift, gewaschen, geschrubbt und abgetrocknet. Im Nebenraum musste sie duschen. Da stand sie einsam und kahlköpfig unter einem dampfenden Wasserstrahl und hielt die Hände vor ihre Scham.

Inzwischen war sie schon wieder etwas mehr bei sich. Ich wickelte ein Handtuch um sie und stützte sie beim Gehen.

Wohin würde man sie bringen? Doch nicht in den großen Saal? Dort waren ihre Überlebenschancen minimal. Während der Kommandant in einem Büro blieb, stieg ich mit Helena und dem Arzt in den Keller hinab.

Der SS-Arzt blieb am Ende des Flurs stehen. Über der rechten Tür stand *Totenkammer*. Genau wie bei den Männern. Der Arzt öffnete die Tür gegenüber und betätigte den Lichtschalter. Eine nackte Glühbirne erhellte einen Raum von ungefähr zwei mal drei Metern. In einer Ecke standen zwei Besen und ein Zinkeimer mit einem nassen Lappen darin. In Wandregalen sah ich Schwämme, Putztücher, Seifendosen und verschiedene Flaschen mit Reinigungs- und Desinfektionsmitteln, deren Gerüche mir in die Nase stiegen. Unmittelbar hinter der Tür gab es ein Feldbett, das mit richtigen Laken bezogen war.

»Warum muss sie in einer Besenkammer liegen?«, fragte ich.

»Der große Krankensaal ist nicht hygienisch genug«, sagte der Arzt. »Und für den Prominentensaal kommt sie wegen der Ansteckungsgefahr nicht infrage. Hier ist es sauber, und sie hat ihre Ruhe.«

Helena setzte sich auf das Bett. Ich deckte sie mit dem Laken und der grauen Decke zu und strich ihr über die Stirn. Hier und da waren noch ein Büschel Haare oder die Kruste einer aufgekratzten Läusebisswunde zu sehen. Der Arzt brachte ein Glas Wasser. Sie musste sich aufsetzen und zwei Tabletten schlucken, bevor er ihren Puls fühlte.

»Sie müssen sie gesund machen«, sagte ich.

»Der Kommandant möchte, dass diese Frau die denkbar beste Pflege bekommt«, sagte der SS-Mann mürrisch, während er Helenas Zunge untersuchte.

»Sie müssen sie wieder gesund machen!«

Er sah mich kühl an. »Sie ist erschöpft und ausgetrocknet und braucht Ruhe. Sie sollten lieber gehen.«

Ich umarmte Helena und versprach, dass ich bald wiederkäme. Sie gab mir einen Kuss direkt neben meinen Mund, ihr erstes Zeichen von Zuneigung an diesem Tag.

Oben durfte ich hinter einem weißen Paravent die stinkenden Kleider des Sonderkommandos ausziehen. Auch ich musste desinfiziert werden. Ich wusch mich selbst mit einer Bürste und Seife und nahm eine heiße Dusche – ohne jedes Risiko, verprügelt zu werden. Anschließend wurde ich mit Lysol entlaust. Statt eines Jutesacks benutzte die Schwester Baumwolllappen. Es brannte, aber es scheuerte nicht. Der SS-Arzt untersuchte mich flüchtig mit einem Stethoskop. In sauberer, nach Chlor riechender Lagerkleidung wartete ich im Flur, bis der Kommandant mit seiner Besprechung fertig war.

Ich durfte in den Künstlerblock, der nicht weit vom Frauenhospital entfernt war, sodass wir dorthin zu Fuß gingen. Im Block 24 ließ der Adjutant mich und den Kommandanten vorausgehen. Ich wusste, dass sich hier das Quartier und der Proberaum des Lagerorchesters befanden. Ich hörte die Lagerkapelle üben – Beethovens Fünfte. Wir stiegen die Treppe nach unten. Unsere Schritte hallten durch das ganze Gebäude. Der Adjutant öffnete eine Tür: Dies war nun mein Zimmer, klein und schlicht. Auf einem Holztisch warteten eine Schreibtischlampe, eine Schreibmaschine, ein Stapel Papier und ein Reservefarbband. Es gab einen hölzernen Schrank und ein hölzernes Bett mit einem Strohsack und Laken, genau wie in Schlomos Zimmer. Ich war befördert worden.

»Hier können Sie sich in aller Ruhe auf Ihre Vorstellung vorbereiten, Herr Hoffmann«, sagte der Kommandant triumphierend. »Ich weiß sehr wohl, wie Künstler arbeiten. Sie brauchen Ruhe, um die Aufführung langsam reifen zu lassen, stimmt's?«

»Gut beobachtet, Herr Obersturmbannführer.«

»In ein paar Tagen werde ich vorbeischauen, um zu hören, welche Fortschritte Sie gemacht haben.«

»Darf ich Helena besuchen, Herr Obersturmbannführer?«

»Erst möchte ich etwas von Ihnen sehen. Haben Sie etwas Geduld! Sie ist in guten Händen.«

Er ging zur Tür, drehte sich aber noch einmal um. »Herr Hoffmann, verraten Sie mir bitte ... Wir haben schließlich eine Wette laufen: Ich hatte behauptet, dass Sie an dem Ort, wo Sie gerade herkommen, niemandem ein Lachen entlocken könnten. Habe ich recht behalten?«

»Herr Obersturmbannführer: An einem Ort mit ineinanderverkeilten Toten inmitten von Blut und Erbrochenem – glauben Sie, da kann noch gelacht werden?«

Er sah mich forschend an, schürzte die Lippen, nickte und verschwand.

Ich griff nach dem Bürostuhl und setzte mich, ließ die letzten Stunden Revue passieren. Dass Helena noch lebte, konnte ich kaum fassen.

Ich musste mir etwas für meinen Auftritt vor diesen Unmenschen ausdenken. Daran führte kein Weg mehr vorbei. Ich betrachtete die Schreibmaschine. Es war ein deutsches Fabrikat, eine Continental. Auf einer der runden Tasten war das SS-Symbol mit den beiden Blitzen zu sehen. Dieses Modell war ein Stück kleiner und zierlicher als das Prachtstück zu Hause, aber immer noch in gutem Zustand. Ich roch Maschinenöl.

Während ich die Hände hinter dem Kopf verschränkte, dachte ich an meinen Vater. Auf jede erdenkliche Weise hatte ich versucht, ihn glücklicher zu machen. Es schien mein Schicksal zu sein, andere trotz widrigster Umstände zu unterhalten: Ich war auf Deutsche spezialisiert, denen jeder Sinn für Humor abhanden gekommen war. Aber was sollte ich mit Deutschen anfangen, die das Wort Humor nur vom Hörensagen kannten?

25

Ich erlebte eine der stillsten Nächte seit meiner Ankunft im Lager und konnte deswegen nur schwer einschlafen. Und dann wachte ich auch noch früh auf von Stimmen, Wasserrauschen und dem Echo einer laut zugeschlagenen Tür. Jemand klopfte vehement gegen meine Tür. Ich sprang sofort aus dem Bett – ein alter Reflex. Hastig zog ich meine Kleider an und suchte in meinem Schrank nach einem Napf, fand aber nur einen Tonbecher.

Im Flur hing feuchter Wasserdampf. Vor dem Duschraum, über dessen Tür in weißen Buchstaben *Brausen* stand, hatte sich eine lange Schlange von Wartenden gebildet. Das mussten die Musiker sein, sie waren genauso hager und schmächtig wie die anderen Lagerinsassen. Muselmänner jedoch waren nicht darunter. Ich beschloss, das Duschen ausfallen zu lassen und nach oben zu gehen.

In der Musikstube, dem Proberaum des Orchesters, zeigte eine Wanduhr halb fünf. Der Morgenappell fand hier früher statt, weil die Orchestermitglieder die Außenkommandos mit Marschmusik hinausbegleiten mussten. Es war ein langer, geräumiger Saal mit weißen Wänden und einer bleigrauen Vertäfelung. Darin stand ein riesiger Schrank mit Holzfächern, in denen die Instrumente lagen. Ich erkannte eine Tuba, ein Horn, Geigen, Flöten und Klarinetten. Weiter hinten standen Pauken, ein Schlagzeug, Akkordeons und ein Cello. An einem Ende des Raumes befand sich der Probebereich mit einem Podest für den Dirigenten, mehreren Stuhlreihen und mit hölzernen Notenständern. Am anderen Ende stand ein großer Holztisch mit Kisten voller Brötchen und Kannen mit Kaffee und Tee. Ich erkannte Jakob, den Zigeunergeiger. Ein Trompeter spielte mühsam eine Tonleiter. Er war sichtlich unzufrieden mit dem Ergebnis.

Um viertel vor fünf war Appell. Wir stellten uns in Fünferreihen auf. Das Zählen übernahm der Blockälteste, allem Anschein nach ein Pole, ein grimmig dreinblickender Mann mit einer schwarzen Hornbrille. Aufgrund der verhältnismäßig wenigen Häftlinge dauerte der Appell nicht lange. Er ging ohne Schläge, Schreie oder Provokationen vonstatten. Die Musiker, die Frühschicht hatten, zogen kurz nach fünf im Morgengrauen los, unter lautem Gezwitscher von Spatzen, Meisen und Mauerseglern.

Während die übrigen Musiker gähnend ihre Instrumente mit Bürsten reinigten und mit Baumwolllappen polierten, beschloss ich, wieder nach unten zu gehen. Schlafen konnte ich nicht mehr. Ich ging duschen. An die weiß gekalkte Wand hatte jemand mit kecken Schnörkeln einen schwarzen Notenschlüssel gemalt. In den normalen Baracken hatte ich schubsen, drängeln und kämpfen müssen, um mich mit kaltem Wasser frisch machen zu können – und auch das nur knapp zehn Sekunden lang. Jetzt stand ich hier als Einziger, umgeben von einer Stille, der ich misstraute. Ich hatte das Gefühl, dass jeden Moment SS-Leute hereinstürmen, mich zusammenschlagen und hinausjagen könnten. Nur um mich einem Scheißkommando zuzuweisen, das Exkrementeneimer aus der Fleckfieberbaracke in den Latrinengruben entsorgen musste. Ich hatte doch nicht etwa geglaubt, dem Lageregime einfach so entrinnen zu können?

Nach der lauwarmen Dusche ging ich tropfnass in mein Zimmer. In meinem Holzschrank entdeckte ich ein Handtuch. Ich trocknete mich ab und schlüpfte in meinen Schlafanzug. Jetzt fühlte ich mich besser und beschloss, mich an die Arbeit machen. Seit jeher konnte ich morgens am besten schreiben. Ich wollte mich beeilen, um Helena so schnell wie möglich besuchen zu dürfen.

Also setzte ich mich an den Tisch, streckte die Arme und spannte ein Blatt Papier in die Schreibmaschine ein. Ein schöner Moment. Ein unbeschriebenes weißes Blatt. Maler haben eine weiße Leinwand vor sich, das muss noch imposanter sein.

Die Premiere. Ein Saal voller Deutscher. Mein erster Satz. *Schön, dass Sie hier sind.*

Ich grinste. Die Ironie darin würde völlig an ihnen vorbeigehen.

Ich könnte auch mit einer Schweigeminute beginnen. Ich sah die Szene förmlich vor mir:

»Guten Abend, meine Damen und Herren. Leider muss ich Ihnen eine traurige Mitteilung machen: Die Vorstellung muss ausfallen. Heute Mittag gegen halb zwei wurde bekannt, dass der Pole Zbiginiew Koslowski bei einem Sturz in die Latrinengrube tragischerweise ums Leben gekommen ist. Wir haben Zbiginiew als einen wertvollen, guten Menschen kennengelernt, der immer für seine Nächsten da war. Und so wollen wir uns auch an ihn erinnern. Ich kann mir vorstellen, wie sehr Ihnen diese Nachricht zu schaffen macht. Viele von Ihnen werden sich darüber austauschen wollen, wie unersetzlich Zbiginiew war und wie es jetzt ohne ihn weitergehen soll. Deshalb möchte ich Ihnen Gelegenheit geben, sich persönlich von Zbiginiew zu verabschieden und seiner Familie zu kondolieren. Er liegt aufgebahrt in seiner Baracke und wird in kleinem Kreis eingeäschert werden. Doch zuerst eine Schweigeminute.«

Ich fragte mich, wie die Unmenschen wohl darauf reagieren würden. Das war schließlich eine subtile Form der Publikumsbeschimpfung. Eine Schweigeminute wäre fantastisch, nur hielt ich das kaum für machbar. Würden sie wütend werden? Oder laut lachen? Ersteres durfte ich auf keinen Fall riskieren, und so verwarf ich den Sketch lieber.

Bühnenmeister Henri Toussaint betrachtete das Theater als moralische Anstalt: »Der Mensch mag schlecht sein«, pflegte er zu sagen, »aber er kann sich beherrschen, indem er Verrat, Eifersucht oder Mordlust in einer guten Aufführung von *Macbeth* oder *Elektra* auslebt.« Auch Humor betrachtete er als Bollwerk gegen das Böse. Ein Lachen relativiert, es entspannt. Eine schöne Theorie, wie ich fand – wenngleich etwas naiv.

Im Laufe des Vormittags hörte ich, wie die Musiker ihre Instrumente stimmten. Neben Geigen, Flöten und der Pauke hörte ich auch ein Akkordeon. Neugierig ging ich nach oben. Im Proberaum hatten sich bestimmt dreißig Mann versammelt. Am großen Tisch saßen verschiedene Notenkopisten mit Lineal und Bleistift und zeichneten Notenlinien. Einige tranken Tee. In der Ecke lag eine kaputte Geige. Der Klangkörper war geborsten, der Hals gebrochen.

»Was machen Sie hier?« Die scharfe Stimme ließ mich vor Schreck zusammenfahren. Es war der Blockälteste, der Mann mit der Hornbrille. Sein Auftreten war barsch und autoritär. Er baute sich drohend vor mir auf. In seiner Hand hielt er keinen gewöhnlichen Stock, sondern einen Taktstock. Eine winzige Bewegung damit reichte, um dem Orchester einen anderen Klang aufzuzwingen.

»Ich heiße Ernst Hoffmann. Ich wurde hier gestern als Komiker einquartiert.« Ich zeigte auf die gemeuchelte Geige. »Was ist mit dem dazugehörigen Musiker passiert?«

»Der hat falsch gespielt. Das duldet der Kommandant nicht.«

»Wenn es ums Falschspielen geht, kann man sich wirklich auf das Urteil der SS verlassen.«

Ich sah ihm direkt in die Augen. Er mochte über sein Orchester herrschen, aber ich herrschte über volle Säle. Er taute auf, lächelte sogar.

»Albert Kapinsky.«

Wir gaben uns die Hand.

»Wie war die Vorstellung heute Morgen?«, fragte ich.

»So wie immer. Routine. Die Deutschen lieben Märsche. Pauken und Zimbeln genügen, um den Takt anzugeben – Posaune, Trompete und Klarinette erledigen den Rest. Wir üben gleich weiter. Ich konzentriere mich gerade auf ungarische Stücke: Bartók, *Der wunderbare Mandarin*. Und Jakob, unser Geiger, spielt *Sombre Dimanche*. Heute kommt bestimmt wieder ein Transport aus Budapest. Es ist die letzte Musik, die diese Menschen hören werden, und die sollte gut klingen, finden Sie nicht auch?«

Ich wusste nicht, was ich darauf antworten sollte.

Seine Miene verfinsterte sich. »Einfach ist es nie«, sagte er. »Ich versuche mich so gut wie möglich auf die Musik zu konzentrieren.« Er schwieg kurz. »Manche Musiker kommen nicht damit zurecht. Ein Flötist ist letzte Woche in den Stacheldraht gesprungen – seine Leiche musste mit Stöcken wieder heruntergepflückt werden. Wir klammern uns lieber an die

Notenlinien, wenn ich das so sagen darf. Jeden Sonntag geben wir ein Konzert für die SS. Dann müssen wir strammstehen.«

»Wie ist das?«

»Wir müssen uns vor der SS verantworten: Eine falsche Bewegung, eine falsche Note, und ich nehme ein schlimmes Ende. Nun gut, das bin ich gewöhnt. Als ich noch als Gastdirigent vor verschiedenen europäischen Truppen auftreten durfte, merkte ich schon in den ersten zwanzig Sekunden, ob mich ein Orchester akzeptierte oder nicht. Das ist einfach so. Man kann das natürlich nicht wirklich vergleichen, aber im Grunde ist es dasselbe. Für mich persönlich gilt: Ich mache das nicht für die Deutschen, und eigentlich auch nicht für die Deportierten. Ich mache das für mich. Ich strebe nach Perfektion. Weil ich nicht anders kann.«

Er drehte sich zu einem Mann mit einer Trompete um. Ein Ventil funktionierte nicht mehr. Ich begriff, dass Bläser selten waren: Pianisten, Geiger und Schlagwerker gab es im Überfluss. Der Mann erhielt die Anweisung, sich so gut wie möglich durchzumogeln.

Ich fragte mich, was wohl der bessere Balsam für die Seele ist: Musik oder Humor. Manche Psychiater behaupten, dass ein Mensch im Bann des Lachens vollkommen im Reinen mit sich und der Welt ist: Sämtliche dunkle Winkel der Seele werden dadurch durchlüftet und gereinigt. Trotzdem war es für mich undenkbar, mich als plattfüßiger, rotnasiger Clown unter die erschöpften, verängstigten Menschen zu mischen. Kapinsky und seine Kollegen dagegen konnten tatsächlich etwas für sie bedeuten. Worin bestand der Unterschied? Musik ist eine Sprache, die jeder versteht. Der virtuosen Klangbeherrschung liegt eine Schönheit zugrunde, die Trost spendet – und das in einem Ausmaß und in einer Intensität, von denen ich als Komiker nur träumen konnte.

26

Über uns lag das Bordell, wie ich erst nach zwei Tagen entdeckte, auf eine gänzlich unschuldige Art und Weise: Durch mein Kellerfenster hatte ich ein Mädchen mit langen Haaren vorbeischlendern sehen. Sie trug ein wunderschönes weißes Kleid und Lackpantoffeln – wie ein Aschenputtel, das sich hierher verirrt hatte. Als mich ein Musiker während der Suppenmahlzeit aufklärte, musste ich lachen. Ein Bordell über uns – das war dreist. Doch dann wurde mir klar, dass nichts daran dreist war. Die Mädchen waren bestimmt mit schönen Kleidern, warmen Mahlzeiten und falschen Versprechungen dazu überredet worden.

Der Puff sei nicht für SS-Leute bestimmt, erzählte der Musiker. Sondern nur für Kapos und Blockälteste. Als Belohnung für eine Woche Arbeit oder eine pünktlich erledigte Aufgabe erhielten sie ein abgestempeltes Stück Papier, einen sogenannten Schein. Mit dieser Währung konnten sie auch Zigaretten kaufen oder ein Konzert besuchen. Die Mädchen hatten jeweils ein eigenes Zimmer und mussten von neun Uhr morgens bis nach dem Abendappell arbeiten. Für jeden Kunden hatten sie genau zwanzig Minuten Zeit, und dann noch mal zehn Minuten für Hygienemaßnahmen. An einem Tisch an der Treppe saß ein ungepflegter SS-Mann, der die Scheine einsammelte.

An einem Freitagabend gegen acht saß ich vor der Baracke und genoss die Junisonne, deren Wärme langsam nachließ. Es war ein höchst produktiver Arbeitstag gewesen. Ich hatte beim Ausdenken von Pointen und Witzen mehrmals laut lachen müssen, und das war immer ein gutes Zeichen. Weiter hinten stand Albert Kapinsky mit einigen Musikern und ging das Repertoire durch. Soweit ich das beurteilen konnte, hatte er mehr als genug von so beliebten Ohrwürmern wie *Bel Ami, An der schönen blauen Donau* und *O Sole mio*. »Dann lieber eine Strauss-Polka!«, brummte er. Damit blamiere ich mich wenigstens nicht.« Jeden Tag hörte ich sie üben. Die Musik drang gedämpft zu mir herein, als liefe im Zimmer nebenan ein Grammofon.

Die Außentür der Baracke öffnete sich quietschend. Ein Mann lief langsam die Treppe herunter. Ich sah eine rote Armbinde: also ein Blockältester. Ich erkannte ihn sofort: Es war Schlomo.

Ich sprang auf und rannte ihm entgegen. Er war vollkommen überrascht. Wir umarmten uns.

»Holländer ... Bist du nicht ...?«

»Nein. Ich möchte jung sterben, mein Freund, aber das so spät wie möglich!«

Er umarmte mich erneut.

Ich erklärte ihm, dass ich an einem Programm für die SS arbeitete. Er schüttelte den Kopf. »Du bist doch Komiker!«

Wir gingen in mein Zimmer. Schlomo ließ sich auf meiner Bettkante nieder und sah sich beeindruckt um. Ich griff nach einem Stuhl. »Jeden Tag ein Lacher – gilt das immer noch?«, fragte ich.

»Manchmal«, sagte Schlomo. »Der Österreicher hat das übernommen.«

»Lewenthal. Simon Lewenthal.«

»Ja. Allerdings tut er sich schwer damit. Das Lagerleben macht ihm zu schaffen. Er ist im Kartoffelkommando und muss Waggons voller Kartoffeln ausladen. Schwerstarbeit. Viele Schläge. Er ist sehr erschöpft.«

»Und wie geht es Armand, dem Franzosen? Der lag neben mir auf der Pritsche.«

Er sah mich traurig an. Ich schluckte.

Ich berichtete ihm von der Fleckfieberbaracke, von der Hiobsbotschaft in Bezug auf Helena, von meiner Beziehung zum Lagerkommandanten und dem *danse macabre* mit der alten Ballerina. Schlomo nahm regen Anteil. Entweder ihm fiel verblüfft die Kinnlade herunter, oder er ließ sich laut lachend rückwärts auf die Strohmatratze fallen. In solchen Augenblicken hatte er sich nicht mehr ganz unter Kontrolle. Das war merkwürdig und anrührend zugleich.

Ich erzählte ihm auch von Helenas Wiederauferstehung. Er schwieg und strahlte. »Ein Wunder. Wirklich: ein Wunder. Du rettest Menschen!«

»Das ist leider nicht die ganze Wahrheit, Schlomo. Ich habe jemanden erschlagen. In blinder Wut, nicht einmal aus Notwehr. Er hat einfach nur im falschen Moment etwas Falsches gesagt.«

Schlomo presste die Lippen zusammen. »Das macht das Lager aus den Menschen«, sagte er bedrückt. »Sogar aus dir, Holländer. Es sei dir vergeben. Das Lager ist schuld.«

»Ich war das, nicht das Lager. Damit werde ich leben müssen. Gott möge Schlimmeres verhüten.«

Sein Blick erstarrte. »Nein. Gott hat nichts damit zu tun. Gott sieht uns nicht.«

Angespanntes Schweigen. So kannte ich Schlomo gar nicht. Er kniff die Augen zusammen. »Schwache, alte Menschen, Holländer, wurden von Hunden zerrissen. Ich habe es mit eigenen Augen gesehen. Früher habe ich an Gott geglaubt. Immer. Jetzt spucke ich ihm ins Gesicht.« Er drehte den Kopf und spuckte auf den Boden, so als stünde der Herr unsichtbar neben ihm. Mit seinem Ärmel wischte er sich über den Mund.

»Woran glaubst du dann?«, fragte ich.

»An den Teufel. Vor ihm habe ich eine Höllenangst.«

»Aber schenkt Gott nicht Hoffnung?«

»Mir nicht. Siehst du hier Lagerinsassen beten? Das sind nur sehr, sehr wenige. Kannst du mir erklären, Holländer, warum es so viel Unvollkommenheit gibt, wenn Gott allmächtig ist? Warum existiert das Böse? Warum gibt es Menschen wie die SS-Leute?«

»Sollte dieses Lager in der Geschichte tatsächlich einzigartig sein?«, fragte ich. »Sind die Deutschen noch barbarischer, als es einst die Sklavenhändler oder Kreuzfahrer waren? Sind sie scheinheiliger als die Inquisition, die Frauen als Hexen auf den Scheiterhaufen verbrannte?«

»Auch jene Gräuel geschahen im Namen Gottes! *Gott mit uns* – das steht auf den Gürtelschnallen der Wehrmacht. Davon lassen sie sich leiten!«

»Aber ist dieses Lager in seinem Wahnsinn nun einzigartig oder nicht?«

Oben hörte ich eine Geige. Ein Akkordeon stimmte mit ein. Schlomo kratzte sich nervös am Kopf. »Ich würde sagen Ja. Das ist nicht nur Mord, sondern industrieller Massenmord, verübt durch einen Staat! Hat es so etwas vorher schon einmal gegeben?«

Er musste zurück in seine Baracke. Den Diamanten hatte ich noch nicht vergessen. Konnte ich ihm vertrauen? Schlomo hatte auch dunkle Seiten: Nie hätte ich gedacht, dass er ins Bordell ging. Ich wollte ihn nicht verurteilen, trotzdem … Wie gut kannte ich ihn eigentlich? Der Pole stand auf der Türschwelle meines Zimmers und gähnte.

»Glaubst du noch an Güte?«, fragte ich.

Er drehte sich um. »Warum?«

»Sag schon!«

»Tja … Das ist keine sehr passende Frage an diesem Ort. Wer überleben will, muss bei all den Gräueln und Erniedrigungen mitmachen. Entweder man gewinnt oder man verliert. Entweder man überlebt oder man stirbt. So wie in der Natur. Nur dass es in der Natur keinen Wahnsinn gibt wie bei den Nazis. Und keinen Humor.«

»Ich habe einen Diamanten.«

Er musterte mich stirnrunzelnd.

»Erinnerst du dich noch an den Mann, von dem ich dir erzählt habe? Der etwas für seine Kinder tun wollte?«

»Der mit den Zwillingen?«

»Ja. In seinem Mantelfutter fand ich einen Diamanten. Ich habe ihn versteckt.«

»Wo?«

Ich holte tief Luft. »In deiner Baracke. Im Holzpfosten neben meiner Pritsche. Der Diamant steckt in einem Astloch.«

»Und jetzt soll ich dir den Stein bringen.«

»Vielleicht bin ich ja naiv, Schlomo, aber ich fühle mich verpflichtet, etwas für die Zwillinge zu tun.«

Ich rechnete damit, dass er mir das ausreden würde. *Nobel. Nicht gut.* Aber er nickte nur.

27

Der Kommandant kam unangemeldet. Es klopfte zwei Mal, dann ging die Tür auf. Erst zeigten sich zwei Adjutanten oder wie immer sie heißen mochten. Sie postierten sich neben der Tür. Anschließend trat der Obersturmbannführer ein, die Hände auf den Rücken gelegt, sein berüchtigtes Lächeln auf den Lippen.

»Herr Hoffmann, gefällt es Ihnen hier?«
»Ja sicher, Herr Obersturmbannführer.«
»Ich bin neugierig auf Ihre Fortschritte.«

Ich zeigte auf einen Blätterstapel neben der Schreibmaschine, das Material für zehn, fünfzehn Minuten enthielt. Auf gewagte Witze hatte ich verzichtet.

Ich bot ihm meinen Stuhl an.

Er nahm Platz.

Und las.

Ich blieb stehen, stand zwar nicht stramm, hielt aber die Schultern gerade und hatte das Kinn leicht gehoben. Dieser Besuch war auch eine militärische Inspektion. Sollte Helenas Leben tatsächlich von meinen humoristischen Fähigkeiten abhängen?

Ohne den Blick vom Blatt abzuwenden, griff der Kommandant zu einem Bleistift in seiner Innentasche. Ich las mit, ohne dass er es merkte. Er strich einen Hitlerwitz, mit dem ich während einer Vorstellung in den Dreißigerjahren großen Erfolg gehabt hatte: Wussten Sie, dass Adolf Hitler Amateurmaler war? Wenn Sie nachher einen Deutschen grüßen, schlage ich vor, dass Sie sagen: Heil Rembrandt! Man wird eine Erklärung verlangen, woraufhin Sie antworten: Ihr habt euren Maler, und wir den unsrigen.

Der also nicht. Zu dumm, das hätte ich mir eigentlich denken können. Ich begann zu schwitzen.

Der Kommandant klopfte mit dem Papierstapel ein paar Mal auf den Tisch, um die Blätter zu ordnen. Reserviert schürzte er die Lippen. »Nicht schlecht, Herr Hoffmann.«

»Danke, Herr Obersturmbannführer.«

»Den Rembrandt-Witz können Sie nicht verwenden.«

»Das verstehe ich, Herr Obersturmbannführer. Es tut mir leid.«

»Sie dürfen sich einiges herausnehmen. Ich weiß die Freiheit der Kunst durchaus zu schätzen. Aber es gibt Grenzen. Ich kann nur hoffen, dass Sie das nächste Mal besser aufpassen. Sie wollen mich doch nicht provozieren?«

»Auf keinen Fall, Herr Obersturmbannführer.«

»Gut. Hoffmann, wir verstehen uns. Ich habe noch einiges mit Ihnen vor. Aber das erzähle ich Ihnen später. Zuerst machen wir eine Probevorstellung: am Sonntagnachmittag in der SS-Kantine.«

»Ganz wie Sie wünschen, Herr Obersturmbannführer.«

»Darüber hinaus habe ich eine Überraschung für Sie.«

Er zeigte auf die Adjutanten. Ein mageres, buckliges Männlein, das sich verschüchtert umsah, wurde hereingeschubst.

»Das ist Grosso«, sagte der Kommandant. »Grosso ist ein Clown. Ich weiß nicht genau, was wir mit ihm anfangen sollen, denn er versteht so gut wie kein Deutsch. Er scheint mit den größten europäischen Zirkusunternehmen unterwegs gewesen zu sein. Der Mann bleibt hier. Vorläufig steht er unter Ihrem Schutz.«

Die Adjutanten trugen ein Holzbett herein. Alles war schon organisiert.

Der Kommandant nickte zufrieden. »Sie dürfen jetzt Ihre Jüdin besuchen.«

In der Besenkammer hing ein penetranter Geruch nach Seife und Bohnerwachs. Ich schloss die Tür so leise wie möglich. Die Glühbirne gab spärliches Licht: Wo ich ging und stand, folgte mir ein Schatten. Helena schlief. Ihr Mund stand halb offen. Ich stand unschlüssig an ihrem Feldbett. Sie lag unter einem Laken und einer muffig riechenden, dunkelgrauen Decke. Ich ging in die Hocke. Ihre Stirn glänzte fiebrig. Sie hatte immer noch hellrosa Flecken. Ich beugte mich vor und atmete mit geschlossenen Augen den Duft ihrer Haut ein, der süß und salzig zugleich war.

Ein Arzt hatte mich, ohne zu murren, ins Krankenrevier gelassen. Er konnte mir auch nur sagen, dass Helena geschwächt, aber stabil war. Sie muss sich erholen, dachte ich mir im Stillen. Vorsichtig strich ich über ihre dunkle Stoppelfrisur. Ich musste sie einfach anfassen, ich konnte nicht anders. Gäbe es diesen Krieg nicht, hätte ich sie vielleicht in einen Badeort mit einer beflaggten Seepromenade eingeladen, um den ganzen Tag in einer Suite mit Zimmerservice und Meeresblick zu verbringen. Stattdessen befand ich mich in Polen, am Arsch der Welt, neben ihrem Feldbett und mit Blick auf einen Zinkeimer und einen verschlissenen Putzlumpen.

War Helena eine Flucht? Eine *amour fou*? Entsprang die Zuneigung eher meinem Kopf als meinem Herzen? Ich konnte das einfach nicht glauben. Ich *wollte* das einfach nicht glauben.

Bislang hatte ich nie viel Glück mit Frauen gehabt. Für mich war nicht die Liebe, sondern Humor die kürzeste Verbindung zwischen zwei Menschen. Ein Lacher im richtigen Moment ist ein Zeichen von Intelligenz. Für eine Frau, für *meine* Frau betrachtete ich das als unerlässlich. Aber jetzt mit Helena war alles anders. Sie hatte das schönste Lächeln überhaupt, doch solche Überlegungen waren mittlerweile nebensächlich. Humor stand jetzt an zweiter Stelle.

Ich küsste sie auf die Schläfe.

»Ernst«, murmelte sie und döste wieder ein.

Auch Grosso schlief. Er hatte die Rosshaardecke so hoch gezogen, dass seine weißen, schmuddeligen Füße darunter hervorlugten. Einen Clown kann man nicht spielen, Clown muss man sein. Man wird so geboren. Es ist ein besonderer Menschenschlag, der sich wie das jüdische Volk an keinerlei Landesgrenzen hält und deshalb den Deutschen als minderwertig galt. Ein Clown weiß nichts. Das macht ihn für Kinder so unwiderstehlich.

Ich wusste nicht, was ich mit Grosso anfangen sollte. Ein Vorteil war, dass er keine Schreibmaschine brauchte – ihm genügte seine Mimik. Aber würde ich mit einem Clown in meiner unmittelbaren Nähe überhaupt ungestört arbeiten können?

Ich hörte ein Schnarchen. Abrupt schob er die Decke weg. Er drehte den Kopf und starrte mich verängstigt an.

»Hallo, Grosso«, sagte ich.

Er starrte mich weiterhin an.

Ich zeigte auf mich. »Ernst.«

»Ernest?« Seine Stimme war hoch, sein Akzent vielleicht Russisch – die osteuropäischen Sprachen hatte ich noch nie richtig auseinanderhalten können. Er setzte sich auf den Rand seiner Pritsche und rieb sich den Schlaf aus den Augen.

»Du bist Clown«, sagte ich, um überhaupt etwas zu sagen.

Seine Miene hellte sich auf. »Aaah. Clown. Ja. Für Kinder.«

Für Kinder. Den Eindruck hatte ich auch schon gehabt.

»Du? Clown?«, fragte er.

»Komiker.«

»Aaah, Ko-mi-ker.« Er starrte traurig vor sich hin. Wahrscheinlich kannte er das Wort nicht einmal.

Was ist der Unterschied zwischen einem Komiker und einem Clown? Wir gehören zur selben »Familie« und sind doch vollkommen verschieden. Grosso erinnerte an den Dummen August, ich eher an den Weißclown, den Clown des Wortes. Ob meine Rolle mir zu einer größeren Überlebenschance verhalf, wagte ich nicht zu beurteilen.

Es war nach neun, als ich hörte, wie es an die Tür klopfte. Ich machte auf, und ein Mädchen schlüpfte an mir vorbei. Es war blond und trug ein weißes Seidenkleid. Zweifellos war es das Aschenputtel, das ich durchs Kellerfenster gesehen hatte. Ängstlich sah es sich um. Es war ihm strengstens verboten, eine Männerunterkunft zu betreten.

»Sie sind ... der Holländer?«, fragte sie zögernd.

»Der bin ich.«

»Schlomo schickt mich. Er konnte nicht persönlich vorbeikommen, sagte aber, Sie bräuchten das dringend.« Sie reichte mir eine zerdrückte Schachtel russischer Zigaretten. Ich kniff hinein und spürte etwas Hartes.

»Wie heißt du?«, fragte ich.

»Tatjana«, sagte sie. Grosso beugte sich vor und schnupperte neugierig an ihrer Schulter. Sie ließ ihn gewähren.

»Ist Schlomo einer deiner Kunden?«, fragte ich.

Sie kicherte. »Ja.«

Ich nickte. Besonders witzig fand ich das nicht. Das Mädchen war höchstens achtzehn.

Sie hörte nicht auf zu kichern. »Aber nicht so, wie Sie denken.«

»Wie dann?«

»Schlomo besucht mich jede Woche. Er ist ein Freund meiner Eltern aus der Zeit vor dem Krieg, als wir noch in

Krakau wohnten.« Ihr Lachen erstarb. »Ich bin hier, weil die Deutschen mich angelogen haben: Ich bekäme Essen im Überfluss, schöne Kleider und müsste nicht außerhalb des Lagers arbeiten. Was sie mir nicht erzählt haben ist, dass ich hier ...« Ihre Unterlippe zitterte, aber sie bewahrte die Fassung.

»Und wenn Schlomo bei dir ist ...«

»Dann führen wir ein Theaterstück auf.«

»Ein was?«

»Der SS-Wachmann ist ein altes Schwein. Der klappert alle Türen ab und schaut durchs Guckloch. Schlomo kehrt der Tür stets den Rücken zu und hat die Hose runtergelassen. Wir behalten aber immer die Unterwäsche an! Ich sitze vor ihm auf dem Bett. Wenn der SS-Mann gucken kommt, warne ich ihn. Dann beginnt er zu stöhnen, so als ... verstehen Sie? Ist der SS-Mann wieder weg, müssen wir wahnsinnig lachen.«

»Und mehr passiert nicht?«

»Nein, nein, Schlomo will nie irgendwas von mir, zum Glück! Nur reden. Über früher. Über meine Eltern. Über die Kirche.«

»Über die Kirche?«

»Daher kennen wir Schlomo. Kurz nach der deutschen Besetzung hat er zwölf untergetauchte Juden in den Katakomben versteckt. Er wurde verraten und mitsamt seiner Familie deportiert. Hier bin ich ihm erneut begegnet.«

»Und was tat er damals in Krakau?«

»Ja, wissen Sie das denn nicht? Schlomo war Priester der Wawel-Kathedrale.«

28

Ein befreundeter Schauspieler sah im Publikum eine Gottesanbeterin: Bei jeder falschen Bewegung oder bei jedem falschen Wort konnte das Insekt vorschnellen und ihn töten. Daran musste ich denken, als ich am Sonntagnachmittag von zwei Wachleuten in die SS-Kantine direkt vor dem Lagergelände gebracht wurde. Im Unterschied zu den roten Backsteinkasernen war dieser Bau sandsteinfarben und mit Stuck verziert. Aus dem flachen Schrägdach ragten zwei dünne, gemauerte Kamine, die aussahen wie Fühler.

Ein paar SS-Leute in schwarzen Hemden standen auf der Natursteintreppe. Sie lachten wie kleine Jungen – einer schubste einen Kameraden scherzhaft zur Seite. Über der Tür hing eine schwarze Laterne, darauf prangte ein Zinnmännchen auf einem Bierfass, das den Daumen hob. Mit ein bisschen gutem Willen konnte man die Geste als Aufforderung verstehen.

Gemeinsam mit meinen Bewachern betrat ich das Gebäude durch einen Seiteneingang. Entlang der weiß gekalkten Wände waren Bierkisten aufeinandergestapelt. Ich hörte die zarten Klänge einer Geige, begleitet von einem Klavier. Der schmale Flur führte in die Küche, wo ein dicker Mann mit einer weißen Schürze in einem großen eisernen Suppenkessel rührte. Sein Inhalt sah ganz anders aus als die geschmacklose, wässrige Brühe, die in den Baracken ausgegeben wurde ... Ich roch Hühnerfleisch und Petersilie. Meine Begleiter brachten mich in das dahinter gelegene Büro und warteten vor der Tür.

Ich war mindestens so aufgeregt wie bei meinem ersten Auftritt in der Billardkneipe *De Pierewaaier* an der Prinsengracht. Unter den kritischen Blicken des Wirts, eines walrossartigen Mannes, der selten etwas sagte und noch seltener lachte, hatte ich mich inmitten der klickenden Billardkugeln und des Gestanks nach abgestandenem Bier behaupten müssen. Doch in puncto Entspannung verließen sich die meisten Stammgäste lieber auf ihr Gläschen Schnaps vor sich auf der Tischdecke als auf den jungen Kerl, der unbedingt Komiker werden wollte.

Nach fünf Sekunden hatte ich ihre Aufmerksamkeit.

»Ein Pils für einen Lacher!« Ich schaffte es, sie bis zum Schluss zu fesseln. Anschließend verrechnete der Wirt meine Gage mit einer Runde aufs Haus.

Ich hörte brüllendes Gelächter.

Mit welchem Publikum würde ich es wohl hier zu tun haben? Musste ich vor Hitlers großmäuligem Blut-und-Boden-Deutschland auftreten oder vor dem gebildeten Deutschland eines Goethe, Schopenhauer und Bach? Oder noch schlimmer, vor einer Mischung aus beidem? Ich nahm mir vor, mir meinen Vater als Zuhörer vorzustellen. Auf ihn würde ich mich konzentrieren.

Ein Deutscher erschien an der Tür und winkte mich zu sich. Ich musste am Herd in der Küche warten. Durch die Tür sah ich Jakob, den Geiger. Der Kommandant kam herein, auch er durch den Seiteneingang. »Herr Hoffmann«, sagte er zufrieden, »endlich können wir Sie bewundern! Ich habe beschlossen, mich nicht in die Kantine zu setzen. Meine Anwesenheit würde die Männer viel zu sehr beeinflussen. Ich bin sehr gespannt auf Ihre Darbietung!« Er steckte sich eine Zigarre in den Mund, die von einem seiner Adjutanten angezündet wurde.

Drinnen waren alle Plätze belegt. An der Bar saßen ein paar sternhagelvolle Schwarzhemden. An mindestens zehn runden Tischen saßen SS-Leute, darunter auch einige Frauen. Zigarettenrauch dämpfte das Licht der hoch stehenden Mittagssonne. An der Wand hing ein grinsender Eberkopf mit gefletschten Hauern.

Ein dürrer SS-Mann mit Hakennase, der aussah wie ein verkleideter Häftling, stand auf. »Kameraden!«, rief er feierlich. »Helmut, Bastian, Karl und Hans kommen morgen an die Ostfront. Heute ist ihr letzter Tag hier. Bereiten wir ihnen einen würdigen Abschied! Musik!« Jakob eilte zu ihrem Tisch.

Die Fahne hoch!
Die Reihen fest geschlossen!
SA marschiert
Mit ruhig festem Schritt
Kam'raden, die Rotfront und Reaktion erschossen
Marschier'n im Geist
In unsern Reihen mit

Jeder stand auf und sang mit. Einige blickten in die Ferne und hatten die Hand aufs Herz gelegt. Jakob spielte mit geschlossenen Augen. Eine Geige als Marschbegleitung war natürlich absurd, aber er lächelte. Wahrscheinlich hatte er das *Horst-Wessel-Lied* schon öfter spielen müssen.

»Gut gefiedelt«, rief der Zeremonienmeister. »Und jetzt das hier!«

Ihr Sturmsoldaten jung und alt,
Nehmt die Waffe in die Hand,
denn der Jude haust ganz fürchterlich
Im deutschen Vaterland.

*Wenn der Sturmsoldat ins Feuer geht,
Ja, dann hat er frohen Mut.
Und wenn das Judenblut vom Messer spritzt,
Dann geht's noch mal so gut.*

Jakob versuchte krampfhaft, dem widerlichen Soldatenlied zu folgen, aber trotz seiner Virtuosität unterliefen ihm Patzer. Bei jedem falschen Ton bekam er eine schallende Ohrfeige. Der SS-Mann erledigt das ohne jede sichtbare Regung. Ich sah die Verzweiflung in Jakobs Augen, sein Lächeln erstarb, aber er spielte tapfer weiter.

Die Deutschen johlten und applaudierten sich selbst. Jakob versetzte man noch einen brutalen Stoß. Strauchelnd griff er nach seinem Geigenkasten und floh in die Küche.

Jetzt war ich an der Reihe.

Meine Vorbereitungen konnte ich vergessen. Ich musste improvisieren. Ich trat gelassen und würdevoll nach vorn, mit geradem Rücken und selbstbewusstem Blick. Ich durfte kein bisschen Angst zeigen, Hunde wittern Angst. Ich stand vor meinem Publikum und schwieg. Schließlich war ich nicht ihretwegen hier: Sie kamen meinetwegen.

Der Lärm verebbte langsam.

Hinten im Saal entdeckte ich einen leeren Stuhl. Auf dem saß mein Vater, ebenfalls Deutscher, ebenfalls Soldat, wenn auch in einem anderen Krieg. Ich sah ihn dort sitzen. Er starrte hinaus.

»Ich bin Nationalsozialist, und ich hasse alle Juden und Bolschewiken!« Ich legte eine Pause ein, nur eine kurze, damit niemand die Chance habe, mich zu unterbrechen. »Das hat neulich ein Kapo zu mir gesagt.« Ich setzte meinen finstersten Blick auf. »Daraufhin ich zu ihm: ›Ach ja? Ich bin Ernst Hoffmann und hasse alle!‹« Rasch murmelte ich noch hinterher: »›Du bescheuerter Depp, du!‹«

Ein lauter Lacher ertönte. Einer derjenigen, die an die Ostfront mussten, verschluckte sich an seinem Bier. Ich zeigte auf ihn. »Sie kämpfen gegen die Russen? Sie wissen schon, dass die hoffnungslos desorganisiert sind? Ich habe von einem Rote-Armee-Rekruten gehört, der zwei verschiedenfarbige Schuhe getragen hat. Einer war schwarz, der andere hellbraun. Ein Major hielt ihn auf und sagte: ›Soldat, das ist eine Schande! Geh sofort nach Hause und wechsle die Schuhe!‹ Daraufhin der Rekrut: ›Das hat keinen Sinn, Kameradski-Major. Zu Hause liegt genau dasselbe Paar wie das, das ich jetzt trage.‹«

Wieder eine Lachsalve. Viel zu übertrieben, doch mir war das egal. Es herrschte jene Art von Spannung, die an der Wasseroberfläche eine Nadel schwimmen lässt. Sie durfte auf keinen Fall sinken.

»Das reinste Chaos, wirklich. Das liegt natürlich auch an dem politischen System. Stellen Sie sich vor, die Wüste würde kommunistisch. Was passiert dann Ihrer Meinung nach?«

Die Zuhörer sahen mich amüsiert an.

»Nichts. Aber glauben Sie mir: Innerhalb kürzester Zeit wird plötzlich der Sand knapp.«

Ich ließ zu, dass sie sich wieder austobten. Als das Lachen leiser wurde, fuhr ich fort. »Die Rasse lässt sich eben nicht verleugnen, nicht wahr?«

Laute Zustimmung.

»Ich war mal auf einer Textilhändlerkonferenz, lange vor dem Krieg. Ich trank Kaffee mit einem Deutschen, einem Franzosen und mit einem Russen. Eine Fliege summte die ganze Zeit um uns herum. Sie setzte sich auf den Rand der Tasse des Deutschen. Und was tat der Mann? Er schob die Tasse zur Seite. »Nicht sauber!« Die Fliege tauchte in die Tasse des Franzosen. Der fischte sie an einem Flügel heraus und nahm einen Schluck von seinem Kaffee. *Pas de problème.* Hinkend erreichte die Fliege die Tasse des Russen. Was glauben Sie, ist passiert?«

Ich erhöhte die Spannung.

Rührte in einer imaginären Tasse Kaffee. Ließ meinen Blick an der Tasse vorbeischweifen, sah wieder hin und kniff die Augen zusammen. Langsam hörte ich auf zu rühren. Ich hielt Daumen und Zeigefinger über den Kaffee und packte rasch die imaginäre Fliege. Verstohlen sah ich mich nach allen Seiten um, fuhr mir mit der Zunge über die Oberlippe und steckte mir die Fliege rasch in den Mund.

Große Heiterkeit. Und Ekel.

Ich starrte in die Ferne und schmatzte mehrmals.

»Und du?«, rief ein angetrunkener SS-Mann direkt vor mir. »Bei dir gibt es doch viel mehr Fliegen? Was hast du getan?«

Ich hörte abrupt zu kauen auf. »Ich? Was ich getan habe?«

Der Deutsche sah sich Beifall heischend um. »Ja! Du!«

Ich hielt die Hand hoch und spreizte die Finger. »Fünf. Ich habe fünf gefangen. Und die habe ich dann alle dem Russen verkauft.«

Das brüllende Gelächter war bestimmt bis weit ins Lager hinein zu hören. Was mir Gelegenheit gab, noch einen draufzusetzen. Ich durfte nicht nachlassen.

»Gefällt Ihnen das? Ich wollte eigentlich Clown werden, nur konnte ich keine roten Knollennasen in meiner Größe auftreiben.«

Ich spürte, dass ich mein Publikum fest im Griff hatte.

»Das hat allerdings den Vorteil, dass ich unter der Dusche rauchen kann.«

»Ja, denn aus unseren Duschen kommt nämlich kein Wasser«, rief der SS-Mann fröhlich. Normalerweise stellte ich solche Spaßvögel bloß, was hier leider nicht möglich war.

»Juden sind außerdem äußerst schlagfertig«, fuhr ich fort. »Neulich kam ein Inspektor vom Roten Kreuz vorbei. Er hatte Gerüchte über das Lager gehört und wollte sich höchstpersönlich ein Bild machen. Er lief durch die Birkenallee und sprach einen ausgezehrten Juden namens Aaron an. ›Wie geht es Ihnen?‹, fragte der Inspektor besorgt. Aaron warf einen kurzen Blick auf die SS-Leute, die den Inspektor begleiteten. ›Prima‹, sagte er. ›Noch zwei Kilo weniger, und ich bin zufrieden.‹«

Gelächter.

»›Ich habe gehört, die Deutschen sollen euch nicht gut behandeln.‹

›Na ja‹, meinte Aaron, ›dann haben Sie meine Schwiegermutter noch nicht kennengelernt.‹«

Alle im Saal lachten laut und schienen gar nicht mehr aufhören zu wollen, was mich in eine Art Trance versetzte.

»›Warum tragen Sie eigentlich einen Schlafanzug?‹, fragte der Inspektor.

›Ich ziehe mich gleich um. Sie haben recht: So kann man tagsüber wirklich nicht herumlaufen. Mal ganz im Vertrauen: Wenn es nach mir ginge, könnten die Deutschen ruhig noch für mehr Disziplin sorgen.‹

›Und der Gestank im Lager?‹

›Das ist ... Brandgeruch. Aber nur heute. Um diese Uhrzeit.‹

›Und was wird denn da verbrannt, guter Mann?‹

›Äh, Läuse. Sie verbrennen Läuse.‹«

Der Saal tobte. Überall sah ich verzerrte Gesichter mit weit aufgerissenen Mündern. Ich hörte, wie kehlige Laute ausgestoßen wurden.

»Verbrannte Läuse!«, rief der betrunkene SS-Mann und bekam Schluckauf vor lauter Lachen. »Ja, und die Juden sind so nett, sie mit einzuschleppen.«

Wieder brüllendes Gelächter.

Es war, als schüttete mir jemand einen Eimer kaltes Wasser über den Kopf. Ich bekam Beklemmungen: Ich war kein Komiker mehr, der vor der SS auftrat, sondern ein SS-Komiker. Aber dem Kommandanten blieb gar nichts anderes übrig, als mit mir zufrieden zu sein. Nur das zählte, nicht mehr und nicht weniger. So waren nun mal die Gesetze des Lagers.

Ich sah zu dem Stuhl hinüber, auf dem mein Vater saß. Er war leer.

»Wunderbar, Hoffmann!«

Der Kommandant zog seine weißen Handschuhe aus und sah mich gut gelaunt an. Sein Adjutant stand wieder kerzengerade neben der Tür. Grosso war irgendwo anders. »Ich habe Ihren Auftritt gestern von Anfang bis Ende verfolgt«, fuhr der SS-Mann fort. »Sie haben sich gut gehalten, und meine Leute hatten Spaß. Ich bin sehr zufrieden.«

»Danke, Herr Obersturmbannführer.«

Eine Träne Gottes. So hatte Max seinen Diamanten genannt. Ich tastete in der Tasche meiner gestreiften Jacke nach dem Stein. Schlomos russische Zigaretten hatte ich einem Cellisten gegeben. Ich hatte mit einem Besuch des Kommandanten nach meinem ersten Auftritt gerechnet. Mit einer Träne Gottes konnte ich das Leben zweier Kinder retten – eine wunderbare Vorstellung. Und ein würdiges Gegengewicht zu meinem schlechtesten und erfolgreichsten Auftritt überhaupt.

»Herr Obersturmbannführer, vielleicht erinnern Sie sich noch daran, dass ich Ihnen von meinem Auftritt im Zug erzählt habe. Auf der Fahrt ins Lager.«

»Ja sicher.«

»Der Mann, der wegen meines Auftritts erschossen wurde, hatte zwei Kinder. Ehrlich gesagt, hege ich die Hoffnung, dass Sie etwas für sie tun können.«

»Tut mir leid, Herr Hoffmann. Mit so etwas darf ich gar nicht erst anfangen. Kinder, sagen Sie. Das wäre ohnehin vergebliche Liebesmüh.«

»Sie müssen das nicht unentgeltlich tun, Herr Obersturmbannführer. Wie ich bereits sagte: Der Mann war Diamantenhändler.« Ich legte den Stein auf den Tisch. Sein Blick glitt schnell von mir zu dem Diamanten. Plötzlich holte er aus und gab mir mit der flachen Hand eine schallende Ohrfeige.

»Verdammt!«, rief er. »Was bilden Sie sich eigentlich ein! Glauben Sie, Sie können mich bestechen?«

Ich wich zurück. »Keineswegs, Herr Obersturmbannführer«, stotterte ich. Ihm war der Kamm geschwollen, und er kochte vor Wut. Ich hatte alles aufs Spiel gesetzt, und konnte auf einen Schlag alles verlieren. Ich war wie betäubt. Er ging zum Fenster und sah hinaus. »Am liebsten«, sagte er, ohne mich anzuschauen, »würde ich Sie jetzt einem Strafkommando zuteilen.«

»Ja, Herr Obersturmbannführer.«

»Aber Sie handeln nicht aus eigennützigen Motiven, versprechen sich keinen persönlichen Vorteil davon. Das ist etwas anderes.«

»Ich tue das nur für die Zwillinge, Herr Obersturmbannführer. Für zwei holländische Jungen im Alter von zwölf ...«

»Zwillinge, sagen Sie.«

»Ja, Herr Obersturmbannführer. Zwillinge. Die Söhne von Max de Ronde.«

Er ging zum Tisch, nahm den Diamanten und wog ihn in seiner Hand. »Sie möchten *zwei* Kinder retten. Mit *einem* Edelstein?«

»Es sind eineiige Zwillinge, Herr Obersturmbannführer.«

Er sah mich an und lächelte. »Jetzt erkenne ich Sie wieder, Hoffmannn. Immer einen Witz auf den Lippen.« Er warf den Stein in die Luft und fing ihn ohne hinzusehen auf. »Bitten Sie mich bloß um keine weiteren Gefälligkeiten mehr. Haben Sie das verstanden?«

»Es wird nicht mehr vorkommen, Herr Obersturmbannführer.«

Er ging aus der Tür. Mit dem Diamanten.

29

Durfte ich zu Helena oder nicht? Nach meinem Fauxpas mit dem Kommandanten hielt ich es für vernünftiger, noch etwas zu warten, doch nach zwei Tagen konnte ich mich nicht mehr beherrschen. Der SS-Arzt auf dem Krankenrevier gewährte mir Einlass und nickte mir wie immer desinteressiert zu. Helena war für ihn bestimmt nur ein Klotz am Bein. Sie musste am Leben bleiben. Eine Jüdin! So konnte der Mann eigentlich unmöglich arbeiten!

Langsam öffnete ich die Tür zu Helenas Kammer, in der Licht brannte. Sie setzte sich auf und hielt die graue Decke schützend vor ihr Nachthemd. Erst jetzt erkannte sie mich. Mit ihrer Linken versuchte sie ihren kahlen Kopf zu bedecken. Sie weinte und lachte gleichzeitig. Ich nahm ihre Hände und küsste sie auf die Schläfe. Sie roch nach abgestandenem Schweiß und billiger Seife. So saßen wir eine Weile aneinandergeschmiegt da, bis sie sich wieder beruhigte.

Wir schwiegen erneut, obwohl wir uns so viel zu erzählen hatten. Ich hatte geglaubt, ein solches Schweigen sei ausnahmslos alten Ehepaaren vorbehalten, die sich bereits alles gesagt haben. Ich wusste nicht genau, warum wir schwiegen.

In der kleinen Kammer war es stickig. Ich löste mich von Helena und ging zum Fenster, um das Oberlicht zu öffnen, aber der Rahmen war eingerostet.

»Sag was!«, bat sie leise. »So sag doch was.«

»Die Sonne scheint.«

Sie sah mich schräg von der Seite an. Ein prustender Lacher folgte. »Wie ist das bloß möglich.«

Ich setzte mich wieder zu ihr. Zwickte sie in die Seite. Sie kicherte. So kann man die Leute auch zum Lachen bringen.

»Wie geht es dir?«, fragte ich.

»Besser. Das glaube ich zumindest.«

»Fieber?«

»Ja, aber nicht mehr so hoch.«

Es war und blieb merkwürdig, so viel für diese Frau zu empfinden und zugleich so wenig von ihr zu wissen. Hinter ihrem Namen stand für mich sowohl ein Ausrufe- als auch ein Fragezeichen. Ich fand es seltsam, sie nach ihrem Beruf zu fragen, tat es aber trotzdem.

»Ich bin Lehrerin«, sagte sie. »An einer katholischen Schule in Amsterdam-Oost.«

»Bist du etwa keine Jüdin?«

»Schon, aber das war nie ein Problem. Ich brachte den Kindern Rechnen und Schreiben bei, genau wie immer – in der stillen Hoffnung, den Deportationen zu entgehen.«

»Und wie kam es dann, dass …?«

»Ich habe im September 1940 bei der Schule angefangen, gleich nach den Sommerferien. Der Direktor, Meneer Feenstra, war ein guter Mensch. Er konnte mich davon überzeugen, dass ich nicht Weiss, sondern De Wit heißen musste. Juffrouw De Wit: für meine Kollegen, für die Kinder und ihre Eltern. Nur Meneer Feenstra kannte meine Abstammung. Ich habe nie einen Judenstern getragen.«

»Warst du denn nirgendwo registriert?«

Sie zuckte die Achseln. »Bestimmt. Nach Henriettes Tod und der Scheidung bin ich mehrmals umgezogen. In Amsterdam-Ost habe ich dann von vorn angefangen. Alleine, ganz auf mich gestellt. Vielleicht habe ich auch einfach Glück gehabt. Sie haben mich nie gefunden. Bis Meneer Feenstra in Pension ging. Er wurde durch einen Mann um die fünfzig ersetzt, der überzeugtes Mitglied der NSB-Partei war, ein echtes Scheusal.«

»Und dann?«

»Er wusste, dass ich Jüdin bin und nannte mich Mevrouw Weiss. Aber wie er dahintergekommen war, ist mir bis heute ein Rätsel. Er hatte ein Auge auf mich geworfen und hat versucht, mich zu erpressen. So nach dem Motto: Wenn du mitmachst, halte ich den Mund. Nach der Schule hat er mich zu sich ins Büro bestellt und ... ich war so empört, so angewidert, ich habe ihm eine schallende Ohrfeige gegeben. Schon einen Tag später standen die Deutschen auf dem Schulhof. Sie holten mich aus der Klasse, führten mich vor den Kindern ab. Meine Kollegen blieben ausnahmslos in ihren Zimmern. Aus Scham vermutlich. Als wir davonfuhren, sah ich nur den NSB-Mann am Fenster stehen.«

Sie war es nicht mehr gewohnt, so lange zu reden. Inzwischen war sie so müde, dass sie nicht mehr sitzen konnte. Ich half ihr, sich wieder hinzulegen. Sie drehte sich auf die Seite und schob eine Hand unter den Kopf.

»Du hast wunderbar gesungen in dem Waggon«, sagte ich nach einer Weile. »Kannst du das nicht hier im Lager ebenfalls machen? Zu Orchesterbegleitung?«

»Nein«, sagte sie angewidert. »So gut bin ich auch wieder nicht. Und dann müsste ich bestimmt auftreten. Vor der SS! Nein danke.«

Wieder entstand eine Pause. Im Flur waren Schritte zu hören.

»Sie haben mich kahl geschoren. Sämtliche Haare sind futsch!« Sie sah mich herausfordernd an. Ich musste aufpassen, jetzt nichts Dummes zu sagen. Vor allem nicht, dass sie immer noch schön sei.

»Jede Aufseherin ist doppelt so hässlich.«

»Drei Mal so hässlich!«

»Aufseherinnen mit Damenbart auf jeden Fall.«

Sie kicherte und begann wieder zu husten. Vorsichtig legte sie sich auf den Rücken. »Es ist mir schwergefallen, das Leben hier zu ertragen«, sagte sie. »Ich habe viel an Henriette gedacht. An meine Eltern. An meine Schwester. Und ich wusste lange nicht, ob du noch am Leben warst. Dein erster Brief hat mir Mut gemacht.«

»Ich musste allerdings für das Herausschmuggeln der Briefe bezahlen«, sagte ich fröhlich. Ich erzählte kurz von der Charlie-Chaplin-Szene mit dem Spazierstock aus Birkenholz. Von Janusz und seinem gefälschten Hitler-Bärtchen. Ihr magerer Oberkörper krümmte sich vor Vergnügen. In diesem Moment liebte ich sie noch mehr.

»Warum hast du das eigentlich getan, Ernst?«, neckte sie mich. »Warum hast du mir geschrieben?«

»Aus demselben Grund, aus dem du zurückgeschrieben hast.«

»Ach«, sagte sie. »Ich hatte nichts Besseres zu tun.«

»Tröste dich: Sobald wir freikommen, kannst du mich ja gleich wieder sitzen lassen.«

Sie sah mich an. Ich schluckte, suchte verzweifelt nach einer witzigen Bemerkung. Oder war das bloß feige? Sollte ich ihr nicht lieber meine wahren Gefühle gestehen?

»Helena, ich ...«

Sie legte einen Zeigefinger auf meine Lippen.

30

Mit den Deutschen werde es bald zu Ende gehen, besagten die Gerüchte, die ich von allen Seiten hörte. Gerüchte über eine Landung der Alliierten in der Normandie hielten sich so hartnäckig, dass ich ihnen allmählich Glauben schenkte. Mit dem Durchbruch der Engländer und Amerikaner im Westen und mit den von Osten her anrückenden Russen wuchs die Hoffnung der Häftlinge. Aber würden sie noch rechtzeitig eintreffen? Jeder Tag zählte, das war der alles beherrschende Gedanke.

Auch die Deutschen waren nervös. Das merkte ich bei meinem zweiten Auftritt in der SS-Kantine. Während ein Sextett *Lili Marleen* zu Gehör brachte, wartete ich in der Küche auf meinen Einsatz. Der Kommandant war diesmal nicht anwesend, und weil zudem keine Soldaten an die Ostfront verabschiedet wurden, war es diesmal insgesamt viel ruhiger. Gleich neben der Tür saßen ein paar ältere SS-Männer an einem Tisch – grobe Kerle zwischen dreißig und vierzig. Ich hörte, wie sie gedämpft über die bröckelnde Moral in der Heimat sprachen, über eine verheerende Bombardierung Hamburgs, über die Verbissenheit der Russen und die Kampfkraft der Amerikaner. Sie klangen ernsthaft beunruhigt.

Was wohl nach dem Krieg mit diesen Männern geschah? In diesem stinkenden, morastigen Winkel Europas hatten sie sich unsichtbar gewähnt, unsichtbar vor Gott und der Welt. Unsichtbare Menschen werden unmoralisch – hatte das nicht schon Plato gesagt? Vielleicht gab es noch mehr Lager. Gerüchte darüber hatte ich schon in den Niederlanden immer wieder gehört. Wie dem auch sei, bald würden sich diese Schufte rechtfertigen müssen. Aber ob ich das noch erleben würde? Würden sie die Häftlinge, die Augenzeugen, am Leben lassen?

Ich beschloss, meine Auftritte anders zu gestalten. In den Tagen davor hatte ich verschiedene bunte Stofffetzen organisiert und aneinandergeknotet. Die zog ich vor meinem Publikum aus dem Mund. Ich bat einen der Anwesenden um eine Münze. Ich ließ sie in meiner Hand verschwinden, um sie dann wieder aus seinem Ohr hervorzuzaubern. Einfache, aber wirkungsvolle Tricks. Nach meiner Feuertaufe fand ich es angenehm, so wenig wie möglich sagen zu müssen.

Es war Hochsommer. Jeden Tag stand mein Kellerfenster offen, damit ich die Amseln in den Pappeln besser hören konnte. Gegen Mittag flog regelmäßig eine Kohlmeise am anderen geschlossenen Fenster empor, um Spinnen aus dem Netz zu holen. Ich sah ihr gerne dabei zu und sog den süßen Fliederduft und den feuchten Geruch nach Erde ein, der vom Sumpfland aufstieg. Allerdings nicht immer: Vor allem an warmen, windstillen Tagen überdeckte der Krematoriumsgestank alles andere.

Noch schlimmer waren die Verbrennungsgruben von Krematorium III. Dort wurden die Toten hineingeworfen, mit Benzin übergossen und angezündet. Es entstanden dicke schwarze Rauchwolken, die selbst außerhalb des Lagers weithin sichtbar sein mussten. Abends färbte sich der Himmel rot. Von einem Leichenträger hatte ich erfahren, dass diese Gruben an einer Seite steil abfielen. Dort war eine breite Zinkrinne eingelassen, in die das geschmolzene Leichenfett floss. Mit einer Schaufel wurden die menschlichen Überbleibsel ins Feuer zurückgeworfen, um das Inferno weiter zu entfachen.

Das war wieder eine dermaßen kranke Geschichte, dass sie wahr sein musste. Im Vergleich dazu war Block 24 die reinste Oase. Musik als Bollwerk. Am frühen Abend lief ich nach oben und lauschte hinten im Proberaum, wenn das Orchester etwas von Schubert oder Schumann einstudierte. Sogar ein deutscher Schlager konnte mich in seinen Bann ziehen, wobei ich vor allem die verbissenen Mienen der Musiker genoss. Die wussten ganz genau, dass sie banale Schlager besonders intensiv üben mussten, weil sie sich gerade in diesem Genre keinerlei Fehler erlauben durften.

An einem schwülen Sommerabend hörte ich, wie eine Oper von Puccini, *Madame Butterfly,* ungewöhnlich hingebungsvoll und eindringlich dargeboten wurde. Ich stand im Flur. Durch den Türspalt beobachtete ich den Kommandanten, der kerzengerade und mit gefalteten Händen wie in Trance auf einem Stuhl saß. Er war der einzige Zuschauer im Proberaum. Mit einem weißen Handschuh wischte er sich über die Augen.

Albert Kapinsky stand der Schweiß auf der Stirn. Gewohnt schwungvoll und energisch führte er sein Orchester durch die Partitur. Manchmal rückte er seine Hornbrille zurecht. Die Musiker vom »Außendienst« kehrten vom Abendappell zurück. Auch sie blieben wartend im Flur. Sie wirkten bedrückt. Ich fragte einen Cellisten, was passiert sei.

»Vier wurden gehenkt«, sagte er gefasst. »Sechs Leute eines Außenkommandos sind geflohen – Russen. Zwei von ihnen befinden sich noch auf freiem Fuß. Sie haben einen Kapo und zwei SS-Leute getötet. Die Deutschen waren außer sich. Noch vor dem Appell wurden die Kerle mit blutigen Köpfen an ein Holzkreuz gebunden. Danach kamen sie an den Galgen, den Gruppengalgen. Während des Hängens mussten wir auf Befehl des Kommandanten wieder Arien aus *La Traviata* spielen. Das ist seine Lieblingsmusik bei Hinrichtungen. Er bezeichnet sie als ›Todestango‹. Die Russen hatten die Augen verbunden, sie standen auf Stühlen und sangen mit dem Strick um den Hals die *Internationale*. Sie überstimmten uns. Bis die SS-Leute einen Stuhl nach dem anderen umtraten.«

Der Kommandant war nach wie vor ganz in die Musik versunken. Auf der Bühne würde Butterfly jetzt niederknien, um sich mit dem Messer ihres Vaters zu töten, bis plötzlich ein Kind auftaucht. *Con onor muore*. Nach dem getragenen Schlussakkord trat Stille ein. Langsam erhob der Kommandant sich, nickte dem Dirigenten zu und verließ den Raum. Seine zwei Adjutanten folgten ihm gehorsam.

Endlich durften wir hinein. Die Musiker reckten und streckten sich und legten ihre Instrumente in den Wandschrank. Ich sah Jakob mit seinen grauweißen Haaren und dem dunklen Schnurrbart. Er schien völlig in sich gekehrt. Seit dem Auftritt in der SS-Kantine hatte ich ihn nicht mehr gesehen. Ich ging zu ihm, und wir gaben uns die Hand.

»Woran denkst du, wenn du Geige spielst?«, fragte ich.

Jakob sah den Mann neben sich fragend an, einen baumlangen Ungarn, der Akkordeon spielte. Der übersetzte meine Frage ins Ungarische. Der Zigeuner antwortete mit wenigen Sätzen.

»An nichts«, dolmetschte der Akkordeonspieler. »›Wenn ich spiele‹, so Jakob, ›dann gibt es keine Vergangenheit und keine Zukunft, sondern nur das Hier und Heute.‹«

»Dann bist du also kurz jenseits des Zauns«, meinte ich.

Jakob überlegte, sah mich dann strahlend an und sagte ein paar Worte. Der Ungar lächelte ebenfalls.

»In der anderen Welt gibt es keine Zäune.«

Jakob sagte noch etwas. Der Ungar übersetzte: »In der anderen Welt lebt meine Familie. Nur in der Musik kann ich bei ihr sein.«

»Stimmt es, dass Sie vier Kinder verloren haben?«

»Nein«, antwortete der Ungar an Jakobs Stelle. »Sechs. Vier Jungen und zwei Mädchen. Er war im Zigeunerlager neben dem Frauenlager untergebracht: mit Frau und Kindern, seinen Eltern, zwei Schwestern und einem Bruder. Sie wurden alle vergast. Nur Jakob durfte am Leben bliebn, weil er so schön musizieren kann.«

Jakob sprach wieder, ruhig und nachdenklich.

»Er ist neugierig auf Ihre Witze«, sagte der Ungar. »Sie haben die SS-Kantine ganz schön auf den Kopf gestellt.«

»Es waren schlechte Witze für schlechte Menschen. Ohne jeden kulturellen Wert. Wie hat er seinen jüngsten Auftritt empfunden?«

Nachdem für ihn gedolmetscht worden war, zeigte der Zigeuner ein resigniertes Lächeln und zuckte die Achseln.

»Jakob lebt ausschließlich für seine Geige«, sagte der Ungar ernst. »Die Auftritte vor dem Kommandanten sind schmerzlich für ihn, das können Sie mir glauben. Aber er flüchtet sich in die Musik. So müssen Sie das sehen.«

Der Geiger sagte noch etwas, und der Ungar nickte. »›Ich muss weiterleben‹, sagt er. ›Meine Zeit ist noch nicht gekommen. Noch nicht.‹«

Am späteren Abend kam Schlomo vorbei. Ich lag schon im Bett, aber für meinen polnischen Freund zündete ich gern eine Kerze an. Er starrte schwermütig vor sich hin und hatte nicht mal einen Blick für Grosso übrig, der schon längst schlief.

»Nicht gut, Holländer. Nicht gut.«

Als Extrarepressalie hatte man nach dem Fluchtversuch überall im Lager Hinrichtungen vorgenommen. Ich hatte in der Tat Schüsse gehört. Schlomo hatte das Pech, dass das SS-Peloton auch an seiner Baracke vorbeigekommen war. Er musste zehn Personen für weitere Erschießungen benennen. Wenn er glaubwürdig bleiben und seinen Posten behalten wollte, durfte er keine Sekunde zögern.

»Ich musste es tun, Holländer, ich musste es tun! Ich betrete also die Baracke … Ich werde das nie vergessen. Niemals. Ich suche den Ersten aus. Er schreit. Fleht mich an. Weint. Ich wähle den Zweiten aus. Den Dritten. Einige verstecken sich. Sie weichen vor mir zurück. Den Vierten. Den Fünften. Den Sechsten. Einer lacht und sagt Nein. Ich sehe ihn bedauernd an. Den Siebten …« Schlomo schlug die Hände vors Gesicht.

Ich schenkte ihm Tee ein, er war noch warm und Schlomo nahm einen Schluck.

»Ich musste mich neben das Erschießungskommando stellen. Alle haben mich angesehen. Ich durfte nicht weinen, keinerlei Gefühle zeigen. Ich musste stark sein. Sag, Holländer, inwiefern bin ich noch besser als die SS?«

»Das weißt du ganz genau, Schlomo.«

Er weinte. »Nein, nein, eben nicht!«

»Nicht heute Abend, natürlich. Aber du bist nicht derjenige, der den Abzug drückt! Vergiss das nicht, mein Freund.«

»Ich habe ihr Schicksal besiegelt.«

»Hättest du dich geweigert, so hätte das auch nichts geändert. Dann hätte es ein anderer getan, und deine Leute wären noch schlechter dran gewesen.«

Schlomo schüttelte den Kopf. »Das mag ja sein, Holländer. Aber warum hilft es mir dann trotzdem nicht weiter?«

Ich schwieg.

»Erzähl mir lieber einen Witz.«

»Einen Witz? Ich glaube nicht, dass du in der richtigen Stimmung dafür bist.«

Er holte tief Luft und straffte sich. »Doch. Jetzt erst recht. Morgen ist ein neuer Tag.«

Ich zögerte.

»Los, Holländer, mach schon!«

Ich räusperte mich. »Also gut: Ein Deutscher, ein Russe und ein Pole sitzen in einem Flugzeug. Gott sagt: ›Ihr seid alle auserwählt. Ihr dürft euch was wünschen.‹ Der Deutsche reibt sich die Hände. ›Ich will, dass alle Russen vom Erdboden verschwinden.‹ Gott nickt. ›Und Sie?‹ Daraufhin sagt der Russe: ›Ich will, dass alle Deutschen vom Erdboden verschwinden.‹ Gott nickt erneut. Jetzt schauen alle auf den Polen. Was ist sein größter Wunsch? Er lächelt. ›Eine Tasse Kaffee, bitte, mit etwas Zucker und ohne Milch.‹«

Schlomo grinste, aber von dem Hofnarren in ihm war nichts mehr zu spüren. Grosso drehte sich murmelnd um und ließ einen fahren. Das brachte uns unwillkürlich zum Lachen. »Er ist Clown«, sagte ich. »Sogar im Schlaf.«

Eine Pause entstand. Selbst oben im Proberaum war alles still.

»Warum wehren wir uns nicht?«, fragte Schlomo. Ich erschrak über den Ernst in seiner Stimme.

»Wir sind viel zu sehr mit Überleben beschäftigt.«

»Ja, ja, aber trotzdem: Die Menschen später, wie werden sie über uns urteilen? Über uns, die wir uns das einfach so haben gefallen lassen? Diese Russen, sie wollten fliehen ...«

»Und sind jetzt tot.«

»Aber sie haben wenigstens etwas unternommen! Zwei von ihnen sind noch am Leben.«

»Sie haben so gut wie keine Chance.«

»Wer weiß, eine klitzekleine haben sie vielleicht doch! Angenommen, wir beide überleben nicht wie so viele andere. Hätten wir etwas unternehmen müssen?«

Das hatte ich mich bereits tausend Mal gefragt, ohne je eine Antwort darauf zu finden.

31

An einem warmen, stickigen Sonntag hatte ich meine erste große Vorstellung im Theatergebäude außerhalb des Lagers, sonst in erster Linie das Reich des großen Lagerorchesters von Albert Kapinsky. Aber nach einigen Auftritten in der SS-Kantine bekam ich jetzt auch meinen Platz im Nachmittagsprogramm. Ob ich nun vor Bier trinkenden SS-Chargen oder vor der Wein trinkenden deutschen Elite auftrat, war mir im Prinzip egal, zumal dieser sogenannten Bildungselite vielleicht sogar die schlimmsten Verbrecher angehörten.

Grosso musste ebenfalls hier auftreten. Seine Nummer war nicht kneipentauglich, das hatte der Kommandant richtig eingeschätzt. Aber wie würde sich dieser Kinderclown im Theater behaupten? Er war zum Maskottchen des Orchesters geworden, sogar Albert Kapinsky schmolz in seiner Gegenwart dahin. Grosso besaß eine außerordentliche musikalische Begabung. Sein Gespür für Rhythmus und Timing war so perfekt, dass er auf seinem Gebiet bestimmt eine Koryphäe gewesen war. Wie auch immer der Mann heißen mochte – er war vollkommen eins mit seiner Clownfigur und schaffte es nicht mehr, auf den Normalmenschen umzuschalten. Wahrscheinlich wusste er gar nicht mehr, wo der Schalter war.

Wie sollte ich mich auf der Bühne Grosso gegenüber verhalten? Vielleicht musste ich in die Rolle Oliver Hardys als Gegenpart von Stan Laurel schlüpfen? Das sind beides Dumme-August-Figuren, Gegenspieler des »Weißclowns« in Gestalt eines Vermieters, eines Armeekommandanten oder einer schönen Frau. Der Dicke wähnt sich dem Dünnen überlegen – das könnte ich mit Grosso hervorragend darstellen. Im Grunde war sowieso alles egal – Hauptsache wir ernteten einen Lacher. Einen rettenden Lacher.

Das Theater war wie die lang gestreckten Kasernen aus rotbraunen Steinen erbaut worden, stand jedoch frei und war höher als die anderen Gebäude. Ein Erker schmückte die Fassade, das Dach bestand aus grün oxidiertem Kupfer und erinnerte an eine Zwiebelkuppel. Ich vermutete, dass dieses Theater früher von der Bevölkerung der umliegenden Dörfer besucht worden war.

In dem nüchternen Saal standen mehrere Reihen von Holzsitzen auf dem bei jeder Bewegung knarrenden Dielenboden. Der Vorhang war rot, mottenzerfressen und verschlissen. Oben gab es eine Loge. Zu meiner Überraschung hatten die Deutschen dort einen Suchscheinwerfer von einem der Wachtürme platziert und auf die Bühne gerichtet. Es handelte sich um ein kleines Modell, und vor dem Scheinwerfer befand sich eine Metallblende. Um das grelle Licht zu dämpfen, war ein weißes Laken davorgespannt worden.

Mit Erlaubnis des Kommandanten waren Grosso und ich schon früh eingetroffen – um halb eins, lange vor den Orchestermitgliedern. Unsere Begleiter, zwei Adjutanten, standen vor dem Eingang in der prallen Sonne, rauchten und lachten. Wir konnten uns in aller Ruhe vorbereiten. Grosso betrat neugierig den Saal und starrte hinauf zu der hohen Balkendecke. Das war wirklich etwas anderes als ein Zirkuszelt!

Wir teilten uns eine Garderobe direkt neben dem großen Raum, der für die Musiker reserviert war. Auf einem Holztisch stand ein Frisierspiegel, und es gab sogar ein paar angebrochene Tiegel mit Schminke und Lippenstift. Ich musste zudem nicht länger in meiner gestreiften Jacke auftreten. Ein dunkelgrauer Anzug wartete schon auf mich, dessen Eigentümer zweifellos ermordet worden war. Für Grosso lag ein Clownskostüm mit einem Riesenkragen und riesigen Taschen bereit. Die Hose war schwarz, das Jackett weiß mit aufgenähten Rauten in Knallgelb, Rot und Blau. Er stieß einen Freudenschrei aus und schlüpfte sofort in sein ordentlich gebügeltes Kostüm. Der Clown sehnte die Aufführung herbei. Jetzt fehlte nur noch ich.

Ich sah in den Spiegel und erschrak. Wenn mich das Lachen so alt gemacht hatte, musste ich mir schleunigst einen anderen Beruf ausdenken. Mit dem Schminken konnten wir uns Zeit lassen. Erst würde das Orchester auftreten, anschließend Grosso und ich. Über meine neuen Kleider freute ich mich: Endlich war ich die verdammten Streifen los! Das war in der SS-Kantine bei jeder Vorführung mein Malus gewesen: Erst musste ich den inhaftierten Juden vergessen machen, bevor man mich als Komiker wahrnahm.

Ich betrat mit Grosso den Saal. Auf der Bühne setzten sich die ersten Musiker auf Stühle, die in einem Halbkreis um den Dirigenten gruppiert waren. Sie trugen ebenfalls Anzüge, alle unterschiedliche und jeweils mit einer Lagernummer versehen. Die Musiker begannen, sich einzuspielen. Die Atmosphäre erinnerte mich an den Beginn eines Konzerts des Concertgebouworkest: all die suchenden und tastenden Instrumente, die schließlich zu einer überirdischen Harmonie zusammenfanden. Einige jüdische Musiker hatten zu so renommierten Orchestern wie den Wiener Philharmonikern gehört, und so besaß dieses Lager ein Orchester von Weltrang.

Der Saal füllte sich. Mir fiel auf, dass auf zwei Stühlen der ersten Reihe blaue Kissen lagen. Sie waren für den Kommandanten und seine Frau bestimmt. Beide kamen als Letzte herein. Frau Müller trug ein rotes, eng anliegendes Abendkleid. Mit ihren knallroten Lippen und ihrem hochgesteckten hellblonden Haar wollte sie vermutlich wie eine Filmdiva wirken.

Es wurde still.

Albert Kapinsky erschien. Er nahm seine Hornbrille ab und verbeugte sich tief vor den Deutschen im Saal. Es wurde nicht applaudiert. Grosso wollte klatschen, aber ich konnte seine Handgelenke gerade noch rechtzeitig festhalten. Heilige Stille. Der Dirigent drehte sich um, setzte seine Brille auf, hob seinen Kopf und den Taktstock und ließ mit ein paar stürmischen Armbewegungen die Musik erklingen. Johann Strauss. Die Ouvertüre der *Fledermaus*. Ich kannte diese Operette aus der Plattensammlung meines Vaters. Grosso saß unsichtbar für das Publikum seitlich von der Bühne und wippte mit den Füßen im Takt der Musik.

Allmählich bereitete ich mich vor.

Ich war froh, allein in der Garderobe zu sein. Hier konnte ich mich sammeln und konzentrieren; meinen Text konnte ich bereits auswendig. Ich warf einen Blick auf das Lager. Jenseits des Stacheldrahts und der Dächer der steinernen Kasernen sah ich die endlosen Baracken des Außenlagers. Überall liefen Menschen hin und her. In der Ferne im Krematorium III herrschte Hochbetrieb.

Ich hörte Applaus. Schwach, aber immerhin.

Jetzt Mozart. *Eine kleine Nachtmusik*.

Ich konnte Albert Kapinsky gut verstehen. Er wollte, dass die Schönheit siegte, und zwar unabhängig vom moralischen Niveau der Zuhörer. In seinem Fall traf sich das gut mit dem Wunsch der Deutschen. Bei mir war die Situation eine ganz andere: Gute Witze sind meist gewagte, böse Witze. Aber wenn ich zu zynisch wurde, war ich mir meines Lebens nicht mehr sicher.

Ich warf einen Blick auf die angebrochenen Schminktiegel. Ein Maskenbildner hätte nur die Nase gerümpft, doch ich war froh, meinen blassen Teint wenigstens ein bisschen auffrischen zu können. Musste sich Grosso als Clown nicht schminken? Oder reichte die knallbunte Jacke? Eine rote Nase konnte er bestimmt gebrauchen. Ich nahm den Lippenstift und ging nach vorn. Grosso saß nach wie vor am selben Fleck und lauschte der Musik. Mit großen, kreisförmigen Bewegungen malte ich ihm die Nase dunkelrot an. Mit weißer Schminke hätte ich noch stärkere Akzente setzen können, aber das musste genügen. Das Orchester spielte jetzt eine Arie aus *Nabucco* – Verdis bombastische Klänge durften natürlich nicht fehlen.

»Grosso spielen?«, fragte er begeistert.

»Ja, Grosso spielen.«

Er stand auf und streckte sich. Ich betrachtete fasziniert die mit Schweißperlen bedeckten, ernsten Gesichter der Musiker. Die von ihnen gespielten Stücke hatte ich in der letzten Woche mehrmals gehört, doch das waren Proben gewesen. Grosso rieb sich die Hände und sprang unvermittelt auf die Bühne.

Ich wurde blass.

Im Saal wurde leises, beängstigendes Geflüster laut. Hier und da mischte sich ein erstauntes Lachen darunter. Grosso latschte mit seinen Riesenfüßen bis an den Rand der Bühne, blieb stehen und starrte, die Hand über die Augen gelegt, in den Saal. Er winkte einem imaginären Bekannten zu. Allmählich kam Leben in das Publikum. Albert Kapinsky spürte, wie sich die Gottesanbeterin hinter ihm bewegte. Er sah sich kurz um und wurde bleich.

Vorne ging Grosso auf die Knie und begann umständlich, einigen Offizieren und ihren Ehefrauen in der ersten Reihe die Hände zu schütteln. Sie erwiderten seinen Händedruck mit einem gezwungenen Lächeln. Insgeheim war ich heilfroh über Grossos schräges Kostüm. Nur ein Clown konnte so etwas wagen. Er arbeitete sich bis zum Lagerkommandanten vor! Frau Müller warf er eine Kusshand zu. Oder nein, vielmehr einen Knallkuss, der bis hinter die Kulissen zu hören war. Grosso schaute sich jetzt im Saal um, und ich sah seinen seligen Blick und die zwinkernden Äuglein lebhaft vor mir. Anschließend kam der Kommandant höchstpersönlich an die Reihe. Ich traute mich kaum hinzusehen. Der Clown schüttelte ihm so fest die Hand, dass Herr Obersturmbannführer wie eine leblose Puppe hin und her geschüttelt wurde. Sein Lachen war genauso falsch wie sonst sein Lächeln.

Grosso rappelte sich wieder auf. Er drehte sich um und starrte das Orchester an, als hätte er die Musiker gerade erst bemerkt. Marschierte schnurstracks auf sie zu. Was kam als Nächstes? Grosso stellte sich neben Albert Kapinsky, der stur und scheinbar unbeeindruckt weiterdirigierte und den Clown ignorierte. Grosso drehte sich zum Publikum um und imitierte den Dirigenten, seine Armbewegungen, sein Stirnrunzeln, die aufeinandergepressten Lippen. Zum ersten Mal hörte ich einen echten Lacher im Saal. Das Konzert hatte sich in eine Clownsnummer verwandelt, bei der die Musiker bloße Statisten waren.

Grosso lief zu den Streichern. Mit großer Geste spielte er Luftgeige. Albert Kapinsky ließ sich nicht aus dem Takt bringen und zeigte auf die Pikkoloflöte, die einen goldenen Faden in den Klangteppich webte. Zum Glück stand der Flötist in sicherer Entfernung vom Clown. Grosso bahnte sich einen Weg zwischen den Orchestermitgliedern hindurch und stolperte über einen Notenständer. Im Fallen stützte er sich auf die Schulter eines Cellisten. Der geriet ebenfalls aus dem Gleichgewicht und griff mit seinem Bogen daneben, wodurch auf einmal mitten in der Oper eine rollige Katze zu jaulen schien. Ich hörte wieder Gelächter, aber auch empörtes Gemurmel.

Der Clown war nicht mehr zu bremsen. Jetzt hatte er den Schlagzeuger im Visier. Der traute sich nicht, auf-, geschweige denn sich umzusehen, konzentrierte sich mit zusammengekniffenen Augen auf den Dirigenten und ließ einen Trommelwirbel hören. Grosso schaute ins Publikum und grinste. Ich hielt mir die Augen zu, konnte es allerdings nicht lassen, zwischen den Fingern hindurchzuspähen. Mit der flachen Hand begann Grosso mit aller Wucht auf eine der Kesselpauken einzuschlagen. Trotz seiner musikalischen Fantasie hätte selbst Verdi sich ein solch originelles Intermezzo niemals ausdenken können.

Der Schlagzeuger schubste Grosso verzweifelt weg, sodass der Clown sich mit einem lauten Schrei fallen ließ. Als er wieder aufstand, verklangen die letzten Takte.

Die Deutschen begannen vorsichtig zu applaudieren. Sie schienen nicht so recht zu wissen, für wen. Grosso ging mit großen Schritten nach vorn, verbeugte sich gekonnt und heimste schamlos sämtliche Beifallsbekundungen für sich ein. Der Dirigent sah betreten drein und warf die Arme in die Luft, zum Zeichen, dass er nicht weiterwusste. Der Vorhang fiel, und das Orchester blieb ratlos zurück. Jetzt war der Clown allein mit seinem Publikum. Der Vorhang schwang noch ein paarmal hin und her.

Da stand er. Vor dem Saal. Ohne seine Freunde, die Musiker. Und es geschah ... nichts. Intuitiv spürte ich, dass der Clown verschwunden war. Dieser Mann verpasste den heiklen Moment, in dem er die Gottesanbeterin im Zaum halten musste. Das Publikum wurde ebenfalls nervös. Grosso drehte sich um, und ich sah eine unglaubliche Traurigkeit. Weinte er? Hatte er Familienangehörige oder Verwandte verloren? War er deshalb so gelähmt?

Ich musste dringend eingreifen.

Rasch betrat ich die Bühne. »Grosso! Nein, nein und nochmals nein!« Er sah auf, als träume er. Dieser Mann war mir fremd. Ich hatte ihn noch nie zuvor gesehen. Mit beiden Seiten meiner Hand verpasste ich ihm drei Ohrfeigen. *Patsch, patsch, patsch*. Ich schlug absichtlich ziemlich fest zu.

»Du, Grosso!«

»Ja, Grosso«, stammelte er.

»Was ist los? Hast du Angst?«

Er blinzelte, ließ seine Unterlippe hängen und blickte zu Boden. Versuchte, eine Pose einzunehmen, doch der Funke sprang nicht über. Es ist ein großer Unterschied, ob man den

Clown nur spielt oder ihn verkörpert. Gott sei Dank sah ihn das Publikum nur von hinten.

»Das ist kein Zirkuszelt. Das ist ein The-a-ter. Ist das dein Problem?«

Der Mann schaute mich an, sein Blick war verschwommen. Verstand er mich?

»Liegt es an den Leuten?« Ich zeigte auf den Saal. Er drehte sich halb um und starrte verdattert ins SS-Publikum. Keine Reaktion.

»Grosso, was hast du nur? Glaubst du, diese Leute wollen dir was antun?« Ich schüttelte den Kopf über so viel Naivität.

Er stand einfach nur da.

»Glaubst du, sie werden dich umbringen?«, fuhr ich fort. Ich zog meine Hand wie ein Messer an meinem Hals lang.

Gelächter ertönte. Vor allem Frauen lachten.

Der Mann vor mir seufzte laut auf.

»Warte!«, sagte ich und drohte ihm mit dem Zeigefinger. »Du hast überhaupt keine Angst!« Ich griff mir ans Herz. »Du hast Liebeskummer! Grosso? Liebe. Liebe!«

Ein Funke glomm in seinen Augen auf, das erkannte ich sofort. Der Clown war wieder da.

Er winselte wie ein heimwehkranker Hund.

Wieder Gelächter. Ich packte ihn an den Schultern und drehte ihn zum Publikum.

»Aber Grosso!«

»Ja, Grosso.«

»Wer ist es? Wen liebst du?«

Er begann verlegen zu grinsen, wiegte sich in den Hüften hin und her und fuhr mit der Schuhspitze über den Boden.

»Sitzt sie hier im Saal?«

Er schüttelte rasch den Kopf.

»Grosso! Uns kannst du das doch erzählen! Ist sie schön?«

»Jaaaaaaa.«

»Also gut. Du, Grosso ...«

»Ja, Grosso.«

»Du bist hier, um die Leute zum La-chen zu brin-gen.«

»Ja. Zum La-chen brin-gen.«

Meine Haare raufend, entfernte ich mich von ihm. »Nein, nein! Du, Grosso ...«

»Ja, Grosso.«

»Du Clown. Ha-ha-ha!«

»Ha-ha-ha.«

»Ja!«

»Ooooooooooooh.«

Ich wischte mir imaginären Schweiß von der Stirn und trocknete die Hand mehrmals an meinen Kleidern ab.

Grosso schlurfte hinter mir her und kreischte mir ins Ohr. Ich erschreckte mich zu Tode und machte einen Luftsprung – und das war nicht gespielt! Er lachte wie eine Hyäne und schlug sich vor Vergnügen auf die Schenkel.

»Ich Clown!«, rief er laut. »Zum La-chen brin-gen.« Er konzentrierte sich weiterhin auf das Publikum, um mir Gelegenheit zu geben, mich zu revanchieren.

Ich legte den Zeigefinger auf die Lippen und ermahnte das Publikum zur Stille. Dann schlich ich mich von hinten an ihn heran und gab ihm einen festen Klaps aufs Hinterteil. Er ließ sich wie ein Akrobat nach vorn fallen. Bei diesen Kapriolen fehlte eigentlich nur der Trommelwirbel. Im Grunde war dieser Sketch albern und kindisch, aber das SS-Publikum brüllte vor Lachen.

Grosso verschwand hinter dem Vorhang. Achselzuckend blickte ich ins Publikum. Ich wusste genauso wenig wie die Zuschauer, was er jetzt wohl wieder aushecke. Ich lief zum

Vorhang und wieder zurück. Das Publikum teilte meine Nervosität. Er würde mich doch nicht hier stehen lassen? Ich konnte nicht mehr so einfach auf Witze umsteigen und schon gar nicht auf Sprache.

Ich seufzte und wartete. Von Zeit zu Zeit grinste ich ins Publikum oder winkte ihm kurz.

Wie lange ließ sich das durchhalten?

Zu meiner Erleichterung erschien sein grinsendes Gesicht im Vorhangspalt. Applaus brandete auf. Insgeheim bewunderte ich erneut sein Timing: Er war weder zu kurz noch zu lange weggeblieben. Grosso betrat die Bühne, und hinter seinem Rücken kam eine Geige zum Vorschein. Während er das Instrument auf seine Schulter legte, lief ich erstaunt um ihn herum. Ich grinste wieder ins Publikum und prustete laut vor Lachen.

Heiterkeit.

Grosso sah verdattert drein und wartete.

Ich schüttelte den Kopf. Das wurde nichts!

Grosso wirkte weiterhin verdattert.

Ich verschränkte die Arme, hob das Kinn und nickte ihm zu. Langsam legte Grosso den Bogen auf die Saiten. Und schaute mich erneut an.

Ich nickte.

Er strich mit dem Bogen über die Saiten. Ich wusste gar nicht, dass man einem so vornehmen Instrument solch ein erbärmliches Kreischen entlocken konnte. Ich hielt mir die Ohren zu und rannte geduckt davon.

Gelächter.

Der Clown sah niedergeschlagen ins Publikum.

Ich kehrte zu ihm zurück. »Nein, Grosso. Nein, nein, nein. Du: nicht spielen!«

Er winselte.

»Nein, Grosso. Nicht spielen!« Ich wandte mich ans Publikum. »Grosso spielen?«

Das Nein hallte wie ein Echo im Saal wider.

Grosso war zu Tode betrübt. Er sackte regelrecht in sich zusammen. Ich legte nach: »Musiker spielen: ja. Grosso spielen: nein.«

Er ließ die Unterlippe hängen. Trotzdem legte er die Geige wieder auf seine Schulter. Ich hielt mir die Ohren zu und krümmte mich, genau wie das Publikum.

Grosso erzeugte einen leisen Ton, den er langsam anschwellen ließ und der zu meiner Überraschung kristallklar war. Er schloss die Augen und spielte, wütend und melancholisch, brutal und zärtlich, erfüllt von Trauer. Dann endete er mit einem Thema aus Bachs *Chaconne*. Es war ein fantastischer Schlussakkord – der Schlussakkord eines Auftritts, der meiner Ansicht nach ein großer Akt des Widerstands gewesen war.

Mit angespannter Miene betrat der Kommandant die Garderobe. »Ist das das Niveau, das wir von Ihnen erwarten dürfen, Hoffmann?« Sein Ton war barsch. Ich stand hastig auf. Grosso war bei den Musikern.

»Wie meinen Sie das, Herr Obersturmbannführer?«

»Die Vorstellung. Fanden Sie das komisch?«

»Ich …«

»Fanden Sie den Clown lustig?«

Ich schwieg.

»Ihrer Jüdin geht es bereits besser«, sagte der Kommandant. »Aber angesichts der Qualität Ihrer Darbietungen muss ich leider den Schluss ziehen, dass Sie ihre Gesundheit aufs Spiel gesetzt haben.«

»Wie meinen Sie das, Herr Obersturmbannführer?«

»Ihre Jüdin wird in die Baracken zurückkehren, zurück in den Lageralltag. Das dürfte Sie wohl kaum erstaunen. Sobald Ihre Auftritte wieder besser werden, denke ich erneut darüber nach.«

Ich spürte, wie alles Blut aus meinem Gesicht wich. Ich brachte kein Wort mehr heraus.

Der verbissene Zug um den Mund des Kommandanten verzerrte sich zu einer Grimasse. Er begann immer lauter zu lachen.

»Mensch, Hoffmann, wo ist bloß Ihr Sinn für Humor geblieben? Das war ein Witz! Sie und der Clown waren ein fantastisches Duo. Ach, Sie sind ja ganz blass geworden. Was die Liebe mit einem Menschen nicht alles anstellen kann! Ich habe Ihnen Angst eingejagt. Aber: Sie haben mir auch Angst eingejagt. Ich dachte wirklich, der Clown hätte Angst vor uns.« Er musterte mich scharf. »War dem so, Herr Hoffmann?«

»Nein, Herr Obersturmbannführer.«

»Sie sagen mir doch die Wahrheit?«

»Selbstverständlich, Herr Obersturmbannführer. Auch im Namen des Clowns betrachte ich es als Kompliment, dass sich sogar so ein Theaterkenner wie Sie an der Nase hat herumführen lassen.«

Er nickte friedlich. »Was soll ich sagen, Hoffmann: Nur im Theater mag ich Überraschungen. Und dafür sind Sie zuständig, nicht wahr? Jetzt steht es eins zu eins. Haha!«

Ich versuchte, mitzulachen.

»Wegen Ihrer Jüdin kann ich Sie beruhigen. Ich halte mich an unsere Abmachung, ja ich tue sogar mehr als nur das: Ich nehme Ihre Jüdin in mein Haus auf.«

Ich sah ihn verblüfft an.

»Ja, Sie haben richtig gehört. Sie kann auf die Kinder aufpassen. Ich habe das bereits mit meiner Frau besprochen. Sie bewundert Sie! In Kürze feiern wir Kindergeburtstag. Meine Frau hätte gern, dass Sie dann auftreten. Als Zauberer. Soweit ich weiß, können Sie das auch?«

»Das stimmt ...«

»Dann können Sie mit Ihrer Jüdin zusammen sein. Der Clown soll ruhig mitkommen. Denn was wäre das schon für ein Clown, wenn er nicht Kinder begeistern könnte?«

»Gewiss, Herr Obersturmbannführer.«

»Unternehmen Sie was Schönes mit Ihrer Jüdin. Sie brauchen beide neue Kleider. Deshalb erlaube ich Ihnen, mit Ihrer Jüdin ins Effektenlager zu gehen. Nach Kanada. Schuhe, ein Anzug, ein Kleid – suchen Sie sich was aus. Es ist schließlich genug da!«

»Aber Herr Obersturmbannführer ... das geht doch nicht einfach so?«

Er machte eine großzügige Geste. »Natürlich, Herr Hoffmann. Die SS weiß sehr wohl, wie man sich erkenntlich zeigt! Sie bekommen dafür die Armbinde eines Kapos. Ich gebe Ihnen einen Brief mit, den Rest wird Ihnen der Blockführer persönlich erklären.« Er zog die Handschuhe an und versetzte mir im Gehen einen kräftigen Schlag auf die Schulter. »Ich habe Sie ganz schön erschreckt, was? Sie, einen Komiker! Manchmal denke ich, ich habe meinen Beruf verfehlt. Ich hätte auch zum Theater gehen sollen, finden Sie nicht?«

32

Helena war aus der Besenkammer entlassen worden. Sie durfte in einen normalen Krankensaal, in dem weibliche Kapos lagen.

»Ihrer Jüdin geht es gut«, sagte der Arzt, ohne von seinen Krankenakten aufzusehen. »Nicht viele Patienten in ihrem Zustand erholen sich so schnell vom Fleckfieber. Ich bin beeindruckt.«

Während er loszog, um sie höchstpersönlich abzuholen, wartete ich auf dem Gang. Ich musste an Doktor Levi denken, den ich nie mehr gesehen hatte. Hoffentlich war er nicht selbst zum Patienten geworden. Irgendwo lief wieder ein Radio, eine Nachrichtensendung, doch ich konnte die Meldungen nicht verstehen, weil es zu sehr rauschte. Ich war noch immer ganz benommen von der großzügigen Geste des Kommandanten: Wir durften uns Kleider aussuchen. Und Schuhe. Ein unglaubliches Privileg.

Helena wurde vom Arzt und einem weiblichen Kapo um die dreißig begleitet. Letztere hatte halb langes blondes Haar und trug einen gestreiften, knielangen Rock. Sie wirkte intelligent, war schlank, aber nicht mager und besaß pralle Brüste. In der normalen Welt hätte ich sie charmant gefunden, ja, vielleicht sogar attraktiv, doch hier nahm ich sie als Bedrohung wahr.

Helena lächelte schüchtern wie ein Schulmädchen. Genauso fühlten wir uns auch, dachte ich: wie Kinder kurz vor einem Schulausflug. Sie trug braune Damenschuhe, einen Lagerrock, eine weiße Bluse und ein weißes Kopftuch. Für Lagerverhältnisse sah sie gut aus. Ihre Knochen standen nicht mehr so hervor – in den letzten Tagen hatte sie bestimmt mehrere Kilo zugenommen.

Der weibliche Kapo strich Helena über den Rücken. »Viel Spaß, Mädchen«, sagte die Frau, als wäre sie Helenas Mutter.

Draußen umarmten wir uns. Ich fand sie wunderbar, und das sagte ich ihr auch. Helena strahlte. Das war schön. Aus demselben Grund liebte ich auch das Lächeln eines bis auf die Knochen abgemagerten Häftlings: Es brachte die Sonne wieder zum Vorschein, wenngleich nur kurz.

»Wohin gehen wir?«, fragte sie.

»Das ist eine Überraschung.«

»Jetzt sag schon!«

»Wir gehen nach Paris.«

»Die Deutschen haben den Eiffelturm abgerissen und das Eisen in Panzer und Kanonen umgeschmolzen. Das habe ich zumindest gehört.«

»Dann gehen wir eben nach Kanada.«

Sie knuffte mich in die Seite. Ich lachte und streifte mir die gelbe Kapo-Armbinde über.

»Aha«, sagte sie trocken. »Du bist also befördert worden?«

»So lässt man uns in Ruhe.«

An diesem Wochentag lagen die Straßen des Lagers ziemlich verlassen da. Beim Küchenblock hoben einzelne Gefangene Kartoffelkisten von der Ladefläche eines Lasters. Ein Mann mit einer Holzschubkarre mit Speichenrädern brachte drei leere Suppenbottiche zurück. Ich hörte lautes Brummen. Flugzeuge. Zwei schnittige Jagdbomber flogen über uns hinweg – so tief, dass die Erde bebte. Auf der anderen Straßenseite gab ein SS-Mann einem Kameraden Feuer. Die beiden sahen kurz auf ohne jede Spur von Angst. Sie kannten den Lärm der Heinkels, Junkers und Messerschmitts.

»Wer war die Frau, dieser Kapo?«, fragte ich.

»Das ist Irma. Sie hat das Bett über mir und war vor dem Krieg ebenfalls Lehrerin. In Bremen. Im Krankensaal schauen alle auf mich herab. Einige Frauen haben sich bei den Ärzten beschwert: Sie finden es eine Schande, dass eine Jüdin auf ihrer Abteilung liegt. Sie trauen mir nicht über den Weg.« Ihre Augen funkelten zornig. »Eine hat ihren Morgenurin in eine Tasse geschüttet und über meiner Pritsche ausgekippt. So was Ekelhaftes! Ich habe nicht gewagt, etwas zu sagen. Irma hat der Person ein paar Ohrfeigen verpasst – sie muss den Gestank natürlich auch ertragen.«

»Das war mutig von ihr«, sagte ich.

»Die anderen betrachten sie jetzt als Judenfreundin. Als Verräterin. Aber Irma bleibt gelassen. ›Mit diesen Hinterwäldlerinnen will ich nichts zu tun haben‹, hat sie gesagt. Sie kennt dich sogar, hat dich gesehen. Im Theater. Mit einem Clown.«

»Gut möglich.«

»Trittst du jetzt auch vor den Deutschen auf?«

»Ja.«

Wir gingen weiter. Ich konnte sie denken hören.

»Warum?«, fragte sie schließlich.

Ich erzählte ihr kurz vom Kommandanten und meiner anfänglichen Weigerung. Vom Sonderkommando, von den Vorstellungen in der Kantine und im Theater. Den Mord an dem Flamen verschwieg ich.

Sie sah mich schräg von der Seite an. »Ich habe mein Leben also einem Lachen zu verdanken.«

»Darauf dürfte es wohl hinauslaufen, ja.«

»Ich glaube, das gefällt mir.«

Ich hatte das Gefühl zu schweben, so erleichtert war ich. Ich musste ihr nichts erklären. Ich musste mich nicht rechtfertigen. Später wahrscheinlich schon, vor den anderen in der freien Welt. Aber Helena kannte sich aus mit dem Leben im Lager. Sie begriff mein Dilemma, hatte Verständnis für meine Entscheidung.

Keine hundert Meter weiter ragte Krematorium II in den Himmel. Es war baugleich mit Krematorium I, von ihm stieg derselbe grauschwarze Rauch auf. Krematorium III lag etwas weiter weg, tiefer im Wald. Wir liefen an einer langen Schlange von Arbeitern vorbei, an mageren, gebeugten Gestalten, die mit Schaufel und Spitzhacke einen Graben aushoben, wahrscheinlich für die Kanalisation. Ein Kapo stand wie ein Feldherr auf einem Sandhügel. Zwei SS-Männer konnten die wie wahnsinnig bellenden Hunde nur mühsam im Zaum halten. Es war drückend heiß. Für diese Häftlinge war die Sonne eine Qual. Viele würden früher oder später an Austrocknung sterben, während die Deutschen umständlich kalten Tee aus einer Feldflasche tranken.

Ich war noch nie in der Nähe des Kanada-Lagers gewesen. Es schien ein ganzer Gebäudekomplex zu sein, bestehend aus drei Reihen mit je zehn Baracken, umgeben von Stacheldraht. Am eisernen Tor gab ich dem Wachhabenden das unterschriebene und mit einem Tagesstempel versehene SS-Formular: 12. August 1944. Er prüfte es, nickte und ließ uns passieren.

Vor dem Schuppen türmte sich ein haushoher Berg mit unsortierter Kleidung. Ich sah eine wilde Mischung aus Sommerjacketts, Westen, Hosen, Hemden, Unterhosen, Röcken und Abendkleidern, dazu gehäkelte Babykleidung, Kinderpullis und Baumwolllätzchen. Es war schon merkwürdig: Diese unsortierten Kleider hatten Tausenden Menschen gehört, die heute, gestern oder vorgestern angekommen waren. Sie waren so gut wie alle bereits tot. Verschwunden.

Helena sah mich schweigend an.

Wir gingen an den verschiedenen Schuppen vorbei. Hier waren die Waren bereits weitestgehend sortiert. Vor einem Schuppen, in dem ausschließlich Damenkleidung gestapelt war, stand ein langer Tisch, hinter dem acht Frauen die Kleidung nach versteckten Wertsachen durchsuchten. In einer Holzkiste lagen zusammengerollte Geldscheine sowie Juwelen und Schmuck. Mit Rasiermessern entfernten sie die baumwollenen Judensterne. Die meisten hatten mit Pflastern bedeckte Schnittwunden. Sie warfen die Sterne achtlos in eine große Kiste, die bereits randvoll war. Im Herrenkleiderschuppen nebenan verrichteten sechs Frauen dieselbe Arbeit. Was wohl mit den Sternen geschah? Brauchte man die eigentlich noch?

Zwischen den Baracken türmten sich haushoch die Koffer. Es mussten Tausende sein, und es gab sie in allen Ausführungen und Größen. Ich sah auch Kinderwagen in Blau, Grau, Rot und Weiß, bis zu sechs übereinander und von Regalbrettern getrennt. Dazwischen waren Regenpfützen, die Eisengestelle wirkten teilweise verrostet. In anderen Baracken gab es stapelweise Schuhe, Decken, Brillen, ja sogar Beinprothesen, Zylinder und ineinandergesteckte Melonen. Ich lächelte. In einer anderen Ecke lagen Leinenballen, die sich weich anfühlten. Darin war Menschenhaar verwebt. Mir verging das Lächeln.

Bei einem der Schuppen blieben wir neben einem Uhrmacher stehen, einem Mann um die fünfzig mit grauer Igelfrisur und einer um den Hals gehängten Brille. Die Ärmel seines weißen Hemdes waren hochgekrempelt, in der Brusttasche seines schwarzen Kittels steckten mehrere Schraubenzieher im Miniaturformat. Er saß auf einem Hocker vor einem kleinen Amboss und schaute durch eine Lupe, die auf ein Stativ montiert war. So hatte er beide Hände frei, um Reparaturen am komplizierten Mechanismus eines Uhrwerks vorzunehmen, das nicht mehr funktionierte. Neben ihm stand eine Kiste mit silbernen und goldenen Uhren und Taschenuhren, die in der Sonne funkelten. Um ihn herum lagen Schrauben, Federn, Rädchen und kleine Zahnräder.

Er sah mit zusammengekniffenen Augen auf. Als er meine gelbe Armbinde entdeckte, sprang er auf.

»Nicht erschrecken!«, sagte ich rasch. »Ich bin kein echter Kapo. Ich bin Komiker und darf mich mit Erlaubnis des Kommandanten hier umsehen. Und das ist Helena.«

Der Uhrmacher nahm seine Brille ab und wischte sich die Finger an einem Baumwolllappen ab. Anschließend gab er ihr die Hand. »Robert Goldstein.«

Er war Holländer, das hörte ich sofort.

»Amsterdam?«, fragte ich.

Er lachte. »Dass Sie das hören! Ich hatte ein eigenes Uhrengeschäft an der Leidsegracht. Und wer sind Sie, wenn ich fragen darf?«

»Hoffmann. Ernst Hoffmann.«

»Sie sind Komiker, sagen Sie.«

»Stimmt.«

»Es tut mir leid, aber Ihr Name sagt mir nichts. Ich kenne mich in diesen Kreisen nicht besonders gut aus.«

»Ich mache ziemlich primitive Witze. Aber verraten Sie das bloß nicht den Deutschen.«

Robert Goldstein lachte.

»Was geschieht mit diesen Uhren?«, fragte ich.

»Die kommen ins Reich, Meneer. Oder zur Armee. Neulich hörte ich, wie sich zwei SS-Leute über so eine Sendung mit schönen Uhren unterhalten haben. Eine U-Boot-Besatzung soll nach einer erfolgreichen Nordseemission eine Kiste mit kostbaren Taschenuhren geschenkt bekommen haben. Alles verschiedene Modelle, und in einigen waren sogar noch die Namen eingraviert: Cohen, Rosenthal oder Polak etwa. Die SS-Leute konnten sich die Gesichter der Männer lebhaft vorstellen. Sie haben sich gekringelt vor Lachen.«

Neben ihm, aber nicht auf dem Haufen, lag eine goldene Taschenuhr.

Helena nahm sie und wog sie in der Hand. Sie entzifferte die Gravur. *Ben und Lea Müller, 28. April 1929, in ewiger Liebe.*

Die Miene des Uhrmachers verfinsterte sich. »Diese Uhr bekam ich heute Morgen in verbeultem Zustand. Es ist eine Cortébert, eine teure Schweizer Uhr. Und soll ich Ihnen was sagen? Ich kannte diese Leute. Ben Müller war einer meiner Kunden. Diese Gravur habe ich höchstpersönlich angefertigt, das weiß ich noch genau. Jetzt ist die Uhr stehen geblieben – das ist doch fürchterlich.«

Ich legte ihm kurz die Hand auf die Schulter. Wir gingen weiter, vorbei an der Küchenbaracke mit stapelweise Seifenstücken und Zahnbürsten, gusseisernen Töpfen, Pfannen und Tausenden Besteckteilen. Ich staunte, wie viel Hausrat die Leute mitgenommen hatten. In wieder einem anderen Schuppen lagen meterhohe Schuhberge. Links die Herren-, rechts die Damen- und hinten Kinderschuhe. Einige Schuhe waren noch paarweise zusammengeknotet, wie man das im Auskleideraum angeordnet hatte.

»Gutes Schuhwerk können wir tatsächlich gebrauchen«, sagte ich.

Helena sah mich nur traurig an. »Diese furchtbaren Treter! Aber ich will das nicht, Ernst.«

»Das kann ich gut verstehen. Andererseits hat all das unserem Volk gehört. Ist es nicht besser, wir tragen diese Kleider und Schuhe statt Deutsche in Deutschland? Oder willst du weiterhin mit schmerzenden Füßen herumlaufen? Damit ist niemandem geholfen.«

Sie dachte nach, lief zu dem Berg und zog willkürlich ein Paar hervor. Sie musterte die Sohle. Nicht ihre Größe. Das nächste Paar. Auch nicht ihre Größe.

»Helena, schöne Schuhe sind ebenfalls erlaubt.«

Sie ignorierte mich.

Endlich hatte sie ein geeignetes Paar gefunden: altmodische Schuhe, zweifellos die einer älteren Dame. Ich kletterte auf den Berg mit Herrenschuhen und nahm mir ein Paar italienische Schuhe aus weichem Leder. Die Absätze waren kaum abgelaufen. Die Schnürsenkel sahen aus wie neu.

»Für meine Auftritte«, sagte ich.

Sie reagierte nicht darauf.

»Und jetzt ein Kleid für dich.«

»Muss das wirklich sein?«

Ich nahm ihr Gesicht in beide Hände. »Helena, ich habe genauso viel Respekt vor den Toten wie du. Aber wir müssen weiterleben.« Ich gab ihr einen Kuss, nahm ihren Arm und führte sie in den Schuppen mit der Damengarderobe. Die Frauen, die mit dem Abtrennen der Judensterne beschäftigt waren, sahen kaum auf. Eine von ihnen warf mir einen verächtlichen Blick zu. Ich wusste genau, was sie dachte: Ein Kapo macht seinem Flittchen eine Freude.

Ich zog ein Abendkleid aus schwarzer Seide aus dem Haufen.

Sie schüttelte den Kopf. »Zu auffällig.«

Sie griff wahllos zu einem langen schwarzen Rock. Bestimmt stammte er von einer alten Frau, einer Nonne oder beidem.

»Jetzt hilf mir doch!«, sagte ich.

Ich begann, in dem Haufen zu wühlen, und zog ein weißes Sommerkleid hervor. Nicht zu lang und nicht zu kurz. Prüfend hielt sie sich das Kleid an.

»Dreh dich um!«, befahl sie.

»Ungern.«

Zum ersten Mal lachte sie. Sie trat einen Schritt beiseite, damit die Frauen am Tisch mit den Judensternen sie nicht sehen konnten, und zog ihren Rock aus. In meinem Beisein. Ich konnte den Blick nicht abwenden – ich musste einfach hinschauen. Langsam zog sie das Kleid an. Es saß perfekt. Sie drehte sich, sodass der Rocksaum flatterte.

»Fantastisch«, sagte ich.

Aus heiterem Himmel stürzte sie sich auf mich, und ich fiel rücklings in einen Kleiderhaufen. Sie gab mir einen langen Kuss auf den Mund und richtete sich dann wieder auf. Ich verbarg meinen Kopf zwischen ihren kleinen Brüsten.

»Ist da hinten alles in Ordnung?« Eine raue Bassstimme. Wir erstarrten. Vorsichtig spähte ich über den Berg Frauenkleider hinweg und entdeckte zwei SS-Männer neben dem Tisch. Einer von ihnen zündete sich eine Zigarette an. Der andere wühlte neugierig in der Kiste mit Wertgegenständen.

Eine Ewigkeit verging.

Sie liefen weiter.

Helena zupfte hastig ihr Kleid zurecht. Auf einmal betastete sie die Taschen – in einer war etwas drin. Ein Foto. Sofort erblasste sie. Ich nahm ihr das Bild aus der Hand und sah eine junge, strahlende Frau mit langen Haaren. Sie hatte das weiße Kleid an, das Helena gerade trug. Auf der Rückseite stand *Eszther Bobic, 1943, Budapest*.

Helena zog das Kleid aus und konnte die Tränen nur mühsam zurückhalten.

Wir mussten hier weg.

33

Das Wetter war ideal für einen Kindergeburtstag: trocken, windstill und warm, jedoch nicht schwül. In einem leeren Armeelaster wurden wir zur Villa des Kommandanten gebracht. Zwei SS-Wachleute stützten sich gelangweilt auf ihre Karabiner und starrten auf die Straße, die unter der Ladefläche vorbeiglitt. Neben mir saß Grosso. Er summte eine Melodie. Zu diesem Anlass war sein buntes Clownskostüm extra gewaschen und gebügelt worden. Albert Kapinsky und zwölf Musiker waren ebenfalls dabei, die meisten hielten einen Instrumentenkoffer auf dem Schoß. Auf dem Boden lagen ein paar hölzerne Notenständer.

Wir fuhren durch eine blühende grüne Landschaft. Hier und da sah man einen weißgetünchten Bauernhof und eine Ansammlung von Birken. Ich versuchte, das Lager auch gedanklich hinter mir zu lassen. Ich würde Helena wiedersehen. Ich würde vor Kindern auftreten, die zwar von Henkern abstammten, aber trotzdem unschuldig waren – so viel Glauben an die Menschheit besaß ich noch.

Die Fahrt war kurz, die Villa lag nur wenige Kilometer vom Lager entfernt. Es handelte sich um ein großes, eher unauffälliges Haus mit sandbraunem Stuck, weißen Fensterrahmen und orangenfarbenen Dachziegeln. Wahrscheinlich hatte man es einer nicht unvermögenden polnischen Familie weggenommen wie die meisten Häuser, in denen jetzt SS-Offiziere lebten. Wir bogen in die Auffahrt ein, die von jungen Bäumen gesäumt wurde. Der Laster hielt neben der Villa, und wir stiegen aus. Von hohen Eichen verdeckt, war das Lager selbst von hier aus nicht mehr zu sehen, wohl jedoch die grauschwarzen Rauchwolken aus der Verbrennungsgrube.

Der Kommandant schritt in einer makellosen Uniform auf uns zu. »Da sind Sie ja. Sehr gut.«

Der Kindergeburtstag wurde im Freien gefeiert, hinter dem Haus auf einem frisch gemähten Rasen. Ich blickte mich um: Gartentische, Ballons, Holzbänke an einer großen Tafel, die mit weißer Leinentischdecke, Tellern, Besteck, Gläsern und Karaffen gedeckt war. Vor einer Ligusterhecke stand ein großer gemauerter Grill. In einer Ecke des Gartens entdeckte ich eine cremefarbene, achteckige Gartenlaube mit zierlich gedrechselten Säulen. Hier wurde das Musikensemble platziert. Unter dem Reetdach waren in einem Viertelkreis Stühle aufgestellt. Während Albert Kapinsky sich mit dem Kommandanten beriet, begannen die Musiker, ihre Instrumente auszupacken und zu putzen.

Wir waren die Ersten. Grosso lief zum Tisch und schnupperte an einer Karaffe mit roter Limonade, als wäre sie Wein. Ein Mädchen vom Personal nahm ihm die Karaffe vorsichtig ab und schenkte ihm etwas ein. Der Clown trank sein Glas auf einen Zug leer.

Helena konnte ich nirgendwo entdecken. War sie schon hier? Wir hatten uns seit Kanada nicht mehr gesehen. Auf dem Rückweg hatten wir uns noch einmal geküsst, im Schatten einer Baracke, als wären wir wieder sechzehn. Dann war von einem Wachtturm lautes Gebrüll erklungen, und ich hatte Helena wieder brav an der Krankenbaracke abgeliefert.

»Herr Hoffmann, kommen Sie!«

Der Kommandant ging durch eine Flügeltür voran. Seine Frau stellte sich mit dem Namen Lise vor. In der Küche duftete es nach Kuchen. Apfelkuchen?

»Setzen Sie sich, Meneer Hoffmann«, sagte sie freundlich.

»Hier duftet es köstlich«, sagte ich höflich.

»Ja, finden Sie nicht auch?«, erwiderte sie triumphierend. »Endlich mal was anderes als der ewige Gestank von der Müllverbrennung.«

Sie sah mein erstauntes Gesicht.

»Der Gestank aus dem Lager, Herr Hoffmann!«, sagte der Kommandant rasch. »Es wird Ihnen doch nicht entgangen sein, dass wir immer mehr Müll aus Europa geschickt bekommen?« Er sah seine Frau liebevoll an. »Nein, Schätzchen, gut riecht das nicht. Aber die Arbeit muss nun mal gemacht werden.«

Die Juden waren der Müll Europas, und ich war nichts weiter als ein Stück Dreck. Neu war mir das nicht, aber dieser Lise hier anscheinend schon. Sie wirkte einfältig auf mich, und doch schien es mir unmöglich, dass sie tatsächlich keinerlei Verdacht schöpfte. Oder wusste sie Bescheid und beschönigte das, was im Lager geschah, vor mir, als hätte sie es mit einem ihrer Kinder zu tun?

»Vati! Vati!«

Zwei Jungen kamen angerannt. »Vati, der Clown hat von der Torte genascht! Mit seinem kleinen Finger. Wir haben es selbst gesehen!«

Der Kommandant erhob sich. »Immer mit der Ruhe! Sagt ihm, dass er das nicht darf.«

Ich drehte mich um. Mir verschlug es die Sprache. Die beiden Jungen waren Zwillinge. Eineiige Zwillinge. Beide waren blond, und beide trugen eine Kniebundhose, ein weißes Hemd und einen himmelblauen Rautenpullunder. Deshalb hatte der Obersturmbannführer so emotional auf meinen Bestechungsversuch reagiert! Gab es vielleicht doch noch Hoffnung für die Max-de-Ronde-Zwillinge?

In der Tür stand Helena. In einem hellgelben Kleid. Ihre Haare waren nachgewachsen, sie hatte keine Stoppelfrisur mehr. Wir tauschten rasch einen Blick aus, und sie lächelte verlegen.

»Helmut, Manfred, wir haben einen Gast«, sagte die Frau des Kommandanten streng.

»Hallo, ich bin Helmut.« Ein kleines Patschhändchen streckte sich mit entgegen.

»Hallo, ich bin Manfred.« Noch ein Patschhändchen. »Sie haben aber eine große Nase. Sie sehen aus wie ein Jude!«

Die Zwillinge prusteten vor Lachen.

»Manfred!«, rief die Frau des Kommandanten. »Schäm dich. Entschuldige dich. Sofort!«

»Es tut mir leid.«

Ich nickte, auch wenn ich nicht begriff, für welchen Teil seines Witzes er sich entschuldigen sollte: für die Beobachtung, dass ich eine lange Nase hatte, oder für den Verdacht, einen Juden vor sich zu haben, oder für alles beide? Auch seine Mutter verzichtete auf eine Erklärung. Nichtsdestoweniger war sie die erste Deutsche seit Langem, die sich für etwas entschuldigte.

Das Telefon klingelte, und einer der Zwillinge stürmte auf den schwarzen Apparat zu, der auf einer Radiotruhe stand. »Heil Hitler, Sie sprechen mit Manfred Müller!« Kurze Pause. »Ja, er kommt gleich.«

Sein Vater nahm den Hörer entgegen. Ich nutzte die Gelegenheit, mich in dem schlicht eingerichteten Wohnzimmer umzusehen. An der vergilbten Tapete hingen ein Führerporträt, eine hölzerne Wanduhr und ein uraltes Gewehr mit einem geborstenen Kolben und einem verrosteten Lauf. Am Fenster stand ein glänzender Flügel. Ein Sauter.

»Mögen Sie Rosinenkuchen?«, fragte die Frau des Kommandanten. Sie suchte Helenas Blick und deutete auf die Zwillinge. Helena begriff und scheuchte die Jungen hinaus.

»Gern«, sagte ich. Es war lange her, dass mir jemand Kuchen angeboten hatte. Ich nahm einen viel zu großen Bissen, ließ ihn langsam auf der Zunge zergehen. Der Kommandant beendete das Telefonat, indem er paar Befehle in den Apparat brüllte. Er nahm ein Foto von der Kommode, bevor er auf mich zutrat.

»Herr Hoffmann! Das hier ist mein Vater.«

Ich musste sofort an das Foto meines Vaters denken: Fricourt, 1916. Auch hier war in verblassten Sepiafarben ein stramm stehender, mürrisch dreinblickender Mann zu sehen, der mit seinem Gewehr posierte. Theoretisch konnte er ein Kamerad meines Vaters gewesen sein, wie es der Kommandant gern gehabt hätte. Aber nur rein theoretisch. Ich wollte gar nicht daran denken! Und selbst wenn das Schicksal tatsächlich so zynisch sein sollte, glaubte dieser Mann bestimmt nicht an den Krieg seines Sohnes. Für dessen Arbeit hätte er nichts als Verachtung übrig gehabt.

»Er wirkt wie ein Ehrenmann auf mich«, sagte ich neutral und gab ihm das gerahmte Foto zurück.

»Ja, ein Ehrenmann war er mit Sicherheit«, erwiderte der Kommandant nachdenklich. »Das haben Sie sehr gut erkannt.«

Ich bekam ein zweites Stück Kuchen, wofür ich mich bei meiner Gastgeberin bedankte. Der Kommandant zündete sich eine Zigarre an und blies Rauchringe in die Luft. »Ich habe Großes mit Ihnen vor, Herr Hoffmann. In Kürze bekommen wir hohen Besuch. Ich darf Ihnen nicht verraten, um wen es sich handelt, doch zusammen mit dem Orchester sind Sie ein wichtiger Bestandteil unseres Kulturprogramms. Sie und der Clown natürlich. Machen Sie sich schon mal Gedanken. Sie sind ein Mann mit Prinzipien. Deshalb vertraue ich Ihnen, Herr Hoffmann. Ich freue mich bereits darauf.

In unserem Lager werden die Gäste das beste Theaterprogramm Europas zu sehen bekommen!«

In *unserem* Lager. Ich lächelte. Draußen trafen mehrere Stabsfahrzeuge mit anderen Offizieren und ihren Kindern ein.

»Schau, da sind sie«, sagte die Frau des Kommandanten. »Kurt, müssen wir jetzt über Geschäftliches reden? Hat das nicht noch Zeit? Heute stehen die Kinder im Mittelpunkt.«

»Natürlich, Herzlein.«

Sie sah mich an. »Ich hoffe, wir Erwachsenen kommen auch in den Genuss Ihrer Zauberkünste, Herr Hoffmann?«

»Aber selbstverständlich.«

Wir gingen nach draußen. Es waren fünfzehn bis zwanzig Eltern anwesend und bestimmt dreißig Kinder. Alle Väter trugen gestärkte SS-Uniformen mit Reithose und Stiefeln. Es herrschte eine gesellige Atmosphäre. Jungen spielten mit einem ledernen Fußball. Einige etwa zwölf- bis dreizehnjährige Mädchen steckten die Köpfe zusammen und kicherten.

Helena führte die Geburtstagskinder nach vorn. Der Kommandant ergriff das Wort, und sofort waren alle Kinder mucksmäuschenstill. Liebenswürdig gratulierte er den Jungen zu ihrem neunten Geburtstag. »Mit diesen beiden Wildfängen hat es meine Lise nicht immer leicht«, sagte er lachend. Die Frau des Kommandanten errötete verlegen. »Und doch wage ich zu behaupten, dass unser Führer stolz auf diese Söhne des Dritten Reichs sein kann!«

Applaus.

»Ganz im Sinne unserer Familientradition, in der Ehre und Treue hochgehalten werden, möchte ich sie auf eine glanzvolle Zukunft vorbereiten. Auf eine heldenhafte Zukunft!«

Die Anwesenden hoben das Glas. »Heil Hitler! Prost!«

Manfred und Helmut bekamen je ein Holzgewehr, worüber sie vor Freude kreischten. Die Spielzeuggewehre waren Repliken eines echten Gewehrs, besaßen einen lackierten Kolben, schmiedeeiserne Gewehrschlösser und einen richtigen Lauf. Wie lange die Schreiner im Lager wohl daran gearbeitet hatten?

Das Ensemble begann die *Tritsch-Tratsch-Polka* von Johann Strauss zu spielen. Ich stand zwischen verschiedenen Offiziersgrüppchen, die mit einem Getränk in der Hand über die Ostfront und das Leben in Polen sprachen.

»Ich nehme nur Zeugen Jehovas fürs Personal«, hörte ich einen Mann um die fünfzig mit Nachdruck sagen. »Einem Juden oder einem Polen kann man einfach nicht vertrauen. Solche Leute lasse ich nicht in die Nähe meiner Familie. Die Zeugen Jehovas sind grundsätzlich gegen Gewalt. Sie würden niemandem auch nur ein Haar krümmen. Sie müssen lediglich ein Formular unterschreiben, mit dem sie sich von ihrem Glauben lossagen. Anschließend dürfen sie das Lager als freie Menschen verlassen. Aber sie tun es nicht! Das respektiere ich. An ihnen können wir uns ruhig ein Beispiel nehmen. Ihre Loyalität Gott gegenüber ist das Vorbild für unsere Führertreue.«

Mir wurde übel. Hastig ging ich ins Haus und fragte nach der Toilette. Ich schloss von innen ab, kniete mich vor die Schüssel und steckte mir den Mittelfinger in den Hals. Ich würgte so leise wie möglich. Gelber Brei mit Rosinen. Ich erbrach mich zweimal, wusch mir die Hände und spritzte mir kaltes Wasser ins Gesicht.

Ich klopfte mir zur Kontrolle auf die Tasche, ob ich wirklich alle meine Zauberutensilien dabeihatte. Lange Vorbereitungen waren nicht nötig gewesen. Ich hatte den Kommandant bloß um ein Kartenspiel, einige Münzen und drei Seile gebeten und alles noch am selben Tag erhalten. Manche Tricks gingen mir nicht mehr so flott von der Hand, doch nach ein paar Tagen Training fand ich zu meiner früheren Geschicklichkeit zurück. Dieser Auftritt würde mir auch psychisch nicht viel abverlangen, denn er war mit keinem moralischen Dilemma verbunden. Welch eine Wohltat!

Die Kinder saßen im Halbkreis vor mir auf dem Rasen. Ich forderte Manfred auf, eine Karte zu ziehen. Helmut durfte vorher mischen. Manfred steckte die Karte zurück in den Stapel, und ich zog die richtige Karte hervor. Ich zauberte eine Reichsmark aus Manfreds linkem Ohr und noch eine aus Helmuts rechtem. Anschließend warf ich die Münzen in die Luft – und wie durch ein Wunder waren sie verschwunden. Schräg vor mir schauten zwei Väter mir zu. »Ach wäre das schön, wenn er alle Juden wegzaubern könnte«, hörte ich den einen sagen. »Danach erschießen wir ihn, die Juden wären für immer verschwunden, und wir könnten endlich wieder nach Hause.« Sie lachten laut.

Nach zwanzig Minuten übernahm Grosso. Ich versprach, am späteren Nachmittag weitere Tricks vorzuführen. Grosso lief sofort durch die Reihen der Kinder. Ich sah ihm bewundernd zu. *Homo ludens*, der spielende Mensch. Er war ganz in seinem Element.

»Wir sehen uns oben. Jetzt gleich.«

Was mochte Helena, die mir im Vorübergehen diese Worte zuflüsterte, von mir wollen? Grosso jonglierte gerade mitten im Garten mit drei Tennisbällen, und so wartete ich noch einigen Minuten, bis ich mich langsam rückwärtsbewegte. Ich betrat das Haus, durchquerte die Küche. Auf der Anrichte stand ein Glas mit einem Rest Rotwein. Ich schüttete ihn über mein weißes Hemd. Sollte ich ertappt werden, sei es nun unten oder oben, suchte ich eben das Bad.

Die Treppe befand sich im Flur. So rasch und leise wie möglich lief ich nach oben. Helena stand auf dem Treppenabsatz. Sie nahm meine Hand und zog mich in ihr Zimmer, das nach vorne hinausging. Darin standen ein Schrank aus Eichenholz, ein Stuhl und ein eisernes Bettgestell mit einer dunkelvioletten Decke. Draußen spielte das Orchester den *Radetzkymarsch*.

Sie nahm meinen Kopf in beide Hände und küsste mich. Fieberhaft begann ich, ihre Bluse aufzuknöpfen. Sie zog sogar ihr Unterhemd aus. Ich legte meine Hand auf ihren Rücken, auf ihre glatte Haut, bis ich eine Kruste spürte. Striemen. Sie fing meinen Blick auf. Wir musterten uns kurz, lächelten und hoben uns die Fragen für später auf. Ich saugte an ihrer Unterlippe, küsste ihre Mundwinkel, leckte mit der Zungenspitze ihren Gaumen, bis sie kicherte.

Das musste vorerst genügen.

Wir lagen dicht nebeneinander. Ich starrte an die Decke. Sie wandte mir den Kopf zu. »Stell dir vor, wir verlieren uns bald aus den Augen. Nach der Befreiung, meine ich. Wie finde ich dich dann wieder?«

»Johannes Verhulststraat 465, Amsterdam.«

»Und wenn du aus irgendeinem Grund nicht dort bist?«

Ich sah sie an. »Dann findest du mich im Theater.«

Sie lächelte. »Gut. Wo?«

»*Theater aan de Amstel*. Genau ein Jahr nach der Befreiung aus diesem Lager. Ich trete auf, extra für dich. Sieh zu, dass du da bist.«

34

An einem schwülen Spätsommertag hörte ich die *Moonlight Serenade*. Für die Deutschen war das Negermusik, also verboten. Und trotzdem hörte ich sie, durch das offene Fenster meines Zimmers: leise Klänge im unverkennbaren Swingrhythmus. Und zwar nach den Orchesterproben. Wer spielte da?

Grosso war nicht da, er ging seine eigenen Wege. Während des Morgenappells schien er im Stehen zu schlafen – ich hätte nie gedacht, dass so etwas möglich wäre. Nach dem Abzählen stolperte er wie ein Schlafwandler zurück ins Bett und schnarchte weiter. Meist behielt er die Jacke noch an und schlief bis weit in den Vormittag hinein. Erst dann kam so etwas wie Leben in ihn. Entweder er streunte durch die Baracke oder hörte verträumt seinen Freunden, den Musikern, zu. Oder aber er tröstete und bespaßte mit seinen Kapriolen seine Freundinnen aus dem Bordell. Die Mädchen verhätschelten ihn wie einen kleinen Bruder.

Ich ging nach oben. Auf der Treppe war ich mir sicher: das war Musik von Glenn Miller. Die Haustür stand offen. Ich sah einen Mann, der scheinbar lässig eine Zigarette rauchte. Und aus dem Flur huschte jemand wie ein Schatten in den Proberaum. Die Jazzmusik verklang, und ich lief ihm nach – ich wollte es genau wissen. Im großen Musiksaal saßen Grosso und sechs Musiker im Kreis, zusammen mit zwei SS-Männern und einem weiblichen Kapo. Ich kannte die Frau. Es war Irma, Helenas Beschützerin.

»Ernst!«, sagte der Cellist erleichtert. »Unser Komiker.«
»Ernest«, sagte Grosso nachdrücklich. »Ernest gut.«
Ich lachte. »Jazzfans! Ja, ihr traut euch was!«

»Jeden letzten Freitag im Monat nach der großen Probe«, sagte der Cellist, ein junger Pole, der Wlodymierz hieß und Wlody genannt wurde. »Magst du Jazz?«

»Ob ich Jazz mag? Ist der Papst katholisch? *Roll 'em!*«

Die Musiker grinsten und sahen sich an. Wlody holte tief Luft. *A one, a two, a one two three four* – das Cello, die Trompete, die Klarinette und das Schlagzeug stimmten mit ein. *Roll 'em* war mein Lieblingssong von Benny Goodman. Das waren auch die ersten englischen Worte, die ich seit meiner Ankunft im Lager hörte. Auf einem Tisch standen eine Flasche Schnaps und ein paar leere und halb gefüllte Gläser. Grosso verbeugte sich vor der Frau und bot ihr seinen Arm an. Sie willigte lachend ein. Sie begannen zu swingen, der Clown und der weibliche Kapo.

Die SS-Männer, beide um die dreißig, gaben mir einen festen Händedruck, was mich noch mehr erstaunte. Sie stellten sich als Werner und Joachim vor. Werner hatte gewelltes, grau meliertes Haar, ein schmales, langes Gesicht und graue Augen. Joachim war kahl, und eine beeindruckend große Narbe verlief von seinem linken Auge zu seinem linken Mundwinkel. Ich starrte in sein entstelltes Gesicht wie in die Flammen eines Lagerfeuers. Es entging ihm nicht. »Eine Granate«, rief er über die Musik hinweg. »Stalingrad.« Als er sich erhob, erkannte ich, dass seine linke Hand verstümmelt war.

Er beugte sich zu mir. »Ich habe Ihren Auftritt in der Kantine gesehen. Das war gut. Sehr gut.«

Ich lächelte und blieb reserviert. Ein guter SS-Mann war für mich so etwas wie ein vegetarischer Metzger.

Irma war müde vom Tanzen. Nach einem Handkuss von Grosso gesellte sie sich wieder zu der Gruppe. »Wie geht es Helena?«, fragte sie.

»Sie ist jetzt Kindermädchen beim Kommandanten«, sagte ich.

»Ah, sehr gut. Das freut mich. Sie ist sehr mutig.« Sie nippte an ihrem Schnaps und wischte sich den Mund ab. »Ich will Ihnen eine Geschichte erzählen: Eine Jüdin aus ihrer Baracke hatte ein Brot gestohlen. Dafür sollte sie von der Aufseherin, einer falschen Schlange, zehn Schläge mit der Reitpeitsche bekommen. Die Jüdin war so geschwächt, dass sie die Prügel nicht überlebt hätte. Da trat Helena vor und sagte, sie habe den Diebstahl begangen. Also bekam sie die zehn Peitschenhiebe. Sie können stolz auf sie sein.«

Stolz. Sie hatten sie tatsächlich ausgepeitscht! Am liebsten hätte ich einen Stuhl durchs Fenster geworfen.

Irma kehrte in ihre Baracke zurück. Ob ich Helena von ihr grüßen könne? Ich nickte. Grosso tanzte barfuß. Was hatte ich hier eigentlich zu suchen?

»Möchtest du auch etwas trinken, Ernst?«, fragte Werner in der korrekten deutschen Art, die ich von meinem Vater kannte.

»Ja«, sagte ich. »Gern.«

Er schenkte mir Schnaps ein. »Ich hatte Unterricht. Klarinettenunterricht. Von Moshe.« Er zeigte auf einen der Bläser.

Die Combo spielte jetzt *A Jazz Holiday* – ein Stück, das perfekt in einen Stummfilm von Charlie Chaplin gepasst hätte. Ich nahm einen Schluck von meinem Schnaps.

Joachim griff in seine Brusttasche. Er zeigte mir ein Foto von seiner Familie. Mit ihren dunkel umrandeten, traurigen Augen und dem schwarzen Filzhütchen hätte seine Frau ebenfalls einem Stummfilm entsprungen sein können: Sie wäre glatt als Geliebte Chaplins durchgegangen. Die zwei besorgt dreinschauenden Kinder, die kaum älter als zehn sein durften, trugen Matrosenanzüge. Joachim zeigte auf einen von ihnen. »Das ist mein Ernst«, flüsterte er mir leise ins Ohr. »Er ist der Älteste. Und das ist Dieter. Meine Frau heißt Elisa.«

Ich sah höflich hin und dachte an all die jüdischen Familien, die es nur noch auf Fotos wie diesem hier gab. Werner war vor dem Krieg Anwalt, Joachim Geschäftsmann: Import, Export, viel Maßkleidung, auch aus Amerika. »Ich habe oft mit Juden Geschäfte gemacht«, sagte er. »Das war nie ein Problem.«

Wieder trat Stille ein.

Joachim starrte zu Boden. »Hoffen wir, dass der Krieg bald vorbei ist. Dann können wir alle wieder nach Hause zu unseren Familien.«

Zu welchen Familien?

Ich sagte nichts, aber vielleicht hätte ich das tun sollen.

Und dann waren die letzten Takte von *A Jazz Holiday* verklungen.

35

Der Arsch der Welt musste verschönert werden. Wegen der angekündigten Naziprominenz bekamen das Eisentor sowie die Türen und Fensterrahmen einiger Kasernen einen neuen Anstrich. Die sandigen Lagerstraßen wurden von Müll und Zigarettenstummeln gesäubert. Es tauchten Blumenkästen mit roten Geranien auf. In die Pappeln wurde eine Lichterkette gehängt. Unter den Häftlingen wurde heftig über den Besuch spekuliert. Adolf Hitler höchstpersönlich! Das war das wildeste Gerücht. Andere sprachen im Brustton der Überzeugung von einem Besuch Goebbels', Görings oder Himmlers.

Auch im Künstlerblock machte sich Nervosität breit. Die Proben, überwiegend mit Stücken von Johann Strauss, verliefen weitaus weniger entspannt als zuvor. Manchmal konnte ich hören, wie Albert Kapinsky einen falsch spielenden Musiker anschrie. Nur Grosso schien all das ebenso kaltzulassen wie sein Lagerdasein insgesamt. Ich selbst war nach meinem jüngsten Wiedersehen mit Helena so sehr auf Überleben gepolt, dass ich bei meinen Auftritten keinerlei Risiko mehr eingehen wollte. Keine Ironie, kein Sarkasmus, kein Zynismus. Ich spielte den jüdischen Schlemihl, war bereit, mich auf eine überlegene Art kleinzumachen, um meine und Helenas Chancen auf eine gemeinsame Zukunft zu wahren.

An dem Sonntag, da die Aufführung stattfinden sollte, beschloss ich, früher als sonst mit Grosso ins Theater zu gehen. In jenen Tagen wurde das Gebäude ständig von einer SS-Spezialeinheit bewacht. In der Auffahrt standen Panzer und Sturmtruppenmitglieder in Tarnuniformen. Sie rauchten gelangweilt eine Zigarette, die Schmeisser über die Schulter gehängt. Ich hatte gehört, dass polnische Widerstandsgruppen aus der näheren Umgebung immer aktiver wurden, aber diese SS-Leute schienen die Gefahr eines Anschlags nicht sehr ernst zu nehmen.

Vor dem Theatereingang wurden wir durchsucht. Grosso kicherte. Der Saal selbst wurde von einer Gruppe Männer gründlich auf den Kopf gestellt. Mit Spiegeln an langen Stöcken liefen sie durch die Reihen und inspizierten den Raum unter den Stühlen sowie die Bühne. Zu diesem besonderen Anlass hatte man Hakenkreuzfahnen und ein großes, mit einem roten Band geschmücktes Hitlerporträt aufgehängt. Hinter den Kulissen war es zum Glück noch relativ ruhig. Die Garderobe sah genauso nüchtern aus wie in den letzten Wochen. Grosso saß breitbeinig auf einem Hocker und gähnte. Bald würden die Musiker eintreffen, und dann wäre es mit der Ruhe vorbei. Ich beschloss, mich auf meine Aufführung zu konzentrieren, obwohl ich die Reihenfolge der Witze auswendig wusste. Ob Helena heute Abend ebenfalls im Saal saß?

Meine Tür ließ ich offen. Zwei SS-Leute standen im Flur und unterhielten sich. Ich achtete nicht auf ihr Gespräch, bis das Wort Fernglas fiel. »Sie haben sich regelrecht darum geprügelt«, sagte der eine. »Erst Reichsführer Himmler, anschließend SS-Obersturmbannführer Eichmann. Sie haben bis zum Schluss zugeschaut und waren schwer beeindruckt von der Effizienz. Zehn Minuten. Danach war es still.«

»Zehn Minuten?«, sagte der andere erstaunt.

»Ja, ja, der SS-Obersturmbannführer hat ständig auf die Uhr gesehen. Was er jedoch nicht wusste: Wegen des hohen Besuchs haben wir auf Befehl des Kommandanten hin nicht mit Gas geizt. Ich glaube, wir haben doppelt so viele Dosen verwendet wie sonst. Deshalb ist jetzt das Zyklon B in Krematorium III knapp, und die Juden aus dem ungarischen Transport, der kürzlich ankam, haben noch mal Glück gehabt. Im Ernst, zehn Minuten! Vor allem Eichmann war sehr zufrieden. Ganz human, hat er mehrmals gesagt.«

Himmler also. Den Namen Eichmann hörte ich zum ersten Mal.

Ich sah in den Spiegel und stutzte mit einer Schere meine Koteletten. Ich hatte mich mit meinem Lagerleben arrangiert. Es war eine Torheit, zur Herde gehören zu wollen. Die Herde war die Masse, und die Masse starb. Man musste sich unterscheiden. Nützlich sein. Ein Bleigießer, Zimmermann, Elektriker, Arzt oder Uhrmacher hatten Glück. Ein Komiker auch.

Auf einmal hörte ich lautes Schreien und Fluchen. Grosso war verschwunden. Ich lief in den Flur und sah, wie der Clown strauchelnd, die Hände schützend vors Gesicht geschlagen, aus der Requisitenkammer geprügelt wurde.

»Verdammter Scheißclown!«, rief ein wütender SS-Mann mit hochrotem Kopf. Im Halbdunkel hinter ihm erkannte ich stapelweise militärgrüne Kisten und Dosen. Er knallte die Tür zu und schloss ab.

»Was ist los?«, fragte ich so ruhig wie möglich.

»Der Zutritt zu diesem Raum ist verboten«, sagte er verbissen. »Verstanden? Strengstens verboten!«

Ich hob beschwichtigend die Hände. »Ist ja gut.«

»Wo ist er hin?«

Ich schaute mich um. Der Gang war leer. Der SS-Mann stieß mich wutschnaubend zur Seite. Hastig sah er sich in der Garderobe um. Grosso war verschwunden.

»Er ist der Clown und muss gleich auftreten«, erklärte ich. »Befehl vom Kommandanten. Machen Sie sich keine Sorgen, Grosso weiß nichts und vergisst alles. Er tut keiner Fliege etwas zuleide. Wir werden dieses Missverständnis mit keinem Wort erwähnen.«

»Hans!«, rief der andere SS-Mann aus dem Flur. »Komm! Wir sind schon spät dran. Die warten auf uns.«

Er zögerte.

»Bleiben Sie hier weg!«, sagte er böse. »Verstanden?«

»Verstanden.«

Mit forschen, eiligen Schritten lief er zur Rückseite des Gebäudes. Kurz darauf sah ich aus dem Garderobenfenster, wie der Rote-Kreuz-Laster davonfuhr.

Ich brauchte bestimmt eine halbe Stunde, bis ich Grosso in dem Gebäude wiedergefunden hatte. Er saß zitternd auf der Damentoilette. Das Licht war aus. Er hatte ein paar heftige Ohrfeigen bekommen und sich erschrocken wie ein Kind. Ich brachte ihn zurück in die Garderobe. Dort setzte er sich auf einen Hocker und starrte ausdruckslos vor sich hin. Ich versuchte, seine Aufmerksamkeit zu erregen.

»Du, Grosso!«

»Ja, Grosso.«

»Du trittst auf. Ha-ha-ha.«

»Ja«, sagte er geistesabwesend. »Ha-ha-ha.«

»Nein, nein!« Ich stampfte mit den Füßen auf, raufte mir gespielt die Haare und drehte nervös meine Runden, als wäre ich sein Zwillingsbruder.

»Du Grosso, du spielen!«

Auf einmal begann er zu strahlen. »Grosso spielen, ja!«

Im Saal standen auf beiden Seiten der Stuhlreihen Schwarzhemden mit Karabinern. Sie starrten vor sich hin. Von meiner Position am Rand der Bühne konnte ich die Musiker, die sich gerade einspielten, gut erkennen. Jakob inspizierte seinen Bogen, der Perkussionist spannte eine Trommel, der Dirigent beriet sich mit den Streichern.

Der Saal füllte sich. Die Gäste saßen neben dem Kommandanten in der ersten Reihe. Der Suchscheinwerfer war bereits eingeschaltet. Ich starrte in den Lichtkegel: Der Mann mit der Nickelbrille war unverkennbar Heinrich Himmler. Hinter ihm nahmen die Lageroffiziere Platz. Die Frau des Kommandanten war ebenfalls anwesend, in einem beigen Mantel und mit einer weißen Lederhandtasche am Arm. Sie suchte nach einem Platz in der vierten Reihe. Helena war bei ihr. Sie sagte etwas zu den Zwillingen, deren Haar rechts gescheitelt waren und die einen karierten Anzug und eine Krawatte trugen.

Ich konnte sehen, dass das SS-Gefolge um Himmler und Eichmann nervös war. Die Offiziere und Ehefrauen starrten immer wieder auf den Rücken des Reichsführers. Ich musste an das Teatro San Carlo in Neapel denken, ein prächtiger Kunsttempel, in dem ich vor langer Zeit gastiert hatte. Dort hatten alle Logen einen Spiegel, der auf die Königsloge gerichtet war. Lachte der König, durften das seine Untertanen auch.

Im Saal trat Stille ein. Jemand hustete, so wie sich das in einem Konzertsaal gehört. Albert Kapinsky konnte anfangen. Er verbeugte sich, drehte sich einmal um sich selbst und hob den Taktstock. *Rosen aus dem Süden*. Grosso setzte sich neben mich. In all den Wochen hatten wir uns angefreundet. Er grinste und legte seinen Kopf auf meine Schulter.

Albert Kapinsky begann mit Johann Strauss und hörte mit Johann Strauss auf. Auf den Schlussakkord von *Morgenblätter* folgte ein schwacher Applaus. Der Dirigent verbeugte sich und teilte sich das sparsame Lob mit seinen Orchestermitgliedern. Der Theatervorhang schloss sich. Im Saal erhob sich Gemurmel.

Ein Bühnenarbeiter hängte ein Mikrofon an einen Ständer. Ich wartete noch kurz.

Dann eilte ich auf die Bühne. »Guten Nachmittag, meine Damen und Herren. Ich heiße Ernst Hoffmann. Ernst ist kein logischer Vorname für einen Komiker, aber ohne Ernst keinen Humor, sage ich immer.«

Ich ließ eine kurze Pause entstehen. Wohlwollende Gesichter. Hier und da ein Lächeln.

»Schön, dass Sie hier sind!«

Ich konnte es einfach nicht lassen. Das war für Helena bestimmt. Ich sah in ihre Richtung – doch leider vermochte ich sie im grellen Scheinwerferlicht nicht zu erkennen.

»Ist es nicht etwas ganz Besonderes, dass wir hier in diesem herrlichen Theater zusammengekommen sind?« Ich hatte all meinen Charme aufgewendet. »Das hier ist ein Tempel der Illusion. Ein Tempel der Schönheit. In diesen chaotischen Zeiten sollte man sich erst recht auf das Positive konzentrieren, finden Sie nicht auch?«

Ich wartete kurz. Zustimmendes Nicken, vor allem aufseiten der Frauen.

»Eine positive Grundeinstellung kann sehr hilfreich sein«, wiederholte ich. »Erlauben Sie, dass ich Ihnen die Geschichte von Janos, einem polnischen Häftling, der seiner Frau einen Brief schrieb, erzähle. ›Liebste‹, schrieb er, ›mach dir um mich keine Sorgen. Alles ist bestens organisiert. Im Lager bekomme ich um sieben Uhr Frühstück ans Bett. Vom Frühstückskommando.‹«

Ich hatte meinen ersten Lacher.

»›Dann arbeiten wir ein bisschen. Mittags bekommen wir Brot mit Käse, Schinken, Marmelade und Waldfruchtgelee – gestern war es Erdbeermarmelade –, dann heißt es zwei Stündchen schlafen und wieder kurz arbeiten. Nach einem köstlichen Abendessen, das aus einem halben Huhn, Rotkohl und Ofenkartoffeln besteht und von den besten Köchen zubereitet wurde, gehen wir ins Theater oder ins Kino. Es gibt auch ein beheiztes Schwimmbad und eine Bücherei.‹«

Heitere Unruhe machte sich breit.

»Eine Woche später«, fuhr ich fort, »schrieb Janos' Frau zurück: ›Liebster, das klingt ja fantastisch. Aber komisch ist das schon, denn ich habe mit meinem Neffen Karl gesprochen, der ebenfalls im Lager war. Und der behauptet das genaue Gegenteil!‹

›Ja‹, schrieb Janos zurück, ›das hätte er lieber lassen sollen. Jetzt haben sie ihn wieder ins Lager gesteckt.‹«

Lautes Gelächter. Himmler lächelte gönnerhaft.

Ich hatte vorgehabt, den Schlemihl zu spielen. Aber es war mir zuwider. Ich wollte nicht so tief sinken und Witze über Juden und Nasen reißen. Mein Maßstab war Helena.

»Liebe Leute, lasst uns doch netter zueinander sein! Neulich sprach ich mit einem Kapo über das Essen. ›Kapo‹, sagte ich, ›das ist mit Abstand die köstlichste Kohlsuppe, die ich seit Langem gegessen habe. Haben Sie zufällig das Rezept?‹ Da hat er mich fast aus der Baracke geprügelt!« Ich schüttelte traurig den Kopf. »Immer diese Missverständnisse! In den letzten Tagen wurden überall im Lager Blumenkästen aufgestellt. Ist Ihnen das aufgefallen? Ich sah, wie ein SS-Mann Lichterketten in die Bäume hing. Ich stieg auf die Leiter, als er rief: ›*Was machst du da!*‹ Darauf ich: ›Fantastisch, dass mein Geburtstag so gefeiert wird, aber das wäre doch wirklich nicht nötig gewesen!‹«

Große Heiterkeit.

Obwohl ich meine Grenzen kannte, wollte ich den Spielraum, den ich hatte, nutzen. In besseren Kreisen zeugte das Lachen über einen guten Witz von Bildung, Kultur und guten Geschmack.

»Es heißt immer, Deutsche hätten keinen Humor. Das ist genau so ein Unsinn wie die Behauptung, der deutsche Russlandfeldzug sei gescheitert!«

Jetzt schnell weitermachen.

»Worum geht es letztendlich? Doch um die Liebe oder?«

Die SS-Leute in den ersten beiden Reihen lächelten angestrengt.

»Ich möchte Ihnen gern ein Lied vorsingen. Kein Geringerer als Ihr Dirigent Albert Kapinsky wird mich am Klavier begleiten!«

Applaus. Tatsächlich.

Wie vereinbart erschien Kapinsky vor dem Vorhang. Er verbeugte sich, nahm hinter dem Klavier am Rand der Bühne Platz und sah mich an. Ich nickte und wandte mich an das schwarze Publikum, das zuhören durfte, obwohl dieses Lied nur einer Frau gewidmet war.

Ich hab es bei Tag den Blumen erzählt
Ich liebe dich ...
Ich habe es bei Nacht den Sternen erzählt
Ich liebe dich ...
Ich singe es hinaus in die Welt
Dass eine mir nur noch gefällt
Das bist du, das bist du
Nur du ...

Und höre ich Musik, dann singt jeder Ton
Ich liebe dich
Die Spatzen am Dach, die pfeifen es schon
Ich liebe dich
Mein Herz ist von Sehnsucht erfüllt
In Träumen erscheint mir dein Bild
Das bist du, das bist du
Nur du ...

Stille.

Ich hörte ein Klatschen. Doch nur den Beginn eines Klatschens, mehr nicht. Es kam von einer Person. Sollte die Einzige, deretwegen ich hier stand, auch die Einzige sein, die applaudierte?

Grosso latschte auf die Bühne. Schon sein traniger Blick rief Gelächter hervor. Wie immer erschien er im völlig falschen Moment: Ich war noch nicht fertig. Aber ich beließ es dabei.

»Grosso! Meine Damen und Herren, hier ist Grosso!«

Der Clown heimste tatsächlich Applaus ein. Er verbeugte sich tief und verharrte so. Das Gelächter schwoll an – wieder so ein genialer Einfall! Ich ging auf ihn zu und klopfte ihm auf den Rücken.

Er rührte sich nicht.

Ich lachte verlegen ins Publikum und bückte mich, um Grossos Gesicht sehen zu können. Er wandte mir den Kopf zu. Indem ich den Daumen hob, machte ich ihm klar, dass er sich wieder aufrichten durfte. Er gehorchte. Ich beklatschte ihn, und das Publikum machte mit.

Wieder verbeugte er sich.

Ich schüttelte ungeduldig den Kopf. Klopfte ihm erneut auf den Rücken, bückte mich und hob den Daumen. Langsam richtete er sich auf.

Wieder Applaus. Ich ermahnte das Publikum hastig zur Stille, aber es war bereits zu spät.

»Nein, Grosso! Nein!« Jetzt war Tempo gefragt, sonst wurde der Witz langweilig. Grosso spürte das ebenfalls. Er richtete sich erneut auf und zeigte umständlich auf die erste Reihe. Der Reichsführer lächelte. Grosso stellte sich auf die Zehenspitzen und hielt die flache Hand so hoch wie möglich.

»Ja, Grosso«, sagte ich seufzend. »Er ist sehr groß.«

Gelächter.

Er schickte einen Luftsprung hinterher.

»Ja, ja Grosso, er ist noch größer.«

Er lief wieder zu Himmler und verbeugte sich tief. Ich lachte den Reichsführer zuckersüß an und stieß den Clown grob zurück. Der strauchelte und stürzte.

Wieder Gelächter.

Grosso rappelte sich auf und ging nach vorn. Er würde sich doch nicht noch einmal verbeugen? Nein, er hob den

Finger, als fiele ihm gerade etwas ein, und holte etwas aus seiner Tasche. Ich sah nur seinen Rücken. Auf einen Schlag kippte die Stimmung. Das Gesicht des Kommandanten verfinsterte sich. Grosso stand vor dem Saal, seine Füße zeigten nach außen. Was hatte er in der Hand? Er drehte sich zu mir um, und erst da sah ich es.

Er hatte eine grüne Gasdose in der Hand!

Was jetzt?

Grosso machte Drehbewegungen mit Daumen und Zeigefinger. Bat er um einen Dosenöffner? Es war, als spielte ein Irrer mit dem Stift einer Handgranate. Die Nervosität im Saal wuchs. Der Kommandant stand auf und gab einem SS-Mann am Rand ein Zeichen. Ich hörte, wie ein Gewehr entsichert wurde.

Musste ich eingreifen?

Grosso bückte sich und legte die Dose auf den Boden. Er hatte die Schere vom Frisiertisch mitgenommen! Mit Gewalt rammte er die Spitze in die Dose. *Er roch daran!* Stocksteif blieb er stehen und fasste sich an den Hals. Er ließ die Dose fallen und taumelte rückwärts. Er stürzte.

Einige Leute lachten. Wie ernst kann man einen Clown nehmen? Die Offiziere in der ersten Reihe indes lachten nicht. Die Dose rollte langsam auf sie zu und fiel von der Bühne. Panik brach aus. Rücksichtslos schubste Reichsführer Himmler alle zur Seite. Strauchelnd und fuchtelnd versuchte er zu fliehen, während ihm die Brille beinahe von der Nase rutschte. Eichmann folgte. Der Lagerkommandant hielt sich einen weißen Handschuh vor Mund und Nase und kletterte gefasst über die Stuhlreihen nach hinten.

Der Ernst der Lage war inzwischen bis zu den hintersten Plätzen vorgedrungen. Lautes Schreien und Kreischen. SS-Leute, ihre Frauen und Kinder – sie alle versuchten, so schnell wie möglich zum Ausgang zu fliehen. Wo war Helena? Befand sie sich in Sicherheit? Ich drehte mich zur Bühne um. Grosso lag zuckend auf dem Boden. Er hatte an dem Gas gerochen. Im nächsten Moment sah ich, wie ein SS-Mann auf mich zustürmte, der Gewehrkolben zeigte nach vorn. Ich bekam einen heftigen Schlag auf den Kopf.

36

Ich wachte im Halbdunkel auf. Über mir sah ich einen Streifen Licht, schwaches Licht, Abendlicht. Ich lag auf etwas Hartem. Beton. Und Sand. Mir platzte der Schädel. Ich versuchte aufzustehen und stieß mit dem Kopf an die Decke. Ich fluchte. Da stand ein Eimer. Ich tastete nach Wasser, doch meine Hand griff ins Leere. Es war bloß ein Fäkalieneimer. Durch die rechteckige, vergitterte Öffnung über mir sah ich den Innenhof einer Baracke. Vorsichtig fuhr ich über die grünen Wände, die sich kühl und feucht anfühlten. Ich steckte in einer Zelle, die kaum mehr maß als einen Quadratmeter, und in der ich nicht stehen konnte.

Ich hörte das Echo einer zufallenden Tür. Anschließend wurde es wieder still. Ich setzte mich und untersuchte vorsichtig meinen Kopf. Nichts klebte – kein Blut. Nur eine Beule an der Schläfe. Die Bilder kehrten zurück wie ein Film, der zurückgespult wurde: Grosso, der erst zuckend, dann regungslos auf der Bühne lag. War er tot? Die Schreie, die Panik. Die geöffnete Dose, die in die erste Reihe rollte. Die Bitte um einen Dosenöffner.

Grosso. Wer war Grosso? Glaubte er tatsächlich, die Dose würde Kaviar oder etwas anderes Essbares enthalten? War er wirklich so naiv? Auf jeden Fall hatte er sich im Lagerraum schnell eine Dose Zyklon B in die Tasche gesteckt. Es schien mir fraglich, ob er sie sich später überhaupt ansah? Gift stand schließlich darauf – es sei denn, das Etikett hatte sich gelöst. Konnte er überhaupt lesen?

Es wunderte mich nicht, dass Grosso so ein bizarres Ende genommen hatte. Ich sah ihn wieder vor mir, wie er zwischen zwei Baracken seelenruhig seine Hose herunterließ, um gegen einen Hochspannungsdraht zu pinkeln. Aber an einer geöffneten Dose Giftgas zu schnuppern, das war noch einmal etwas ganz anderes. An und für sich fand ich seine Vermutung nicht unlogisch: So wie Grosso in der Dose etwas Essbares vermutete, dachten die Deportierten, aus den Duschköpfen käme Wasser.

War Grosso überhaupt Jude?

Zitternd hatte er vor dem Publikum gestanden. Wer war dieser Mann? Hatte auch er Frau und Kinder verloren, wie ich anfangs vermutete? Vielleicht war die Clownsrolle bloß eine Tarnung gewesen, hinter der er sich versteckte, um sich im passenden Moment rächen zu können. Aber warum hatte er die Dose dann nicht aufgerissen und die Zyklon-B-Körner über die SS-Henker gestreut? Wollte er keine Kinder töten? Oder sollten die Deutschen tatsächlich glauben, es handele sich um eine aus dem Ruder gelaufene Clownnummer, damit niemand für seine Tat bestraft wurde? Hatte er mich und die Musiker vor Repressalien schützen wollen?

Helena.

War sie unverletzt? Bestimmt, so groß dürfte das Loch in der Dose nicht gewesen sein. Was würden sie jetzt tun? Ich saß hier fest. Sahen sie in mir einen Mitschuldigen? Welche

Folgen hatte das für Helena? Musste sie wieder zurück in die Baracken? Ich war nicht böse auf Grosso. Seine Aktion konnte unmöglich geplant, musste Zufall gewesen sein, und sich über den Zufall aufregen, war ungefähr genauso sinnvoll, als würde man sich über das miese Wetter, über Kälte und strömenden Regen aufregen.

Saß ich in einer Todeszelle? Ließen sie mich hier ohne Wasser und Brot elendiglich verrecken? Davon hatte ich bereits gehört – das besagte eines der Gerüchte über Block 11. Dort befand ich mich nämlich zweifellos.

Es wurde langsam dunkel.

Ich hörte Schritte. Ein Riegel wurde aufgeschoben. Die Luke zu meinen Füßen öffnete sich quietschend.

»Raus!«

Ich wurde an den Knöcheln gepackt und aus der Zelle gezogen. Ich schrie und konnte gerade noch rechtzeitig den Kopf mit den Händen schützen. Zwei Männer schleiften mich durch einen schmalen Gang, in den fahles, gelbliches Licht fiel. Man stieß mich grob in ein Zimmer, in dem ein SS-Offizier hinter einem Holztisch saß, auf dem seine Mütze und eine Reitpeitsche lagen. War das nicht einer der biederen, Witze reißenden Familienväter vom Kindergeburtstag? In der Ecke stand ein muskulöses Schwarzhemd mit einer Henkervisage. Er lächelte mich an, als sei er in mich verliebt. Ich zitterte.

»Ach, der Komiker«, sagte der Offizier mit eiskalter Stimme. »Setzen Sie sich, bitte.« Ich nahm zögernd auf dem Stuhl gegenüber Platz.

»Sie wissen, warum Sie hier sind?«

»Ich nehme an wegen des Vorfalls mit der Gasdose, Herr Offizier.«

»Herr Sturmscharführer!«

»Verzeihung, Herr Sturmscharführer.«

»Vorfall, so, so. Sie meinen das Attentat.«

»Das halte ich für wenig wahrscheinlich, Herr Sturmscharführer.«

»Für wenig wahrscheinlich, aber durchaus für möglich.«

»Der Clown hätte so etwas niemals planen können. Ich wusste nichts davon. Angesichts seines Charakters halte ich es allerdings für ausgeschlossen, Herr Sturmscharführer.«

Er legte die Hand auf den Tisch und schob seine Offiziersmütze mit dem Zeigefinger gespielt geistesabwesend hin und her. »Der Clown ist tot.«

Ich schloss die Augen.

»Das ist auch besser so«, fuhr er fort. »Wir haben willkürlich sieben Orchestermitglieder ausgewählt und sie beim Abendappell aufgehängt. Nein, das war ein Attentat. Und wissen Sie, was ich glaube? Dass Sie ihm dabei geholfen haben.«

»Nein, nein, ich ...«

Er nickte dem Henker zu. Der löste sich von der Wand und stellte sich hinter mich. Ich spürte, wie mir alles Blut aus dem Gesicht wich. »Sie müssen mir glauben, Herr Sturmscharführer!«

Ich bekam eine brutale Ohrfeige. Kurz war ich taub. Anschließend spürte ich einen heftigen, stechenden Schmerz.

»Das war das Werk eines Einzeltäters, das müssen Sie mir glauben! Grosso dachte vermutlich, dass Thunfisch oder Kaviar in der Dose sei. So dumm und ahnungslos kann nur ein Clown sein! Und ich bin fest davon überzeugt, dass er nicht lesen konnte!«

Ich wusste, dass ich bei dieser Version bleiben musste. Ich dachte an Helena. Für sie würde ich kaum noch etwas tun können. Erst recht allerdings nicht, falls ich ein »Geständnis«

ablegte. Für mich wäre es jedenfalls der sichere Tod. Man würde mich wieder in die Zelle werfen und dort vergessen.

»Ziehen Sie sich aus«, sagte der Offizier gelassen. Der Henker griff nach der Reitpeitsche. Alles Betteln war sinnlos und würde mir nur zusätzliche Schläge einbringen. Ich zog Jacke und Hemd aus.

»Sie haben dem sogenannten Clown geholfen. Wer war außer Ihnen an dem Attentat beteiligt?«, fragte er gelangweilt.

Ich schüttelte den Kopf. Sofort sauste die Peitsche auf meinen unteren Rücken nieder. Es tat höllisch weh. Ich schrie.

»Wie Sie sehen, verstehen wir hier keinen Spaß, Herr Komiker. Ihre Erklärung ist amüsant: *Der Clown wusste von nichts.* Aber sehen Sie, dass hier irgendjemand lacht?« Wieder ein Nicken, wieder wurde mit der Peitsche ausgeholt.

»Ich glaube nicht, dass es ein Attentat war«, schrie ich. »Ich sage die Wahrheit! Und wenn es ein Attentat war, weiß ich nichts davon!«

»Sie lügen.«

Ich bekam drei Schläge hintereinander, hörte mich brüllen wie von ganz weither, so als ginge es um einen völlig Fremden. Mir wurde schwindlig, und ich verlor das Bewusstsein.

Wasser. In meiner Nase.

Der Henker schüttete mir Wasser ins Gesicht. Ich prustete und hustete und versuchte aufzustehen.

»Setzen Sie sich wieder!«, befahl der Offizier.

Ich schleppte mich stöhnend zum Stuhl. Mein Rücken brannte. Wie lange hatte ich bewusstlos auf dem Boden gelegen? Zehn Sekunden? Eine Minute?

»Wer war außerdem an dem Komplott beteiligt?«

Ich bekam einen Schlag auf meine Wunden. Mir drehte sich erneut alles. Ich hörte ein Lachen, das irre, gestörte

Lachen eines Verrückten. Der Offizier verzog keine Miene. War ich das? Wieder Peitschenhiebe, diesmal noch härtere, noch brutalere. Doch das Gelächter hörte nicht auf.

Irgendwer sagte am Ende etwas zu mir, in einem ruhigen, wenngleich bestimmten Tonfall. Dann wurde ich in mein Loch zurückgestoßen. Meine Kleider warf man mir hinterher.

Es war kühl und stockdunkel. Mehr und mehr kehrte mein Bewusstsein zurück. Es war bestimmt eine Stunde vergangen. Mein Kopf pochte. Die blutigen Striemen auf meinem Rücken brannten und spannten bei jeder Bewegung. *Der Mensch erträgt den größten Schmerz, wenn er das Leiden wert ist.* Das hatte mein Vater einmal gesagt, aber mehr zu sich selbst als zu mir. Und zwar als er frisch aus dem Krieg zurückgekehrt war. Nun verstand ich ihn, zumindest glaubte ich das: Schicksalsergebenheit und ein unerschütterlicher Glaube an die eigenen Kräfte spenden so etwas wie Trost, und mag er noch so verschwindend gering sein. Um mich aufzuwärmen, zog ich die Kleider über meinen Oberkörper und versuchte so, wenigstens etwas zu schlafen.

Vogelgezwitscher weckte mich. Das erste Morgenlicht fiel schräg durchs Fenster. Ich klapperte mit den Zähnen – obwohl der Herbst gerade erst begonnen hatte, war es bitterkalt. Um diese Zeit zogen die Musiker zum Tor, um das Außenkommando musikalisch zu begleiten. Wer war ermordet worden? Kapinsky? Dann wäre das Orchester mit einem Schlag führungslos geworden. Ich vermisste Grossos Schnarchen. In welchem Universum er jetzt wohl umherirrte? Und würde er den Unterschied überhaupt bemerken?

Der Sonnenstrahl war weitergezogen. Ich war erneut kurz »weg« gewesen, insoweit das unter den gegebenen Umständen überhaupt möglich war. Wie oft würde man mich noch verhören? Wie lange würde es dauern, bis ich daran zerbrach? Selbst wenn ich es schaffte, trotz Schlägen bei der Wahrheit zu bleiben, brauchte ich mir keine Illusionen zu machen: Ohne Protektion von höherer Stelle würde ich in dieser Zelle verrecken.

Eine Kreuzspinne fing an, zwischen den Gitterstäben ein Netz zu weben. Ich fand es faszinierend zuzusehen, wie immer mehr Faden aus ihrem Hinterleib kam und mithilfe der Beine verwoben wurde. Als das Netz fertig war, begann das Warten – für sie und für mich. Erst nach Stunden blieb eine kleine Mücke am klebrigen Faden hängen. Die Spinne stürzte sich darauf, lähmte ihre Beute und wickelte sie langsam ein. Jetzt musste die Mücke ebenfalls warten, und zwar auf den Tod.

Ich taufte die Spinne auf den Namen Karl-Heinz.

Ich fühlte mich hundeelend, hatte Hunger und Durst, vor allem Durst.

Ich stellte den Eimer in eine Ecke, zog meine Hose herunter und urinierte. Der Harnstrahl prasselte in den Zinkeimer. Anschließend legte ich mich auf die Seite. Was jetzt? Sollte ich mir eine Aufführung ausdenken? Um dann über meine eigenen Witze zu lachen?

Ich hörte ein Flugzeuggeräusch. Es klang irgendwie anders. Ein Russe?

Gekackt. Kein Klopapier. Mich mit der Hand abgewischt, denn angetrockneter Kot beginnt sofort zu jucken. Den Kot an Wand und Gitterstäbe geschmiert.

Eine Obstfliege blieb am klebrigen Spinnwebfaden hängen. Schnell riss ich sie weg, bevor Karl-Heinz zur Stelle war. Ich hätte die dicke Spinne natürlich einfach zerquetschen können, aber ich hungerte sie lieber aus.

Ich wartete. Auf die Suppe, die nicht kam. Auf Wasser, das nicht kam. Mir fiel wieder ein, wie ich als Kind oft im Bett lag und vor lauter Magenknurren nicht einschlafen konnte. Ich weigerte mich hartnäckig, Panhas zu essen – erst recht, nachdem mir Geertje, unsere Haushälterin, erklärt hatte, dieses ekelhafte Gericht würde aus in Blut gekochten Schlachtabfällen zubereitet. Zwischen den einzelnen Heulattacken lauschte ich aufmerksam auf das ersehnte Knarren der Treppe, auf die sich öffnende Tür, auf meinen Vater, der mit ein paar ermahnenden Worten und einer Scheibe Rosinenbrot erscheinen würde. Doch manchmal kam er gar nicht. Oder es setzte Schläge.

Man hatte mich doch nicht etwa vergessen?

Eine Tür ging auf. Ich versuchte durch die Gitterstäbe zu spähen, konnte aber niemanden sehen. Ein Mann sang ebenso verängstigt wie tapfer. Es hörte sich an wie ein polnisches Volkslied. Ein trockener Pistolenknall, danach wurde es still. Schritte. Unverständliches Gemurmel auf Deutsch. Die Tür fiel wieder zu.

Eines Nachts kam Helena. Sie war es tatsächlich – ich berührte ihr Gesicht und lachte wie ein Wahnsinniger. Sie strich mir übers Haar und beruhigte mich. Sie wollte bloß wissen, was ich genauso dringend wissen wollte: Warum ich festgehalten würde. Wann man mich wieder freiließ. Wie weit die Russen noch weg seien. Ich hörte, was ich hören wollte: Sie war nach wie vor Kindermädchen beim Lagerkommandanten, die Familie werde bald nach Berlin ziehen, und sie dürfe mit, sei also in Sicherheit. Ich küsste sie, während sie sprach. Und dann verschwand sie.

Ich hielt die Augen geschlossen – sie kam nicht zurück.

Es wurde hell und dann wieder dunkel, hell und wieder dunkel, hell und wieder dunkel. Die Luke ging auf.

»Raus! Schnell!«

Ich steckte meinen Kopf durch die Öffnung und blinzelte in das elektrische Licht. Sofort wurde ich aus dem Loch und durch den Flur in das mir bereits bekannte Zimmer gezerrt. Dort saßen erneut Herr Sturmscharführer und der verliebte Henker. Der Offizier musterte mich angeekelt wegen des Kotgestanks, der mich umgab.

»Herr Komiker«, sagte er, »versuchen wir es noch einmal.«

»Wasser«, bat ich heiser. Ein Hustenanfall. Ein scharfer Schmerz in der Kehle. »Wasser, bitte! Wasser.«

»Wasser, Sepp.«

Der Henker verließ das Zimmer.

»Also, Herr Komiker, Sie hatten Zeit zum Nachdenken. Sind Sie etwas weiser geworden?«

Ich hustete und röchelte. »Wasser ...«

»Ja, ja, kommt gleich.«

Wir warteten, bis der Henker einen Becher Wasser auf den Tisch gestellt hatte. Ich sprang auf, aber der Offizier war schneller. Er griff nach dem Becher und erhob sich.

»Alles hat seinen Preis«, sagte er.

Ich spürte, wie mein Kopf wieder ganz leicht wurde. Oder schwer.

»Wissen Sie was? Sepp? Wir sind doch keine Unmenschen, nicht wahr? Trinken Sie lieber erst etwas.«

Er stellte den Becher vor mich hin. Ich stürzte mich darauf und trank dermaßen gierig, dass Wasser über meine Wangen lief.

»Wer war noch an dem Komplott beteiligt?«

Ich schüttelte erneut den Kopf. Wenn ich einknickte, war ich tot.

»Kein Komplott, kein Komplott, kein Komplott ...«

Ich schloss die Augen. Drei Peitschenhiebe auf den Rücken. Kaum verheilte Wunden brachen erneut auf. Ich schrie.

»Namen, Herr Komiker? Namen!«

»Grosso ... ist ein Clown ...«

Dann ein paar Schläge.

Ich verlor das Bewusstsein.

Wieder wurde mir Wasser über den Kopf geschüttet. Ich leckte ein paar Tropfen ab.

Der Henker bohrte mir seine Finger in den Nacken und zog mich hoch. Der Offizier schüttelte den Kopf. »So kommen wir nicht weiter, Herr Komiker. Also versuchen wir es eben anders. Wie würde es Ihnen gefallen, wenn Helena im Puff arbeiten müsste? Sie steht wieder gut im Futter, und so ein gesundes Kindermädchen dürfte einigen Kapos oder Blockältesten gut gefallen.«

Ich erstarrte. »Das ... Nein, Herr Sturm ... führer.«

Er lachte. »Ich weiß, das sind grobe Kerle, die Ihnen bereits sehr wehgetan haben. Was glauben Sie? Werden sie Ihrer Freundin auch wehtun?«

Ich presste die Lippen zusammen.

Der Offizier warf seinem Henkersknecht einen funkelnden Blick zu. »Was meinst du Sepp? Du wüsstest bestimmt was mit dem Judenmädchen anzufangen, was?«

Ich vermied es, den primitiven Kerl anzusehen.

»Weißt du was, Sepp? Du darfst als Erster.«

Am liebsten hätte ich sie umgebracht. Das Attentat, über das sie dauernd redeten, wünschte ich ihnen weiß Gott an den Hals! Ich hätte mein Leben dafür gegeben, diese Kakerlaken unter meinen Absätzen zermalmen zu dürfen. Aber ich musste auf meinen Verstand hören.

Der Offizier trommelte mit den Fingern auf den Tisch. »Los, jetzt sagen Sie schon, Herr Komiker! Geben Sie uns die

Informationen, die wir wollen, oder lassen Sie zu, dass Ihre Jüdin eine Dirne wird?«

Hunger, Schmerzen, Krampf- und Erschöpfungszustände führten dazu, dass ich kaum mehr klar denken konnte. Ich hätte alles gesagt, was sie von mir verlangten, nur um Helena vor dem Bordell zu bewahren. Doch selbst dann hätte ich keinerlei Garantie gehabt: Ein SS-Mann fühlte sich einem verlausten Juden gegenüber nicht an sein Wort gebunden. Außerdem wäre ich nach einem Geständnis tot. Nein, sie bluffen, nur. Das war das Wahrscheinlichste, daran musste ich mich klammern.

Ich hustete. »Sie möchten keine Lügen hören, Herr Sturmscharführer. Ich habe Ihnen die Wahrheit gesagt. Richten Sie dem Kommandanten aus, dass ich das beim Grab meines Vaters schwöre.«

»Der Kommandant hat mit dieser Sache nichts zu tun«, sagte er barsch. »Von ihm brauchen Sie sich nichts zu erhoffen.« Er stand auf. »Ganz wie Sie wollen. Wir haben Zeit. Sie kehren jetzt in Ihre Zelle zurück, und glauben Sie mir, darin hält es niemand lange aus.«

Noch am selben Abend bekam ich einen Becher Suppe. Der Fäkalieneimer wurde gegen einen leeren ausgetauscht. Sie ließen mich immerhin nicht krepieren! Ich lachte und weinte im fahlen Mondlicht.

37

Das Spinnennetz zwischen den Gitterstäben hatte der Wind zerstört. Es war verlassen. Karl-Heinz hatte ich nicht mehr gesehen. Ich lebte wieder allein. Auf den Abend folgte die Nacht, darauf die frühe Morgenstunde und ein endlos langer Tag. Vielleicht hätte ich die verstreichenden Tage mit dem Daumennagel in den Beton ritzen sollen, aber wozu? Es ging nicht ums Hier und Heute. Es ging auch nicht um mich. Es ging um die Zeit danach. Um uns.

Schritte. Ein Riegel wurde zurückgeschoben. Genau auf diese vertrauten Geräusche hatte ich in den letzten Stunden gewartet. Die Luke öffnete sich. Das war der Höhepunkt des Tages: Suppe, kurz vor Abendeinbruch, manchmal zusätzlich ein Stück Brot. Schnell reichte ich meinen sauber geleckten Napf hinaus und bekam einen vollen zurück. Der Wachmann schwieg. Er sagte nie etwas. Ich hatte einen Bart. Erkannte er mich denn nicht? Ich war es doch, Ernst Hoffmann, der Komiker! Das würde ich ihm das nächste Mal sagen.

Plötzlich spürte ich einen stechenden Schmerz in der Wade. Sofort stand ich auf, um mein Bein zu dehnen. Dabei donnerte ich mit dem Hinterkopf an die Decke und stieß dabei aus Versehen meinen Napf um. *Suppe auf dem Boden.* Panisch schaufelte ich mir so viel wie möglich davon in den Mund samt Sand und Schmutz. Ich konnte nichts erkennen! Kleine Stückchen auf dem Boden des Napfes. Ich betastete sie mit den Lippen. Rüben. Oder Rübenkohl. Ich saugte an den nassen Flecken auf meiner Hose, dort wo ich mich mit Suppe bekleckert hatte. Ich weinte. Schrie. Schlug mit den Fäusten gegen die Wand, bis meine Knöchel bluteten.

Ich legte mich hin und zog die Knie an.

Ein Käfer krabbelte über die Zellenwand. Er kam von draußen. Ich versperrte ihm mit meinen Fingern den Weg und sorgte dafür, dass er in meine hohle Hand fiel. Ich aß ihn lebend. Die Körpersäfte des Tieres schmeckten bitter, und der Panzer und die Flügel knirschten hörbar zwischen meinen immer lockerer sitzenden Zähnen. Ich starrte in die Dunkelheit und kaute.

So langsam verlor ich Zeitgefühl. Stunden, Tage und Wochen vergingen, ohne dass ich sie zählen konnte. Ich hörte Männer, die auf dem Innenhof jammerten und flehten: *Bitte, bitte nicht. Ich bin noch so jung.* Bis der Schuss knallte. Immer nur ein Schuss. Dann zuckte ich zusammen. Eines Tages würde ich an der Reihe sein. Eines Tages. Aber nicht heute, nicht heute, haha!

Tagsüber war Helena bei mir. Ich sprach mit ihr. Sie antwortete mir zwar nie, doch das tat Gott auch nicht. Ich spürte, wie ihre Finger über mein Gesicht strichen, spürte eine raue, ledrige Hand, die mich zart streichelte. Ich fürchtete mich vor den Nächten. Nach dem einen Besuch war sie nie mehr zurückgekommen. Warum, wusste ich nicht.

Jetzt sah ich Scharen von Menschen an mir vorbeiströmen, Hunderte von Menschen, ein Strom aus mageren, leichenblassen Gerippen mit hängenden Schultern und erloschenen Blicken. Eines von ihnen stand vor mir und hatte mir das Gesicht zugewandt. Es war der Belgier mit dem eingeschlagenen Schädel. An seinem blutverkrusteten Gesicht klebten Sand und Schmutz. Er lispelte etwas von wegen nach Hause kommen und einem günstigen Wind, als wisse er nicht, dass er ganz woanders war. Ich drehte den Kopf weg, aber wo immer ich hinsah, stand er vor mir. Selbst hier, im Dunkeln.

Es wurde kälter. Noch kälter. Ich fror bis ins Mark. Durch das Kellerfenster sah ich, wie die allerletzten Blätter vorbeiflogen, vergilbt und verwittert. Jetzt war es schon tagsüber dunkel. Es stürmte und regnete. Ich hörte, wie es über dem Lager donnerte.

Gott hatte endlich mitbekommen, was hier geschah. Es regnete so stark, dass das Wasser vom Sandboden aufspritzte. Kuhlen entstanden, und Regen rann in meine Zelle. Mit meinem Suppennapf konnte ich ihn auffangen und trinken. Es reichte sogar, um mich damit zu waschen!

Flugzeuge. Sie flogen tief über das Gelände und übertönten den Donner. Ich spürte, wie der Boden bebte. Mein Vater hatte ebenfalls in einem feuchten, kalten Laufgraben gesteckt, auch er in ständiger Angst vor dem Tod.

Die Luke wurde einen Spaltbreit geöffnet. Suppe. Mit Brot. Und eine Decke!

»Ich heiße Reinhard Schmidt«, sagte eine monotone Stimme auf Deutsch. »Schmidt mit dt: Merken Sie sich diesen Namen. Für nach dem Krieg. Reinhard Schmidt.«

Ich wickelte mich sofort in die Decke. Reinhard Schmidt mit dt. Kannte ich ihn? Was redete er da? Für nach dem Krieg?

Am nächsten Morgen bekam ich zwei Stück Brot und etwas Wasser. Von Reinhard Schmidt. Mit dt. An den Gitterstäben hingen Eiszapfen. Ich brach sie ab und ließ sie in meinem Mund schmelzen. Die Eiseskälte drang durch meine Decke. Ich versuchte, mich warm zu klopfen, aber schon bald stießen meine Hände an die Betonwände. Jeden Abend bekam ich eine nahrhafte Suppe, Brot mit Margarine und manchmal sogar ein Stück Wurst. *Reinhard Schmidt. Mit dt. Nicht vergessen.*

Es begann zu schneien.

Ich weinte, bis ich mich nicht mehr hören konnte. Doch den Suppennapf zu zertrümmern und mir mit einer Scherbe die Pulsadern aufzuschneiden, das brachte ich nicht fertig. Stiefel und Schuhe knirschten im Schnee. Wieder das polnische Volkslied. Ich sang leise mit, zusammen mit demjenigen, der in Kürze tot sein würde. Rein lautlich beherrschte ich den ganzen Text, ohne seinen Sinn zu verstehen.

Die Luke öffnete sich zu einem ungewöhnlichen Zeitpunkt. Kurz nach Sonnenaufgang, später war es bestimmt noch nicht.

»Raus.«

Raus.

»Raus!«

Ich kroch langsam aus meiner Zelle. Ich rechnete damit, grob hervorgezerrt zu werden, aber dem war nicht so. Ich blieb zusammengerollt liegen, um mich gegen das grelle Lampenlicht zu schützen.

»Aufstehen. Los!«

Stehen. Das ging hier. Ich versuchte, mich aufzurichten, aber mein Körper war viel zu eingerostet. Ich sah einen Mann. Reinhard Schmidt. Mit dt. Reinhard Schmidt, nicht vergessen.

»Laufen. Beine strecken!«

Ich rappelte mich hoch, setzte mich langsam in Bewegung, taumelte. Laufen. Sich bewegen. Vorsichtig setzte ich einen Fuß vor den anderen. Ich berührte meine trockenen, gesprungenen Lippen. Ich hatte lange Haare, fettig und verfilzt. Und einen Bart, in dem Suppenreste hingen. Vertrocknete oder verschimmelte Reste. Nein, vertrocknete.

»Geht's? Ich trage dich.«

Tragen …

»Du bist doch Komiker, nicht wahr? Kannst du noch lachen?«

Ich reagierte nicht.

Er packte mein Gesicht. »Sieh mich an, verstanden? Reinhard Schmidt. Mit dt. Ich fand schon immer, dass man die Juden nicht ermorden darf. Von mir aus hättet ihr weit weg nach Madagaskar gehen können, damit wir keine Probleme mehr mit euch haben. Ich hab dir Sonderrationen und eine Decke gegeben. Vergiss das nicht! Und jetzt Marsch, nach oben!«

Ich lief durch den Flur, gestützt auf Reinhard Schmidt, und stolperte die Treppe hinauf, Stufe für Stufe.

Ich wurde hastig eingeseift und noch hastiger rasiert von einem Mann, der schwieg. Ich durfte mich mit Wasser und Seife waschen. Dann warf man mir verschlissene Schuhe und eine schwarze Jacke zu. In diesem Aufzug stand ich draußen in der Kälte. Ich musste mich in der Künstlerbaracke melden. Langsam drang zu mir durch, was sie sagten. *Frohe Weihnachten.*

38

Ich begann zu laufen. Über die verschneite Birkenallee. In welche Richtung? Das Einzige, das bis zu mir durchdrang, waren der kühle Wind und das eiskalte Schmelzwasser, das durch die Löcher meiner abgetretenen Schuhe sickerte. Aber mit jedem Schritt spürte ich, wie mein Blut und meine Gedanken mehr in Bewegung kamen.

Ich lebte noch und war frei. Ich *fühlte* mich frei, obwohl ich von Wachttürmen und elektrischem Stacheldraht umgeben war.

Ich sah mich um. Niemand folgte mir.

Ich beschleunigte meine Schritte. Mir kamen die Tränen.

Mein Ziel war nicht die Musikbaracke. Später, aber nicht jetzt.

Die hölzernen Wohnbaracken des Außenlagers lagen verlassen in der weißen Landschaft. Die Häftlinge waren bei der Arbeit. Ich sah einen Leichenträger, der wie ein Ochse vor einen Karren gespannt war. Ich zählte vier Leichen, die paarweise aufeinandergestapelt waren. Eine fünfte lag vor Baracke 28. Die hob der Mann ebenso routiniert wie schwungvoll auf seinen Totenwagen. Er ruhte kurz aus und musterte mich eindringlich, so als überlegte er, wie lange es wohl noch dauerte, bis ich seine Fracht wurde. Anschließend lächelte er auf eine Art, die mich an Grosso erinnerte – traurig und beruhigend, aber auch ein wenig aufmunternd, zumindest bemühte er sich. Ich hatte geglaubt, dass nur Clowns so lächeln können.

Vor Baracke 32 sah ich eine einsame Gestalt, die Schnee mit einem an einem Stock befestigten Holzbrett wegschaufelte. Ich sah sie nur von hinten, aber das genügte. Schlomo. Ich blieb stehen und wartete. Er spürte meine Anwesenheit und drehte sich um. Ihm fiel die Kinnlade herunter. Er lief auf mich zu, packte und umarmte mich fest. Ich weinte und er auch, da bin ich mir sicher, wenn auch ohne Tränen. So aneinandergelehnt standen wir schweigend da. Seine Hand lastete schwer auf meinem Rücken, und das tat weh, aber es war mir egal.

Wir betraten die Baracke. Dort war alles beim Alten: reihenweise Holzpritschen, Stockbetten. Wir gingen in sein Zimmer. Er hängte mir eine Decke um, gab mir Brot und kalten Tee. Zur Feier meiner Heimkehr, so lächerlich das auch klang.

Schlomo schüttelte den Kopf. »Holländer …«

Ich dachte an Armand, den Franzosen, dessen Nachnamen ich nie erfahren hatte. An Janusz, der Hitler in Stalin verwandelt hatte. An Simon Lewenthal aus Wien. Lebte er noch? Ich wagte nicht, danach zu fragen.

»Warst du in Block 11?«, fragte Schlomo.

»In Block 11, ja.«

»Was ist mit deiner Frau passiert?«

Etwas begann in mir zu glimmen. »Helena? Keine Ahnung.«

»Welchen Tag haben wir heute? Weißt du das?«

»Nein beziehungsweise doch: Ich hörte was von Weihnachten.«

»Heute ist Heiligabend. Deshalb haben sie dich freigelassen.«

Ich nickte zerstreut.

Schlomo nahm mein Gesicht in beide Hände. »Du bist im Lager, Holländer. Aber was noch viel schlimmer ist: Das Lager ist in dir.«

Ich wusste nicht recht, was ich darauf sagen sollte.

»Geh schlafen! Ich wecke dich zum Abendappell. Das Orchester spielt dann Weihnachtslieder. Das machen sie jedes Jahr.«

Schlomo kümmerte sich um mich wie ein Hirte um sein verlorenes Schaf. Ich legte mich auf seine Pritsche, der Strohsack fühlte sich weich an. Er breitet eine Decke über mich. Ich lag da wie ein Embryo. Langsam streckte ich meine Beine. Das ging hier.

Gegen Abend marschierte ich wieder in einer langen Reihe mit Häftlingen, so wie ich es schon viele Male getan hatte. Wir waren unterwegs ins »Dorf«. Auf dem Appellplatz stand ein Weihnachtsbaum, der bestimmt vier Meter hoch war. Mit einer elektrischen Lichterkette. Unter dem Baum lagen sechs, sieben Leichen.

Das Orchester spielte *Stille Nacht, heilige Nacht*. Ich versuchte, die Gesichter der Musiker zu erkennen. Ich sah Jakob! Er spielte mit fingerlosen Handschuhen Geige. Außerdem erkannte ich einen Posaunisten, einen Flötisten und den Perkussionisten. Der Dirigent war nicht Albert Kapinsky. Aber das hatte ich bereits an den Musikern gehört, die miserabel spielten.

Weihnachten war bei uns zu Hause nie groß gefeiert worden. Im Gegensatz zu meinem Vater und Geertje war meiner Mutter diese Tradition wegen ihrer jüdischen Herkunft fremd. Einen Weihnachtsbaum hatten wir nie, dafür hingen in Wohnzimmer und Flur Tannenzweige, die mit roten Schleifen geschmückt waren. Und die weißgelben Kerzen im Chanukkaleuchter brannten den ganzen Tag. In seinem Arbeitszimmer spielte mein Vater *Jingle Bells* – eine alte, knisternde Grammofonplatte. Geertje hatte mir einmal erzählt, dass sie den Text von Anfang bis Ende mitsingen konnte. Aber das war vor dem Ersten Weltkrieg gewesen.

Auf einmal sah ich sie da stehen: den lachenden Lagerkommandanten und ein paar SS-Offiziere. Hatte das »Gasattentat« Grossos noch Konsequenzen für ihn gehabt? War Helena noch bei ihm? Oder war sie ins Frauenlager zurückgeschickt worden? Am liebsten wäre ich aus der Reihe getreten, um ihn direkt darauf anzusprechen.

Die Zählung stimmte nicht. Verwirrung. Listen wurden nebeneinander gelegt. Es gab einen zu viel. War jemand zu Unrecht für tot erklärt worden?

Ich trat vor. »Häftling 173545 meldet sich, Herr Unterscharführer. Ich gehöre zur Baracke 24.«

Ich schielte zum Kommandanten hinüber. Der nickte. Mir fiel auf, dass er über meine Anwesenheit nicht im Geringsten erstaunt war. Er lief nach vorn und flüsterte seinem Untergebenen etwas ins Ohr. Der befahl mir mit einer Geste, zurück ins Glied zu treten. Ich gehorchte. Das Orchester begann, *Oh Tannenbaum* zu spielen. Ich betrachtete den Baum und die Toten darunter. Sie hatten bis Weihnachten durchgehalten, oder bis kurz davor.

Das Weihnachtsgeschenk der SS war Wärme. Wir konnten es kaum fassen: Jede Baracke bekam drei Schaufeln Kohlen, die man sich in Block 5 abholen konnte. Zu diesem besonderen Anlass bekamen wir auch eine besonders nahrhafte Suppe mit Brot. Es war bitterkalt, und so dauerte der Appell nicht lange. Während die Gefangenen zu den Baracken zogen, spielte das Orchester einen Teil aus Bachs *Weihnachtsoratorium*. So war es zumindest geplant. Aber die Darbietung war dermaßen beschämend, dass sie notgedrungen wieder damit aufhören mussten, weil ein SS-Offizier begann, den Dirigenten zu misshandeln.

Auf Schlomos Befehl hin musste ich in der Baracke Gymnastikübungen machen. Er versuchte, meine Arme und Beine zu dehnen, aber meine Gelenke waren wie eingerostet. »Du musst dich bewegen, Holländer!«, sagte er nachdrücklich. »Du musst wieder in Form kommen. Du wirst deinen Körper noch brauchen.«

Er schickte mich Kohlen holen.

Die Baracke 5 befand sich im Außenlager. Es handelte sich um einen Schuppen ohne Ofen und Pritschen mit einem meterhohen Berg Kohlen, einem kaputten Fenster und einem undichten Dach. Waren das die Vorräte der SS? Eine lange Schlange hatte sich gebildet, die jedoch schnell kürzer wurde. Ich betrachtete die Männer vor mir, die gelassen warteten, ihre niedergeschlagenen Mienen und ihre gegerbten Gesichter. Sie waren von Kälte und Entbehrungen gezeichnet. Plötzlich wurde mir bewusst, dass ich keine Züge mehr gehört hatte.

Zwei Kapos standen bereit, um die Kohlen in einen Papiersack zu schaufeln. Ich musste an den Zementsack denken, auf den ich meine Liebesbriefe an Helena geschrieben hatte. Das schien eine Ewigkeit her zu sein. In gewisser Weise war dem auch so. Ich war dem Kerker der Bastille entronnen, auch wenn ich nicht wusste, wie.

Mit einem scharrenden Geräusch glitt die Kohlenschaufel in die glänzende Masse. Drei Schaufeln pro Sack. Die Kohlen waren schwerer als gedacht. Beim Laufen in der schneidenden Kälte wurde mir sogar warm. Nicht zuletzt, weil Schlomo mir zwei Jacken und zwei Hosen angezogen hatte.

In der Baracke wartete bereits der Kessel mit der Suppe. Die Suppe war nicht dicker als sonst, aber es gab mehr Brot. Mit einem Stück Draht hatte Schlomo einen Tannenzweig an einem der Balken befestigt. Ein paar dünne Äste hatten ihre Nadeln bereits verloren – trotzdem. Soweit ich das beurteilen konnte, besaß keine andere Baracke einen Tannenzweig – es war mir überhaupt ein Rätsel, wo Schlomo den herhatte. Mithilfe ein paar trockener Birkenzweige loderte Feuer auf, und die Kohlen begannen zu glühen. Nach einer halben Stunde war es warm um den Ofen. An die hundert Mann umringten ihn. Einige Franzosen hatten ein paar Schachteln Zigaretten aufgetrieben. Die Zigaretten gingen von Hand zu Hand, jeder durfte einmal ziehen.

Jemand begann, *Stille Nacht, heilige Nacht* zu singen. Es klang falsch und dünn, aber die Stimme durchdrang die Stille. Wir stimmten mit ein, wir alle, mit unseren zerbrechlichen, heiseren Männerstimmen. So viel Zusammenhalt hatte ich selten im Lager erlebt. Aber schon am nächsten Tag konnte es damit wieder vorbei sein.

Schlomo stellte sich auf eine Holzkiste.

»Liebe Mitmenschen«, sagte er, »denn das seid ihr: Menschen. Ich wünsche euch Frohe Weihnachten. Wir haben einen Komiker unter uns. Ja, einen Komiker. Am liebsten würde ich ihn hier sehen, wo ich jetzt stehe. Damit er auftreten kann. Vor uns.«

Klatschen. Johlen. Ich erschrak. War das sein Ernst?

»Aber«, fuhr Schlomo fort, »mein Freund ist schwer gezeichnet. So wie wir alle hier mehr oder weniger Schaden genommen haben. Aus diesem Grund halte ich eine kleine Ansprache: An Weihnachten feiern wir Christi Geburt. Aber die Germanen, was feiern sie? Die Rückkehr des Lichts! Von nun an werden die Tage länger. Und das ist etwas, das alle hier feiern können, egal ob sie nun Katholiken, Juden oder Kommunisten sind: die Rückkehr des Lichts!«

Schlomo hielt wieder eine Predigt, und eine Holzkiste war die Kanzel. Mit viel dramatischem Gespür sah er zum Himmel empor. Anschließend musterte er wieder seine Gemeinde. Er legte eine Pause ein. In der Baracke wurde es still.

»Dieser Ort hat sich vor den Augen Gottes versteckt«, sagte er. »So habe ich mir das immer vorgestellt. Ich war böse auf Gott. Jetzt bin ich mir dessen nicht mehr so sicher. Aber ich hoffe, dass ihr die Kraft habt, durchzuhalten. Dass ihr das Licht sehen werdet. Der Teufel wird nicht den Sieg davontragen. Er wird niemals über die Macht des Guten siegen. Und deshalb, liebe Mitmenschen, lasst uns jetzt Christi Geburt und die Geburt des Lichts feiern.«

Er forderte uns nicht auf zu beten.

39

Die letzten Tage des Jahres verbrachte ich in meinem Künstlerzimmer in Block 24. Albert Kapinsky war, wie ich bereits vermutet hatte, tot. Gemeinsam mit sechs willkürlich ausgewählten Musikern hatte man ihn auf dem Appellplatz gehenkt, während seine eigenen Leute Arien aus *La Traviata* von Verdi spielen mussten. Von den übrig gebliebenen Orchestermitgliedern hielt ich mich fern. Jeden Tag hörte ich sie proben, aber ohne von Albert Kapinsky beseelt zu sein, spielten die Musiker nur noch mechanisch vom Blatt.

Ich tat nicht viel, träumte endlos vor mich hin wie in der Zelle. Die Zeit war hier unbemerkt verstrichen und hatte lediglich etwas Staub auf der Schreibmaschine zurückgelassen. Sogar Grossos Bett stand noch so da, als würde er jeden Moment sein Clownsgesicht zur Tür hereinstecken. In meiner Erinnerung war er zu einer Märchengestalt geworden. Er hatte sich mit einer ebenso großartigen wie grotesken Geste verabschiedet – wie es sich für einen Bühnenkünstler seines Formats gehörte.

Ich vermisste Helena. Wo sie wohl war? Beim Kommandanten? Wieder im Frauenlager? Oder hatte man sie wirklich ins Bordell gesteckt?

Am Silvesterabend ging ich zu Schlomo. Mein alter Freund gab mir ein trockenes Stück Brot und schenkte mir kalten Tee ein. Wir konnten froh sein, dass wir bis zum neuen Jahr durchgehalten hatten. Er wollte mich aufmuntern und bestand darauf, einen Witz erzählen zu dürfen. Ich hörte mir sein unbeholfenes Deutsch geduldig an.

»Es ist 1945. Hitler begibt sich inkognito nach Berlin, um die Stimmung im Volk zu sondieren. Er fragt einen x-beliebigen Passanten nach den Kriegschancen der Deutschen. Erst nach langem Zögern, und nicht ohne sich mehrmals umzusehen, wagt es der Mann, Hitler zu gestehen: »Ich habe vollstes Vertrauen in den Endsieg. Heil Hitler!«

Ich begriff nicht, dass der Witz bereits zu Ende war, ich lächelte vage. Etwas zu spät. Schlomo sah mich mitleidig an. »Holländer ..., wenn du deinen Sinn für Humor verlierst, was soll dann nur aus dir werden?«

Am Neujahrstag kam der Lagerkommandant. Ich hatte ihn bereits erwartet, instinktiv und ohne zu wissen, warum. Seine zwei Wachleute schickte er weg. Sie schlossen diskret die Tür. Ich schob meinen Stuhl zurück und stand auf. Der Kommandant absolvierte das altbekannte Ritual. Er ging zum Fenster und zog seine weißen Handschuhe aus. Ich sah ihm an, dass er sich jeder einzelnen Geste bewusst war, als imitiere er einen Schauspieler.

»Herr Hoffmann ... Merkwürdig, sich an so einem Ort wiederzubegegnen, nicht wahr?«

»Ja, Herr Obersturmbannführer. Ich wollte Sie fragen, ob Helena ... Ist sie ...«

Ohne mich anzusehen, gebot er mir zu schweigen. »Ich musste gerade an Grosso, den Clown denken. War er Ihrer Meinung nach schuldig?«

»Nein, Herr Obersturmbannführer. Es war ein Missverständnis mit fatalen Folgen.«

»Sie bleiben also bei Ihrer Version.«

»Ja.«

Er wusste also von den Verhören. Die hatte er natürlich höchstpersönlich angeordnet.

Aus der Ferne hörte ich das sonore, anschwellende Brummen der Flugzeuge. Wie wütende Hornissen flogen sie vorbei –

die Fenster vibrierten in ihren Rahmen. Der Kommandant sah nach oben und lachte.

»Das sind unsere.«

Unsere.

»Die Wahrheit spielt ohnehin keine Rolle mehr, Herr Hoffmann. Wie Sie wissen, hatte ich mich auf eine wunderbare Vorstellung gefreut, aber es ist anders gekommen. Schade. Mir fiel neulich ein, dass wir nie darüber gesprochen haben, was in diesem Lager geschehen ist. Sie wissen eigentlich nur sehr wenig über mich.«

»Wie meinen Sie das, Herr Obersturmbannführer?«

Er drehte sich um. »Dieses Lager. Die Judenfrage. Haben Sie sich jemals gefragt, ob ich hinter den Entscheidungen des Reiches stehe?«

Ich schüttelte den Kopf.

»Vergessen Sie nicht, dass ich aus einer ehrenwerten Familie stamme, Herr Hoffmann, aus einer Familie mit einer reichen Tradition. Wir sind Soldaten und keine Mörder. Eigentlich wäre ich lieber Bühnenkünstler geworden wie Sie. Oder Theaterdirektor. Doch ich bin in die Fußstapfen meines Vaters getreten. Als ältester Sohn war ich ihm das schuldig. In dieser militärischen Tradition wurde ich erzogen. Und wenn ich etwas von ihm gelernt habe, dann: Befehl ist Befehl. Dann gehorcht man. Selbst wenn einem der Befehl nicht gefällt. Das verstehen Sie, nicht wahr?«

»Befehl ist Befehl, Herr Obersturmbannführer.«

Er kniff die Augen zusammen. »Eine schlaue Antwort, Herr Hoffmann. Ich wiederhole meine Frage. Verstehen Sie, was ich damit sagen will?«

»Ich verstehe Ihr Dilemma, Herr Obersturmbannführer.«

»Gut, Herr Hoffmann. Gut. Ich erwarte von Ihnen keine Absolution. Sie sind schließlich kein Priester!« Er grinste. Ich grinste zurück. Er zog ein kleines Döschen aus seiner Jackentasche, holte eine Zigarre hervor und zündete sie an. Die Spitze glomm auf.

»Ihnen ist hoffentlich klar, dass ich Ihnen das Leben gerettet habe«, sagte er und zog an seiner Zigarre. »Und zwar mehrmals: Ich habe Medikamente besorgt, damit Sie sich vom Fleckfieber erholen konnten. Die Mitglieder des Sonderkommandos können das bezeugen. Wussten Sie, dass alle getötet wurden? Sie nicht, Herr Hoffmann. Sie nicht. Sie bekamen von mir einen Traumposten in der SS-Kantine! Welcher Häftling genießt eine solche Bewegungsfreiheit! Ich habe Ihnen künstlerische Freiheit gegeben, oder haben Sie das bereits vergessen?«

»Nein, Herr Obersturmbannführer.«

»Ich habe Ihre Jüdin beschützt. Ich habe sie sogar in meinem Haus aufgenommen!«

»Dafür bin ich Ihnen dankbar, Herr Obersturmbannführer.«

Er verstummte. Zog an seiner Zigarre.

»Reichsführer-SS Himmler wollte das gesamte Orchester liquidieren lassen. Ich konnte die Repressalien auf sieben Mann beschränken. Und Sie wollte er sogar auf der Stelle hinrichten lassen. Mit einer List habe ich Sie gerettet, Herr Hoffmann. Indem ich ihn erklärte, dass Häftling 173545 höchstwahrscheinlich Teil des Komplotts war und dass eine Kugel viel zu gnädig wäre. Ich schlug vor, Sie ohne Essen und Trinken in der Todeszelle krepieren zu lassen. Da hat mir der Reichsführer beigepflichtet.«

Er sah mich triumphierend an. »Sie wurden dort sicher verwahrt, zu Ihrem eigenen Besten. Meine Offiziere durften nichts davon wissen. Aber gegen Ende habe ich dem Wachmann persönlich befohlen, sich gut um Sie zu kümmern.«

Reinhard Schmidt mit dt. War ich wirklich so naiv gewesen zu glauben, dass er aus freien Stücken gehandelt hatte?

»Ach, Her Hoffmann. Meine Rettungsaktion ist so verwunderlich nun wieder nicht! Wir haben schließlich eine ganz besondere Beziehung, nicht wahr? Unsere Väter verbindet der letzte Krieg, und uns, die Söhne, dieser hier. Ich nehme an, Sie haben das genauso empfunden.«

Ich schluckte. »Ja, Herr Obersturmbannführer.«

»Und wir hatten eine Abmachung! Sie sollten vor uns auftreten. Das haben Sie gut gemacht, Herr Hoffmann. Dafür bin ich Ihnen dankbar.« Mit gespitzten Lippen probierte er Rauchringe zu blasen. Auch das hatte ich schon oft bei ihm gesehen. »Sagen wir mal so: Jetzt sind wir quitt. Ich bin gekommen, um eine neue Abmachung mit Ihnen zu treffen.«

Ich wartete.

»Ihre Jüdin ist in Sicherheit. Und ich nehme an, Sie wollen, dass das auch so bleibt?«

»Ja, Herr Obersturmbannführer.«

»Wissen Sie, Herr Hoffmann, ich vermute, dass die Russen und Amerikaner wenig Verständnis für meine Funktion haben werden. Meine persönlichen Auffassungen zur Judenfrage werden sie nicht groß interessieren. Es geht nicht um mich. Es geht um meinen Rang. Um meine Rolle als Kommandant. Sie werden mich als Ungeheuer wahrnehmen. Sie hingegen wissen, wie ich wirklich bin. Welche Rolle ich hier ebenfalls gespielt habe. Sie wissen, dass mir das Leben eines Juden sehr wohl am Herzen liegt. Es wird einen Prozess geben. Ich möchte, dass Sie dann für mich aussagen.«

Ich war vollkommen verblüfft. »Aber wie ...«

Er musste lachen. »Nein! Nicht einmal Sie, der Sie in jüdischen Kreisen sehr prominent sind, können mir Straffreiheit verschaffen. Vielleicht können Sie jedoch bewirken, dass die Todesstrafe in ein Lebenslänglich umgewandelt wird. Ich hoffe und erwarte, in zwanzig Jahren freizukommen.«

Meine Gedanken überschlugen sich.

»Und ... Sie kümmern sich um Helena.«

»Selbstverständlich, Herr Hoffmann. Ich sorge auch dafür, dass Sie das Lager überleben.«

»Ich möchte sie sehen, Herr Obersturmbannführer.«

Sein Blick erstarrte. »Das ist in diesen chaotischen Zeiten leider unmöglich. Morgen kehrt meine Familie nach Deutschland zurück. Zusammen mit Helena. Davon gehen wir aus, nicht wahr? Und eines kann ich Ihnen sagen, Herr Hoffmann: Falls sie mit anderen Jüdinnen in ein Frauenlager geschickt wird ... Die Reise wird hart. Es dürfte mehr als zweifelhaft sein, ob sie überlebt.«

Eine Pause entstand. Ein schwaches Lächeln umspielte seine Mundwinkel. »Herr Hoffmann, glauben Sie mir, es täte mir wirklich sehr leid, wenn Sie niemals Kinder mit Helena haben sollten. Stellen Sie sich vor, Sie werden eines Tages Vater! Dann verstehen Sie bestimmt, warum ich jetzt hier vor Ihnen stehe. Sie haben meine Söhne gesehen, Helmut und Manfred. Haben sie etwa kein Recht auf einen Vater?«

Ich sah ihn vor mir, Otto, sein Briefmarkenalbum unter dem Arm, mit dem er seinen Vater überraschen wollte. Er wollte in der Postabteilung einer Fabrik arbeiten, damit er ihn jeden Tag sehen konnte. Bis dieser freundliche Herr von der SS ihn erbarmungslos in die falsche Richtung schickte.

»Wir haben eine Abmachung«, sagte ich tonlos.

Der Kommandant klatschte in die Hände. »Ich wusste, dass Sie vernünftig sein würden! Was ja nur logisch ist: Ich habe Ihnen das Leben gerettet. Dreimal. Und im Gerichtssaal retten Sie meines. Sie machen Ihrer deutschen Herkunft alle Ehre.«

»Sagen Sie das lieber nicht.«

Er zog seine Handschuhe wieder an. »Gut, Herr Hoffmann. Eines Tages werden wir uns wiedersehen.« Er streckte die Hand aus. Ich zögerte und griff dann doch nach der weißen Baumwolle.

»Sie sorgen dafür, dass ich das Lager überlebe.«

»Natürlich. Sie bleiben hier, auf Ihrem Zimmer. Alles wird gut.«

»Ich möchte, dass Sie noch jemanden retten. Einen guten Freund von mir. Er heißt Schlomo und …«

»Tss, Herr Hoffmann. Lassen Sie das! Denken Sie lieber an Helena und sich selbst. Ich kann so einer Bitte nicht nachkommen, und das wissen Sie ganz genau. Ich wünsche Ihnen viel Glück.«

Lautlos zog er die Tür hinter sich zu. Ich schloss die Augen. Eine wichtige Frage hätte ich ihm stellen sollen: Wäre er bereit gewesen, das bei der Ehre seines Vaters zu schwören?

40

Der Winter wurde milder. Tagsüber taute es sogar. Die Eisblumen am Kellerfenster verblassten, und in den zugefrorenen Lagerstraßen bildeten sich Spurrinnen. Das Jahr, das die Befreiung bringen sollte, begann schön. Dass der Krieg so gut wie vorbei war, bezweifelte inzwischen selbst niemand von der SS mehr. Die Frage war nur, ob die Häftlinge das erleben durften. Sie waren immerhin Zeugen. Ich auch, wenngleich auf eine ganz andere Art.

Die Ankunft der Russen stand kurz bevor. Der Lärm des Artilleriefeuers kam immer näher. Wieder flogen Flugzeuge tief über das Lager, russische Maschinen – die Luftwaffe war nirgends mehr zu sehen. Es fiel eine Bombe, die mit einem Riesenknall explodierte. Deutsche Lastwagen verließen hastig das Lager. Über den Baracken stiegen schwarze Rauchschlieren in den Himmel. Auf dem Gang erfuhr ich von den Musikern, dass SS-Leute in panischer Hast Dossiers und Dokumente aus den Fenstern von Block 11 warfen, um sie im Innenhof zu verbrennen.

Schlomo kam hereingestürmt. Keuchend stand er vor mir. »Holländer, die Deutschen organisieren einen Marsch! Sämtliche Häftlinge werden zusammengetrommelt. Nur die Kranken lässt man zurück. Nicht gut! Es bleibt keine Zeit mehr. Die Russen sind höchstens noch einen Tag vom Lager entfernt!«

»Willst du dich verstecken?«, fragte ich.

»Bald gibt es eine Blocksperre. Ein Informant hat mir das gesteckt. Sie werden alles durchsuchen, Holländer. Alles! Und Häftlinge, die sich versteckt haben, werden sofort erschossen. Sogar Kapos! Was wirst du tun?«

»Ich schulde dir eine Flasche Wein.« Ich zog das Laken von meinem Bett, riss einen Streifen herunter und steckte den Stoff in meinen Hosenbund.

Schlomo sah mich verständnislos an. »Eine Flasche Wein?«

»Ich stand vor dem SS-Arzt, weißt du noch? Was hast du ihm im Tausch gegen mein Leben versprochen?«

Er grinste. »Ach so, ja. Die Flasche hätte ich gern wieder. Ein roter Burgunder, ein Grand Cru von 1935.«

»Dann komm jetzt mit!«

Die Atmosphäre im Lager war angespannt. Zwei Armeelaster voller SS-Leute fuhren in halsbrecherischem Tempo in Richtung Außenlager. Gab es einen Aufstand?

»Folge mir!«, sagte ich kurz angebunden.

Wir liefen durch die Straßen des Lagers, manchmal beschleunigten wir unsere Schritte, bewegten uns aber möglichst nur im Schutz der Gebäude. Am Wegesrand lagen mehrere Leichen, stocksteif und mit aufgerissenen Mündern. Einige hatten Einschusslöcher im Kopf. Die Lage schien von Stunde zu Stunde chaotischer und gefährlicher zu werden.

Im Außenlager herrschte, falls überhaupt möglich, ein noch größeres Chaos. Gearbeitet wurde nicht mehr. Viele Häftlinge standen in Grüppchen zusammen, um die neuesten Gerüchte zu erfahren. Ich versteckte mich mit Schlomo unweit von Baracke 5, in der die Kohlen aufbewahrt wurden. An der Tür hing ein schweres Vorhängeschloss. Damit hatte ich gerechnet.

Kapos trieben die Häftlinge in die Baracken. Hatte die Blocksperre bereits begonnen? Zwei Jungen weigerten sich und blieben stehen. Einer von ihnen wagte es sogar, einen Kapo beiseitezuschubsen. Er nahm die geänderten Machtverhältnisse vorweg, bloß war es für so etwas noch zu früh. Der Kapo blies in eine Trillerpfeife. Sofort erschienen vier, fünf SS-Leute mit Karabinern. Die Jungen hoben entsetzt die Hände, doch es war bereits zu spät. Wie Raubtiere gingen die SS-Leute mit Knüppeln und Gewehrkolben auf sie los. Die Jungen schrien.

Jetzt, jetzt war unser Moment gekommen! Ich rannte zur Rückseite der Kohlenbaracke, Schlomo folgte mir auf dem Fuß. Dort befand sich das kaputte Fenster, das mir am Weihnachtsabend aufgefallen war. Ich wickelte den Stoffstreifen um meine Hand und schlug die Scherben aus dem Fensterrahmen. Die Glassplitter warf ich auf die Kohlen. Schlomo zwängte sich als Erster durch die Öffnung. Er kam heil hinein und ließ sich auf die Kohlen fallen. Ich folgte ihm etwas zu schnell. Eine Scherbe bohrte sich in meinen Oberschenkel, verursachte eine bestimmt fünf Zentimeter lange Schnittwunde, die zum Glück nicht sehr tief war. Schnell verband ich mein Bein mit dem restlichen Stoffstreifen.

Mit ein paar Kohlen färbte Schlomo Hände, Arme und Gesicht schwarz. Hinter dem Haufen begann er wie ein Wahnsinniger zu graben. Er legte sich auf den Rücken und bedeckte sich mit Kohlen wie Badegäste mit Sand. Ich tat es ihm nach und verschwand fast vollständig im Kohlenhaufen. Draußen fuhren Laster vor. Schreie, dann ein Schuss. Jemand rüttelte an der Tür. Mir schlug das Herz bis zum Hals. Eine Entdeckung würde den sicheren Tod bedeuten. Es blieb bei dem Rütteln.

Die Laster fuhren wieder davon. Wir konnten hören, wie die übrigen Häftlinge zusammengetrieben und abgeführt wurden. Das Toben und Zetern ließ nach. Es wurde stiller, aber ich fühlte mich kein bisschen sicher. Wenn ich mich nicht täuschte, ging es Schlomo genauso. Das Weiß in seinen Augen bildete einen starken Kontrast zu der Schwärze seines Gesichts.

»Wo ist deine Frau?«, fragte er unvermittelt.

Ich erzählte ihm kurz, welche Entwicklung die merkwürdige Dreiecksbeziehung zwischen mir, Helena und dem Lagerkommandanten genommen hatte. Und dass er mich für später als Zeugen wollte.

»Der Teufel will jetzt auch noch deine Seele«, meinte Schlomo.

Ich schwieg. Aus der Ferne war ein einziger Schuss zu hören.

Nachts herrschte weiterhin Chaos im Lager. Manchmal hörten wir Gewehrschüsse, allerdings nicht mehr oft. Ein Zug fuhr ab mit einem kurzen, durchdringenden Pfiff. Die Temperaturen sanken unter null. Wir hatten alle Kohlen dieser Welt, aber keine Wärme. Wir lagen dicht nebeneinander. Streckenweise döste ich ein. Obwohl die Beinwunde nicht so schlimm war, brannte sie. Und mein Rücken juckte. Das gehörte zum Heilungsprozess – trotzdem musste ich mich zwingen, nicht eine Kruste nach der anderen aufzukratzen.

Ich schrak hoch. Draußen wurde es bereits hell. Schlomo setzte sich auf.

»Ein Tag ist ein Tag«, sagte er lächelnd.

Es war still. Ich hörte nichts mehr, nur Vögel. Ungläubig lauschte ich weiter.

Spatzen und Amseln, sonst nichts.

Vorsichtig schaute ich durch das offene Fenster.

Niemand.

Ich kletterte hinaus, Schlomo hinterher. Wir schlichen zur Vorderseite der Baracke und riskierten einen vorsichtigen Blick auf die Lagerstraße. Dort lagen nach wie vor steif gefrorene Leichen in merkwürdig verkrümmten Haltungen. Aber es war still. Wir umarmten uns. Kurz danach ließ sich Schlomo langsam mit ausgebreiteten Armen nach hinten auf den kalten Boden fallen. *Wir hatten es geschafft.*

Wir jubelten nicht. Verblüfft liefen wir durch die Lagerstraßen, hörten erneut Gewehrschüsse, gefolgt von einer Maschinengewehrsalve. Wurde noch gekämpft?

Im »Dorf« begegneten wir den ersten Überlebenden beziehungsweise Halbtoten: kranken Häftlingen, deren Schatten breiter aussahen als sie selbst. Sie irrten ziellos umher.

Schlomo wollte allein sein. Wir verabredeten uns für später in seiner Baracke.

In diesem Moment konnte ich nur an Helena denken. Wo war sie? Bei der Familie des Kommandanten? Ich traute dem Kerl nicht über den Weg. Oder war sie mit auf einen Transport geschickt worden oder gar hiergeblieben? In diesem Fall würde ich sie finden.

Baracke 24 lag verlassen da. Meine Schritte im Gang hallten noch lauter als sonst. Ich ging in den Keller, in den Waschraum. Es gab Wasser. Ich zog Jacke, Hemd und Hose aus und spülte den schwarzen Kohlenstaub so gut es ging ab. Den Verband an meinem Bein ließ ich, wo er war. Meine Kleider klopfte ich aus. Als ich wieder draußen stand, hörte ich auf einmal Musik. Sie kam aus einem offenen Fenster des Übungsraums. Es war dieselbe Geige, die ich in meinen dunkelsten Stunden damals in der Fleckfieberbaracke hörte. *Sombre Dimanche,* schöner und wehmütiger als je zuvor. Wo hatte sich Jakob bloß versteckt? Waren noch mehr Musiker da?

Innerhalb von zehn Minuten erreichte ich das Frauenlager. Ich stand vor dem Stacheldraht und betrachtete die verlassen wirkenden Baracken. Stand der Zaun nicht mehr unter Strom? Wie konnte ich das überprüfen? Ich lief zum Tor. Es war geschlossen. Wie kam ich dort hinein? Eine Frau in Lagerkleidung winkte mir von der anderen Seite aus zu. Sie sagte etwas, das ich nicht verstand, und zeigte auf den Zaun. Was wollte sie mir miteilen? Immer und immer wieder deutete sie auf die Absperrung. Auf einmal rannte sie darauf zu und berührte den Stacheldraht. Ich erschrak. Sie lachte.

Ich kletterte hinüber und fragte die Frau nach Helena. Sie hob bedauernd die Hände. Dann betrat ich irgendeine Baracke. Hier stank es genauso wie bei den Männern. Vor dem Ofen lagen ein paar Äste und Zweige. Überall sah ich Lumpen, Stroh, Scherben, Näpfe, sogar verschimmelten Kohl – Anzeichen für einen übereilten Aufbruch. Ich inspizierte sechs Baracken. Nichts. Niemand. In der siebten hörte ich Geröchel. In der dunklen Ecke einer Pritsche lag eine kleine Frau, ein von Geschwüren und Krusten bedecktes Gerippe. Sie sah mich ängstlich an. Ich nahm ihre Hand, die sich ledern und trocken anfühlte. »Alles gut«, sagte ich. »SS weg!«

Sie starrte mich einfach nur an. Verstand sie, was ich sagte? Sie brauchte Wasser. In der Ecke der Baracke stand ein schmutziges Waschbecken. Ich nahm einen Napf und hielt ihn unter den grün oxidierten Kupferhahn. Ein letzter Strahl Wasser kam heraus, dann nichts mehr. Ich setzte mich auf ihre Pritsche, entfernte mit meinem Ärmel ein paar schmutzige Spinnweben über ihrem Kopf und half ihr vorsichtig auf. Sie trank gierig. Baracke 16A. Das würde ich melden, viel mehr konnte ich nicht für sie tun.

Ich hörte sie rattern, knattern, rollen. Der Boden unter meinen Füßen begann zu zittern. Jetzt sah ich sie: eine Kolonne verdreckter, russischer Panzer. Die Geschütze leicht gehoben, fuhren sie dröhnend am Zaun vorbei. Die Panzerkommandanten saßen in der Geschützkuppel. Sie trugen Lederkappen mit Ohrschützern, genau wie Piloten.

Ich weinte.

Die Panzer fuhren in Richtung Haupttor, wo sie kehrtmachten und stehen blieben. Ich sah, wie die Panzerbesatzung ausstieg. Die Soldaten rauchten eine Zigarette und musterten den Lagerkomplex, der sich hinter Hunderten Metern von Stacheldraht und zig verlassenen Wachttürmen vor ihnen ausdehnte. Jetzt rollten auch Panzer mit kleinen Kanonen heran.

Ich gab die Hoffnung auf, dass Helena noch hier war. Vielleicht tauchten noch Listen mit den Namen der verbliebenen Häftlinge auf. Die würde ich mir natürlich ansehen, aber wenn mich nicht alles täuschte, war sie bereits weg. Ich ging wieder ins »Dorf«. Die noch verbliebenen, geschwächten Häftlinge waren aus ihren Baracken gekommen. Sie stützten sich gegenseitig, denn niemand wollte den Einzug der Roten Armee verpassen.

Ich hörte Jakob nicht mehr spielen. Er hätte die Russen mit der *Internationale* begrüßen können. Die Tür zu Baracke 24 stand offen. Ich schlüpfte hinein und betrat den Proberaum. Dort hing er. Seine Kehle war bis zu den Halswirbeln aufgeschnitten. Unter ihm lagen ein umgefallener Stuhl und eine Lache Blut. Jakob hatte sich erhängt, an den Saiten seiner Geige.

Anscheinend war der kleine Zigeunermusiker der Einzige, der noch vom Lagerorchester übrig geblieben war. Ich stellte mich auf den Stuhl und befreite ihn, indem ich zwei zusammengeknotete Saiten voneinander löste. Mit einem dumpfen Knall fiel er zu Boden. Ich legte ihn auf den Rücken, faltete seine Hände und bedeckte seinen Kopf mit der Jacke, die auf dem Tisch lag. Er hatte sein Ziel erreicht, das Lager zu überleben. Aber die Welt war zu groß für ihn allein.

Immer mehr Einheiten der Roten Armee trafen ein – zu Fuß oder mit Lastwagen. Infanteristen verteilten Zigaretten und Weißbrot an die Häftlinge, welche noch noch die Kraft hatten, die Arme danach auszustrecken. Armeeärzte kümmerten sich um die Kranken. Einem Deutsch sprechenden Arzt meldete ich, dass in Baracke 16A noch eine Frau liege.

Zwanzig bis dreißig russische Kriegsgefangene befanden sich noch im Lager. Sie kamen aus dem Krankenrevier und waren todkrank. Ich hätte erwartet, dass die Soldaten der Roten Armee sie als ihre Brüder umarmen würden, aber genau das Gegenteil war der Fall: Die russischen Häftlinge saßen mutlos auf dem Appellplatz und wurden von ihren Kameraden mit Karabinern bewacht. Betrachtete man sie als Verräter? Hätten sie fliehen müssen?

Es gab weiterhin Tote. Das Sterben nahm einfach kein Ende. Einer der russischen Panzer war mit Weißbrot, Margarine, Dosenfleisch und anderen Lebensmitteln beladen. Wir mussten uns in eine Schlange einreihen. Ich stand irgendwo in der Mitte. Einige ausgemergelte Häftlinge verloren die Beherrschung und stürzten sich auf das Brot. Kurz darauf krümmten sie sich auf dem Boden und starben.

Neben mir zeigte ein Gefangener mit offenem Mund auf einen Mitgefangenen vor ihm. »Kapo, SS«, sagte er heiser. »Kapo, SS!« Der angebliche Schuft sah sich ängstlich um. Ich kannte ihn nicht, fand ihn allerdings verdächtig wohl genährt aussehend. Bestimmt sechs, sieben Gefangene umzingelten ihn und drückten ihn zu Boden. Sie traten und schlugen mit einer jahrelang aufgestauten Wut auf ihn ein. Er schrie wie ein Schwein auf der Schlachtbank.

Ein russischer Soldat, eigentlich ein Junge mit dem Blick eines Mannes, dem nichts mehr fremd war, ließ seine Zigarette fallen und trat sie mit seinem Stiefel aus. Aus einer Panzerkabine holte er, ohne zu zögern, einen Benzinkanister und reichte ihn einem der Rächer. Sein Feuerzeug warf er grinsend hinterher. Der Kapo rang stöhnend nach Luft. Er wurde von einem Häftling mehrere Meter weitergeschleift und mit Benzin übergossen. Anschließend tauchten sie das Ende eines Baumwolllappens in den Benzinkanister und zündeten es an. Einen Augenblick später züngelten am Körper des Kapo Flammen hoch.

Ich wollte das nicht mit ansehen, geschweige denn riechen. Mit einem großen Stück Brot im Arm beschloss ich Schlomo zu besuchen. Mit ihm wollte ich die Befreiung in aller Ruhe feiern. Als ich durch die Straßen lief, entdeckte ich vier junge, etwa sechzehn- bis siebzehnjährige Häftlinge mit Tischbeinen. Sie hielten mich auf.

»Wir sind auf der Suche nach Schweinen«, rief einer.

»Ja, um sie abzuschlachten«, rief ein anderer.

Ich sah sie lange an. »Wie seid ihr den letzten Transporten entkommen?«

»Ein Baum ist auf ein Transformatorenhäuschen gestürzt. Der Stacheldraht steht nicht mehr unter Strom.«

Wie viele Handlanger der SS waren wohl im Lager geblieben? Mich wunderte, dass überhaupt noch welche da waren. Vielleicht hatte die SS die Vorzugsbehandlung der Kapos und Blockältesten eingestellt, sodass ihre Überlebenschancen auf einem der Transporte genauso groß oder klein gewesen wären wie die der Juden.

In der Nähe einer Baracke sah ich ein Handgemenge. Hörte das denn nie auf? Auf einmal erkannte ich: Das war Schlomos Baracke! Schlagartig waren sämtliche Müdigkeit und alle Schmerzen vergessen. Ich rannte darauf zu. Fünf Mann waren dabei, Schlomo zu verprügeln. Ich schrie, packte die Angreifer und zerrte sie von ihm herunter. Einem trat ich so fest in den Magen, dass er taumelnd nach Luft rang.

Sie wichen zurück. »Er ist ein Verräter, ein Verräter«, jammerte einer.

»Er ist ein Freund, verdammt, er ist ein Freund!« Ich brüllte vor Wut. Schlomo trug noch seine rote Armbinde. Sein blutiges Gesicht war kaum wiederzuerkennen.

Schlomo sah mich an. Ich kniete mich hin und nahm seinen Kopf vorsichtig in meine Arme. Er lächelte und sagte etwas. Ich lachte und küsste seine Stirn, kniff ihn, als könnte ich ihn dadurch festhalten. Sein Lächeln blieb, doch sein Blick wurde stumpf. Ich brüllte erneut, diesmal lautlos.

Ich wiegte meinen Freund sanft hin und her. Starrte ihn an, hatte das Gefühl, dem Tod nie zuvor aus solcher Nähe ins Gesicht gesehen zu haben. Was zählte, war nur das Leid davor und danach. Der Tod selbst war vollkommen bedeutungslos. Er war ein Übergang. Ein Seufzen.

Sein letztes Wort war *Ernst* gewesen. Zum ersten Mal hatte er mich bei meinem Namen genannt.

41

Der Mann im Spiegel stammte aus einer anderen Welt. Woran ich das sah, wusste ich nicht so genau. Ich reckte mich und spürte ein Ziehen in den Narben auf meinem Rücken. Ich trank von dem Wasser, das Henri Toussaint mir gebracht hatte. Es war kurz vor sieben. Noch eine Stunde. Bald würde das Warten ein Ende haben.

Es fiel mir schwer, Abstand zu gewinnen: Jedes Mal, wenn ich jemanden auf der Straße lachen hörte, war ich wieder im Lager. Ich hörte Gila van Praags Lachen im Auskleideraum. Das Lachen der sturzbetrunkenen Männer in der SS-Kantine. Sah das »verliebte« Grinsen des Henkersknechts im Verhörraum. Janusz' Grinsen über das von ihm gefälschte Hitler-Bärtchen. Grossos traurig-aufmunternde Lächeln, ja, auch das des Kommandanten. Aber das Schönste, nämlich Helenas Engelslachen, hatte ich bei keiner anderen Frau mehr gesehen. So wie ich Schlomos schallendes Hofnarrengelächter bei keinem anderen Mann mehr zu hören bekam.

Wir hatten ihm ein würdiges Begräbnis zukommen lassen. Außerhalb des Lagers auf einer Birkenwaldlichtung. Gefangen genommene SS-Leute hackten mit Eispickeln ein Loch in den gefrorenen Boden. Ich hatte dem Befehlshaber der Roten Armee klargemacht, dass Schlomo Kommunist gewesen sei und Josef Stalin verehrt habe wie einen Vater. Ich war mir sicher, dass mein Freund das nicht schlimm gefunden hätte. Es wäre für ihn nur eine Bestätigung gewesen, dass ich meinen Sinn für Humor doch nicht ganz verloren hatte.

Es kamen viel mehr Trauergäste als erwartet. Aschenputtel war allerdings nicht darunter. Das Mädchen aus dem Bordell hatte wahrscheinlich mit einem der Transporte das

Lager verlassen. Am Grab wurden zahlreiche Anekdoten erzählt. Ich musste darüber lachen, welch unglaublicher Schacherer Schlomo während seiner Zeit im Lager gewesen war. Wobei es mich nicht sonderlich wunderte: Nur einem echten Profi war es gegeben, die Melone und die Schuhe eines Charlie Chaplin aufzutreiben, und dann noch ein Jackett! Ich warf Stroh in das Grab und wickelte meinen Freund in ein weißes Laken. Ein letztes Mal umarmte ich seinen kalten, steifen Körper und ließ ihn mithilfe einiger Häftlinge an einem Seil in die Grube. Ich weinte nicht.

Ich wollte, dass gelacht wurde so wie sich das für das Begräbnis eines Mannes wie Schlomo gehörte. Wusste bloß nicht, wie ich das bewerkstelligen sollte. Ich sagte, niemand wünsche sich, der letzte Tote in einem Krieg zu sein. Schlomo habe dieses Schicksal nicht verdient, niemand habe das verdient. Und ich hätte das Gefühl, zu einem Gott zu sprechen, der sich von mir abgewandt hat. Dabei müsse er mich doch eigentlich hören können. Wenn er trotzdem immer noch der barmherzige, gerechte Gott des Guten sei, werde er sich dieses verlorenen Sohnes annehmen. Der jetzt bestimmt schon verstockt und verärgert vor der Himmelpforte stünde. »Aber der Schlomo, den wir gekannt haben«, schloss ich, »ist eine Bereicherung für jede Welt.«

Wir schaufelten das Grab zu. Dann goss ich eine halb leere Flasche Rotwein, die ich in der Unterkunft des Sonderkommandos gefunden hatte, darüber aus. Es war kein Burgunder, sondern ein Bordeaux. Und auch kein Grand Cru. Nicht einmal von 1935 war er, sondern von 1938. Dafür hatte ich mich still bei Schlomo entschuldigt.

Es verstrichen noch Monate, bis der Krieg endlich vorbei war. Und weitere Monate, bis ich nach zahlreichen Irrfahrten durch ein chaotisches, zerstörtes Europa an einem Septemberabend in Amsterdam eintraf. Hinter dem Bahnhof hatte man die Güterabfertigung zur Meldestelle für Kriegsheimkehrer umfunktioniert. Dazu zählten Juden und Zwangsarbeiter ebenso wie niederländische SS-Leute in deutschen Diensten. Nach stundenlangem Warten war ich an der Reihe. Ein mürrischer Mitarbeiter notierte meinen Namen, stempelte ihn ab, bat mich zu unterschreiben und gab mir zwanzig Gulden mit auf den Weg.

Das war's.

Ziellos lief ich durch die Gegend. Es nieselte, und die kaum erhellten Straßen, Stege, Brücken und Grachten waren mir vertraut und gleichzeitig fremd. Ich wusste schon damals, dass niemand verstehen würde, woher ich kam. Ich wollte nicht im Dunkeln nach Hause kommen und betrat eine heruntergekommene Pension in der Spuistraat. An der Rezeption saß ein alter Mann mit Schuppen auf den Schultern. Er hörte eine Schnulze. Ohne das Radio leiser zu stellen, notierte er meinen Namen und legte schweigend den Schlüssel auf den Tresen. »Erster Stock, Zimmer elf«, murmelte er.

Ich durfte weitergehen. Überall im Flur hingen vergilbte Ansichtskarten aus Zandvoort, Scheveningen und aus der Veluwe. Vermutlich von Familienangehörigen und nicht von Gästen.

Das mir zugewiesene Zimmer stank nach Pisse und altem Schweiß. Es war mir egal. Ich lächelte über die abblätternde Tapete, die Kakerlake im Waschbecken und die fleckige Matratze. Nach nicht einmal fünf Minuten war ich eingeschlafen.

Am nächsten Morgen lief ich zur Johannes Verhulststraat. Ich kam am Museumplein und dem Concertgebouw vorbei. Bestimmt wären Albert Kapinsky und die Musiker der Lagerkapelle hier noch einmal aufgetreten. Wie kam ich eigentlich ohne Schlüssel ins Haus? Indem ich ein Fenster im Souterrain einschlug?

Schon von Weitem sah ich, was los war: In der Häuserzeile klaffte ein riesiger Krater. Mein Haus war nicht mehr da. Ich blieb stehen und betrachtete die offene Wunde. Die Aufräumarbeiten hatten bereits stattgefunden, lediglich ein paar lose Steine und etwas Schutt waren übrig. Ich konnte den Blick einfach nicht abwenden, wollte das großbürgerliche Haus wieder vor meinem inneren Auge erstehen lassen: den Flur, die Vorhalle, das Arbeitszimmer meines Vaters mit dem Pfeifenregal, den Tintenfässern und der Erika-Schreibmaschine. Die Küche, in der ich in Neeltje, Geertje und Hendrik mein erstes Publikum gefunden hatte. Die Gemälde! Jeden Tag hatte ich die Gegenwart meiner Vorfahren in den mannshohen Porträts gespürt, die im Treppenhaus hingen. Weg. Alles weg!

»Ist das nicht schrecklich?«

Eine von den Jahren gebeugte alte Dame mit faltigem Gesicht stützte sich neben mir auf ihren Gehstock und folgte meinem Blick. »Irgendwann letztes Jahr ist hier ein englischer Jagdbomber abgestürzt. Eine Lengkast ... Langkast ...«

»Lancaster.«

»Genauso heißen die Dinger. Sie ist mit brennenden Tragflügeln runtergekommen, nachdem sie von Abwehrgeschützen der Deutschen getroffen wurde. Drei Häuser, Meneer. Drei, stellen Sie sich das mal vor. Zehn Tote! In unmittelbarer Nähe waren jede Menge Fenster geborsten. Eines der Häuser gehörte einem Juden. Der war in einem Lager. Zum Glück, sonst wäre er jetzt mausetot. Wie viel Massel kann ein Mensch haben?

Kurz nach sieben. Ich begann, mich für meinen Auftritt zu schminken.

Ich war allein. Klara war weggezogen, wohin wusste ich nicht. Weil mein Haus nicht mehr existierte, war ich in die Pension in der Spuistraat zurückgekehrt. Mit dem Besitzer vereinbarte ich, dass ich gegen Kost und Logis die Zimmer putzen und viermal die Woche als Nachtportier arbeiten würde. Das machte mir nichts aus. Vielleicht war es eine Form der Selbstkasteiung. Von meinen Freunden war ich so ziemlich der einzige Überlebende. Warum ich und nicht sie? Bisweilen hatte ich das Gefühl, toter zu sein als die Lebenden – nämlich wenn ich an trüben Tagen durch die Stadt streifte, ohne überhaupt bemerkt zu werden.

Ich dachte oft an Grosso. Er war von uns allen der Mutigste gewesen. Ein Held, der einer sein konnte, weil er nicht nachdachte. Dabei hätte der krönende Abschluss der letzten Vorstellung von mir kommen müssen. An mir wäre es gewesen, messerscharf die Schufte bloßzustellen. Mit Humor. Aber ich hatte mich nicht getraut und war auf der sicheren Seite geblieben. Grosso hatte das an meiner Stelle getan, die Arschlöcher fertiggemacht und aus dem Zelt gejagt. Ob aus reiner Unwissenheit oder nicht, spielte dabei überhaupt keine Rolle. Er war tot, und ich lebte noch, doch was brachte mir die gewonnene Lebenszeit?

Es klopfte. Henri steckte den Kopf herein.

»Jemand möchte Sie sprechen.«

Ich erstarrte. »Wer?«

»Jemand, der das Zeitungsinterview gelesen hat.«

Das Interview! Ein junger Reporter in einem verblichenen und viel zu großen Anzug hatte mir im Auftrag von *Het Parool* ein paar Fragen über das Leben im Lager und zu meiner Rückkehr auf die Bühne gestellt. Das Ganze war von

Henri über einen Bekannten eingefädelt worden. Er wollte die restlichen Karten loswerden, und ich hatte es natürlich für Helena getan.

Und jetzt?

Was jetzt?

Henri huschte wieder hinaus. In der Tür erschien ein vierzehn bis fünfzehn Jahre alter Junge. Stand noch jemand hinter ihm? Nein. Ich holte tief Luft und riss mich zusammen.

»Entschuldigen Sie die Störung«, sagte er.

»Keine Ursache.« Ich stand auf und gab ihm die Hand. »Hoffmann.«

»Ich bin Jaap, Meneer Hoffmann. Jaap de Ronde. Max de Rondes Sohn.«

Nach einem Moment der Verblüffung ging ich auf ihn zu und umarmte ihn. Er war überrascht und schien nicht zu wissen, ob er mich ebenfalls umarmen durfte. Ich bot ihm den Sessel an und erzählte ihm alles, ohne dass er mich lange darum bitten musste. Berichtete ihm von dem viel zu lauten Lachen seines Vaters, von dem Diamanten, der Träne Gottes, und vom Vorsatz seines Vaters, die Familie zu retten. Ich war Zeuge von Max' letzten Lebensstunden gewesen.

Jedes kleine Detail war kostbar. Ich wollte nichts auslassen, nicht das Geringste – erst recht nicht meine Vorstellung im Waggon, die für Max de Ronde so fatale Folgen gehabt hatte, weil eine Kugel der aufgebrachten SS-Männer ihn traf. Ich sah, wie Jaap schluckte, und legte ihm eine Hand auf die Schulter.

»Wo ist dein Bruder?«, fragte ich.

Der Junge schüttelte traurig den Kopf. Ein paar Monate lang waren die beiden mit anderen eineiigen und zweieiigen Zwillingen, mit jungen und alten, weiblichen und männlichen, in einer Spezialabteilung des Krankenreviers eingesperrt gewesen. Für medizinische Experimente, aber das wusste er damals noch nicht.

Der deutsche Arzt war ein freundlicher Herr, die Kinder waren ganz verrückt nach ihm, so Jaap. Eines Tages hatte er die de-Ronde-Zwillinge ausgewählt. Jaap und Ben durften ein Streichholz ziehen, ohne zu wissen, warum. Jaap zog das Kürzere. Der Arzt beglückwünschte Ben und nahm ihn mit. Tagelang hörte Jaap nichts mehr von seinem Bruder, um dann einfach so in die Küche versetzt zu werden. So etwas geschah sonst nie. Den Rest des Krieges über hatte er jeden Tag Kartoffeln schälen müssen, aber immer genug zu essen gehabt. Erst vor einer Woche, nachdem er das Interview in der Zeitung gelesen hatte, begriffe er, warum er als Einziger weggedurfte. Von Ben hatte er nie mehr etwas gehört.

»Mein Bruder möchte, dass ich weiterlebe«, sagte Jaap de Ronde unvermittelt. »An diesen Gedanken klammere ich mich.«

Eine Pause entstand.

»Woher weißt du das?«

»Ich bin ... Ich weiß es einfach. Hätte ich das längere Streichholz gezogen, würde ich auch gewollt haben, dass er glücklich wird. Verstehen Sie?«

42

Wenigstens hatte ich ein Leben gerettet, wie ich jetzt wusste. Mit einer Träne Gottes. Der Tod Max de Rondes hatte eine ganze Reihe von Ereignissen ausgelöst, die zur Rettung eines seiner Söhne führen sollten. Ansonsten hätte auch der zweite Zwilling Max wahrscheinlich nicht überlebt. Das war eine Ironie des Schicksals, mit der ich leben konnte.

Hatte ich mit meinen Auftritten in den Baracken und vor der SS Menschenleben gerettet? Ja, Helenas, vielleicht. Hatte ich die Verzweifelten davon abhalten können, sich in den Stacheldraht zu werfen, wenn auch nur vorübergehend? Anders als der Tod des Flamen ließ sich das nicht beweisen. Ich konnte mich zwar mit dem Gedanken trösten, dass er als Mitglied des Sonderkommandos ohnehin nicht mehr lange gelebt hätte, aber das schmälerte weder meine Schuld noch meine Gewissensbisse.

Helena war tot. Natürlich war sie tot. Sie war bei einem der Transporte umgekommen oder in einem Frauenlager in Deutschland. Manchmal fraß sich diese Erkenntnis wie Säure durch meine Gedanken. Aber weil man so nicht leben kann, klammerte ich mich stur an wenig Wahrscheinliches: Sie war bei einem der Transporte mitgefahren, im April befreit und dann krank geworden. Sie hatte sich erholt und war dann nach langer Wartezeit in einen Zug nach Holland gesetzt worden. Vielleicht war sie erst seit einer Woche wieder zu Hause und hatte die Geduld aufgebracht, auf diesen besonderen Abend zu warten. Bei dem sie die einzige Zuschauerin war, auf die es ankam.

Ich hatte mir die Listen des Roten Kreuzes angesehen. Ich selbst stand auch darauf, mit der Adresse meiner Pension.

Mindestens ein Mal pro Woche hatte ich mich gemeldet, um mit dem Finger über die Namen der Überlebenden zu fahren. Nirgendwo hatte ich den Namen Helena Weiss oder Helena de Wit entdeckt. Es war so, als sei sie – wie schon im Waggon vermutet – all die Monate nur eine Fata Morgana gewesen.

Der Einzige, von dem ich ein Lebenszeichen erhalten hatte, war der Lagerkommandant. Es traf in Gestalt eines Briefs ein, der bereits lange auf mich gewartet hatte. Es handelte sich um ein offizielles Gesuch des Obersten Gerichtshofs von Warschau. Er trug den Tagesstempel des 11. Augusts 1945. Darin bat man Herrn Ernst Hoffmann aus Amsterdam, geboren am 22. November 1907, von Beruf Komiker, am 16. Oktober 1945 als Zeuge im Prozess gegen Kurt Wilhelm Müller, geboren am 5. Juni 1906 in München, von Beruf Soldat, auszusagen. Ein Sondertribunal beschuldigte ihn in seiner Funktion als SS-Obersturmbannführer und Lagerkommandant des Völkermords und der Verbrechen gegen die Menschlichkeit.

Ich hatte den Brief beiseitegelegt. Ohne Helena keine Zeugenaussage. Wäre ich sonst im Gerichtssaal erschienen? Ja. Das war der Deutsche in mir. Das hatte ich nun mal bei der Ehre meines Vaters geschworen. Aber wer weiß, ob meine Aussage die Todesstrafe verhindert hätte. Ende November las ich in der Zeitung, dass Kurt W. Müller in allen Anklagepunkten für schuldig befunden worden war. Am 17. Dezember 1945 wurde er gehenkt.

Ich hatte noch eine andere Vermutung: Wenn Helena von meiner Abmachung mit dem Lagerkommandanten – meine Zeugenaussage für ihr Leben – gewusst hatte, war es durchaus denkbar, dass sie sich bis zu seiner Verurteilung und Hinrichtung vor mir versteckt hielt. Solange ich glaubte, sie wäre tot, musste ich mein Versprechen nicht einlösen.

Hatte Helena mir die erniedrigende Zeugenaussage ersparen wollen?

Wieder klopfte es. »Noch fünfzehn Minuten!«

Ich lächelte. Diese Warnung gab mir Henri verlässlich vor jeder Vorstellung. Ich hörte, wie sich der Saal füllte. Ich war nervös. Noch durfte ich kurz hoffen: Wenn ich Helena heute Abend nicht sah, war sie tot. Und ich musste weiterleben. Meine Freunde hatten alles verloren. Also musste ich mich wohl oder übel zwingen, zu glauben, dass Überleben keine Schande war.

Ich stand vor dem geschlossenen Vorhang, holte tief Luft und sog den Raubtiergestank des Theaters ein. Wie oft hatte ich mich gefragt, ob ich wohl noch in der Lage wäre, die Leute zum Lachen zu bringen! Ich verließ mich auf den Komiker in mir. Der machte einen Witz, sobald ihn das Publikum darum bat. Ich sah mich nach Henri um, der neben mir stand, und nickte.

Der Vorhang ging auf.

Ein Meer aus Licht. Applaus. Ich breitete die Arme aus und lief nach vorn zum Mikrofonständer. Triumphierend schaute ich in den Saal.

»Meine Damen und Herren, ich heiße Sie herzlich willkommen. Wir konnten uns eine Weile nicht sehen. Sagen wir, es ist was dazwischengekommen. Und ich musste zwischendurch außerdem kurz weg.«

Ich ließ eine Pause entstehen … und hatte meinen ersten Lacher.

»Seien wir ehrlich, liebe Leute: Das letzte Mal ist viel zu lange her. Wahrscheinlich erkennen Sie mich kaum wieder. Bitte, sehen Sie gut hin!«

Alle Scheinwerfer waren jetzt auf mich gerichtet.

Ich wartete.
Lächelte liebenswürdig.
Und wartete.
Große Heiterkeit.

»Sie können sich vorstellen, dass ich jetzt meinerseits gern sehen möchte, ob Sie noch die Alten sind.« Ein Spot glitt nun über die Publikumsreihen, so hatte ich das mit dem Beleuchter abgesprochen.

»Ja!« Ich zeigte auf einen imaginären Zuschauer. »Ich erkenne auf Anhieb Mevrouw van Dijk, dort in der dritten Reihe. Haben Sie nach wie vor diesen weißen, getrimmten Pudel namens Killer?«

Gelächter. Der Saal taute langsam auf. Der Lichtkegel wanderte langsam über die Reihen. Ich konzentrierte mich krampfhaft auf die Gesichter. »Und da ist Meneer de Roos! Immer noch Gichtprobleme? Geht es? Nein? Tja, meine Damen und Herren, wir haben's nicht leicht.«

Ich legte erneut eine Pause ein. »Nun, ich freue mich, dass ich hier vor Ihnen stehen darf. Obwohl wir so manchen vermissen. Das wissen Sie genauso gut wie ich.«

Dann glitt der Scheinwerfer über eine Frau, die mir vage bekannt vorkam. Ihr Gesicht war nicht mehr so mager wie in meiner Erinnerung. Ich blieb gefasst, erschrak nicht einmal. Wie oft hatte ich auf der Straße eine Frau an der Schulter gepackt und herumgewirbelt in der Hoffnung, es könnte Helena sein?

»Kann der Spot noch einmal über diese Reihe gleiten?« Ich starrte die Frau an, die ziemlich weit rechts saß, etwa sechs oder sieben Reihen von mir entfernt.

Sie lächelte.

Mir kamen die Tränen. Und dann geschah das Schlimmste, was einem Bühnenkünstler passieren kann: Ich stand da und war ich selbst, so nackt wie ein gehäutetes Kaninchen. War sie es wirklich? Inzwischen richteten sich die Scheinwerfer wieder ausnahmslos auf mich. Ich spürte, wie mir Tränen in den Augen brannten.

Totenstille. Dann erklang zaghafter Applaus. Jemand rief: »Bravo!« Der Applaus schwoll zu rauschenden Ovationen an. Die Menschen sprangen auf. *Bravo,* hallte es jetzt durch den Saal. *Bravo! Bravo!*

Der Knoten platzte. Ich war wie befreit. Und lachte.

»Schön, dass Sie hier sind!«

Nachwort

Ich danke dem Cossee-Team, vor allem meinem Verleger Christoph Buchwald für seinen kritischen Blick und sein Know-how – nicht zuletzt auf dem Gebiet der Lagerliteratur. Bedanken möchte ich mich auch bei dem Auschwitz-Überlebenden Robert Cohen, beim Direktor des Zentrums für Holocaust- und Völkermordstudien Prof. Dr. J. Th. M. Houwink ten Cate und beim Kabarettisten Youp van't Hek für ihre ganz unterschiedlichen Informationen und Hinweise. Selbstverständlich danke ich zudem meinen Mitlesern Boudewijn, John, Carina, Frénk und Annet, die das Manuskript ebenfalls kritisch und gewissenhaft durchgesehen haben.

Beim Schreiben von *Das Lachen und der Tod* habe ich mich von verschiedenen Autobiografien Lagerüberlebender inspirieren lassen, angefangen von Louis de Wijze über Robert Cohen und Lex van Weren bis hin zu Primo Levi, Viktor Frankl, Tadeusz Borowski und Fania Fénelon. Ohne sie hätte ich die Atmosphäre und den Lageralltag nicht so detailliert beschreiben können.

Einige Sätze und Episoden schulde ich ganz bestimmten Personen. Hier eine kleine Auswahl:

Die nassen Theatersessel von Zuschauern, die sich vor Lachen in die Hose gemacht haben, gab es wirklich: im Theater Carré nach einem Auftritt von – wie sollte es anders sein – Toon Hermans.

»Ich bin an dem Druck, zu überleben, zugrunde gegangen« ist ein Zitat von Zalmen Lewenthal, Mitglied des Sonderkommandos.

Das Lied *Ich liebe dich* ist in der Interpretation von Louis de Wijze berühmt geworden. Er trat im Lagerkabarett Westerbork auf und hat anschließend Auschwitz überlebt. Auch den *Walzer von Anno dazumal* hat er gesungen.

»Lieber Gott, seit fünftausend Jahren sind wir dein auserwähltes Volk. Es reicht! Nimm ein anderes.« Dieses Stoßgebet stammt aus dem Tagebuch des rumänisch-jüdischen Arztes und Schriftstellers Emil Dorian, das er unter der Nazibesatzung Rumäniens verfasste.

»Wenn der Wind günstig steht, sind sie im Nu wieder zu Hause« ist ein abgewandelter Witz von Diederik van Vleuten aus der Vorstellung *Mannen met Vaste Lasten* (zusammen mit Erik van Muiswinkel, 2002).

Der Begriff *Anus Mundi*, der Arsch der Welt, stammt ursprünglich vom SS-Obersturmbannführer Heinz Thilo. So lautet auch der Titel des Buches von Wieslaw Kielar – einen polnischen Gefangenen, der fünf Jahre Auschwitz überlebt hat.

Bestimmt habe ich jetzt einige vergessen – ich hoffe, sie werden mir verzeihen.

Zu guter Letzt danke ich Diana: Sie ist meine erste Leserin, mein Resonanzboden und mein poetisches Gewissen.

St. Maarten, im Oktober 2010